Gente negra
na Paraíba oitocentista

FUNDAÇÃO EDITORA DA UNESP

Presidente do Conselho Curador
Mário Sérgio Vasconcelos

Diretor-Presidente
José Castilho Marques Neto

Editor-Executivo
Jézio Hernani Bomfim Gutierre

Assessor Editorial
João Luís Ceccantini

Conselho Editorial Acadêmico
Alberto Tsuyoshi Ikeda
Áureo Busetto
Célia Aparecida Ferreira Tolentino
Eda Maria Góes
Elisabete Maniglia
Elisabeth Criscuolo Urbinati
Ildeberto Muniz de Almeida
Maria de Lourdes Ortiz Gandini Baldan
Nilson Ghirardello
Vicente Pleitez

Editores-Assistentes
Anderson Nobara
Fabiana Mioto
Jorge Pereira Filho

Solange Pereira da Rocha

Gente negra na Paraíba oitocentista
População, família e parentesco espiritual

© 2009 Editora UNESP

Direitos de publicação reservados à:
Fundação Editora da Unesp (FEU)
Praça da Sé, 108
01001-900 – São Paulo – SP
Tel.: (0xx11) 3242-7171
Fax: (0xx11) 3242-7172
www.editoraunesp.com.br
www.livrariaunesp.com.br
feu@editora.unesp.br

CIP – Brasil. Catalogação na fonte
Sindicato Nacional dos Editores de Livros, RJ

R576g
Rocha, Solange Pereira da
  Gente negra na Paraíba oitocentista: população, família e parentesco espiritual/Solange Pereira da Rocha. – São Paulo: Editora UNESP, 2009.
  332p.

  Inclui bibliografia
  ISBN 978-85-7139-924-2

  1. Escravidão – Paraíba – História – Século XIX. 2. Negros – Paraíba – História – Século XIX. 3. Brasil – História – Abolição da escravidão, 1888. 4. Classes sociais – Paraíba – História. 5. Paraíba – História – Século XIX. I. Título.

09-2072.
CDD: 981.33
CDU: 94(813.3)

Editora afiliada:

Asociación de Editoriales Universitarias de América Latina y el Caribe

Associação Brasileira de Editoras Universitárias

Dedico este livro à minha família nuclear (Antonio, Adunbi e Ana Dindara) e à memória de mulheres e homens negros, do passado e do presente, que têm lutado por uma vida digna e por justiça "racial" no Brasil.

Agradecimentos

Este livro é uma versão modificada e reduzida de minha tese de doutorado, *Gente negra na Paraíba oitocentista: população, família e parentesco espiritual*, defendida em agosto de 2007, no Programa de Pós-Graduação em História da Universidade Federal de Pernambuco, sob a orientação da professora Dra. Rosa Maria Godoy Silveira.

Nesta oportunidade, quero renovar meus agradecimentos às instituições e às pessoas que tornaram possível a realização deste trabalho que é fruto de um esforço pessoal, mas, certamente, sem a cooperação de ambas não poderia ter sido concretizado. Os apoios financeiros vieram, primeiro, do Programa Internacional de Pós-Graduação – a Fundação Ford (IFP) –, que me concedeu, por três anos, uma bolsa de estudos de manutenção mensal e outros auxílios financeiros que oportunizaram o aperfeiçoamento de meus conhecimentos históricos com a realização do Programa Sanduíche na Universidade Federal Fluminense (UFF), pesquisa em acervos documentais e forneceram condições bastante satisfatórias para dedicar-me, durante 36 meses, especialmente ao trabalho acadêmico; em segundo, no último ano do doutorado, contei com uma bolsa do Conselho Nacional de Desenvolvimento Científico e Tecnológico (CNPq), que me permitiu dar continuidade à pesquisa e elaboração da tese. Esta bolsa foi obtida após concorrer ao 1º Prêmio: Construindo a Igualdade de Gênero (2005-06), uma iniciativa da Secretaria Especial de Políticas para as Mulheres, em parceria com o CNPq, Ministério da Ciência e Tecnologia, Ministério da Educação e Fundo de Desenvolvimento das Nações Unidas para a Mulher (Unifem).

Sou grata também à Associação Nacional de História (Anpuh), que me concedeu o Prêmio de "Melhor Tese de Doutorado de 2007" e viabilizou a parceria com a Editora da UNESP para a publicação da tese em livro.

Das inúmeras pessoas que recebi incentivo e apoio ao longo de minha formação acadêmica, quero agradecer à orientação da professora Rosa Godoy, que foi muito além do que é exigido por um programa de pós-graduação; desde o mestrado tem acompanhado meus passos e incentivado o meu percurso acadêmico, tendo sempre pautado sua postura pela seriedade, competência, leituras criteriosas, críticas construtivas e sugestões pertinentes. Posso afirmar que se ao iniciar o doutorado tinha grande admiração por esta profissional, no decorrer da orientação aumentou significativamente meu encantamento por ela, tanto por sua capacidade profissional quanto por sua generosidade intelectual e seu compromisso em efetivar mudanças sociais no Brasil.

Da banca examinadora, composta pelos professores doutores Hebe Maria Mattos, Élio C. Flores, Suzana Cavani e Marc J. Hoffnagel, recebi não só sugestões para melhorar a tese, mas também para dar continuidade aos meus trabalhos de pesquisa sobre a população negra na Paraíba. Em especial, quero agradecer à professora doutora Marisa T. Teruya, que participou do exame de qualificação e muito colaborou nas minhas reflexões sobre a demografia histórica. Espero ter incorporado pelo menos uma parte das ricas considerações feitas por ela e pelos outros examinadores.

Aproveito para agradecer aos meus professores de Graduação e Pós-Graduação da UFPB, da UFPE e da UFF, respectivamente, como Rosa Godoy, Ruston Lemos, Joana Neves, Maria do Céu Medeiros, Antonio Carlos Ferreira Pinheiro, Marc J. Hoffnagel, Antonio Torres Montenegro, Tanya Brandão, Suzana Cavani, Mariza Soares e Hebe Maria Mattos, que, de forma variada e em períodos diferentes, contribuíram com minha formação acadêmica, me despertaram e mantiveram a paixão pela pesquisa e ensino de História.

Do mesmo modo, manifesto profunda gratidão à equipe da Fundação Carlos Chagas, que coordena o IFP Brasil. Desde o ano em que me tornei bolsista eleita, 2002, as orientações que recebi deles foram muito além das questões acadêmicas, pois sempre tiveram palavras de estímulo. As queridas professoras Maria Luiza e Fúlvia Rosemberg, com as quais tive mais convivência, atuaram, em alguns momentos, como boas conselheiras.

A pesquisa documental foi realizada nos acervos de João Pessoa por diferentes assistentes de pesquisa que se sucederam ao longo dos anos. Assim, contei com a fundamental colaboração de Carmelo Nascimento Filho, que durante mais de dois anos trabalhou na coleta de dados no Arquivo Eclesiástico da Paraíba (AEPB) e no Instituto Histórico Geográfico Paraibano (IHGP). Apesar de repetitiva, ele se mostrou atencioso e perspicaz nessa atividade e criou condições para adentrar o IHGP, onde copiou documentos dos livros de notas. Outros assistentes importantes foram Nayana Mariano, Clécio Francisco de A. Silva, Ademir Guedes e Sandra M. Barbosa.

Dos pesquisadores Luciano M. Lima e Maria da Vitória Barbosa Lima recebi inúmeras fontes históricas. Além disso, partilhei com eles muitas das "descobertas" sobre as vivências escravas na Paraíba em nossas reuniões mensais no Grupo de Estudo: História e historiografia da escravidão na Paraíba, criado por nós três, com o intuito não só de debatermos a temática que nos une, mas também de difundir, entre os futuros historiadores, o gosto pela investigação acerca da temática da escravidão na Paraíba e no Brasil.

Inúmeros funcionários de arquivos e bibliotecas (públicas e privadas) foram fundamentais para a localização de livros e de fontes. Fica meu agradecimento especial aos bons funcionários que encontrei nesses espaços e que não mediram esforços em disponibilizar o material histórico procurado por mim. Entre eles estão Ricardo Grisi e Edvânia M. de Souza (AEPB), Ana Paula Almeida (Biblioteca do PPGH/UFF), Dulce (Mapoteca da BN/RJ), Carla (Arquivo Nacional/RJ), Fernando Ferreira e Rejane Borges (Coleção Paraibana, BC/UFPB), Irani da Silva Henriques (Biblioteca privada Flávio Sátyro, em João Pessoa/PB) e Socorro Lacerda (IHGP). As funcionárias do Núcleo de Documentação e Informação Histórica (NDIHR/UFPB), nas pessoas de Marinalva Silva, Francicleide, Ana Andréa, Laudereida Marques, e da bibliotecária Eveline Gonçalves (Biblioteca Sílvio Frank Alem), que também me atenderam com amizade e presteza. No PPGH/UFPE, agradeço a Aluízo Medeiros pelas soluções às questões burocráticas nos últimos anos do doutorado e por ter viabilizado a banca de defesa. Meu agradecimento especial à funcionária Carmem (PPGH/UFPE), que nesses últimos quatro anos tem exercido a função de secretária com muita competência e seriedade. Ela sempre procurou facilitar minha vida nas questões administrativas junto ao PPGH, assim como me informava das novidades que chegavam à Biblioteca Setorial do PPGH. Mas, muito mais do que o cumprimento de suas obrigações funcionais, Carmem se tornou uma pessoa amiga, que muito me auxiliou nos últimos anos, tanto indicando moradia na cidade do Recife quanto na troca de nossas experiências familiares, como a alegria e as angústias de ser mulher nesse início de século (dupla ou tripla jornada de trabalho e mais os cuidados e preocupações com filhos). Carmem, querida, meu muito obrigada pela atenção, pela troca de carinho e por sua amizade.

Ao longo desse percurso fiz muitas amizades e outras se fortaleceram. Mesmo correndo o risco de cometer injustiças, destaco algumas pessoas que contribuíram na execução desse trabalho. Quando fiz intercâmbio na UFF e permaneci em Niterói/RJ, contei com o apoio e o carinho de Penha Caetano, Cláudio Honorato, Manoel Fernandes e Amélia Cristina. Com essa última, vivenciei bons momentos, regados a café, discutindo sobre a população escravizada do Brasil, as festas de Mossoró e de Campina Grande, as identidades e o significado de ser mulher (negra, branca e pobre) nesse início de século XXI no Brasil. Penha me apresentou o Rio de Janeiro, especialmente algumas das universidades localizadas no Grande Rio. Manoel Fernandes, além de ter me hospedado por um período, indicou importantes obras de referência, emprestou livros e indicou um dos caminhos das fontes: o Arquivo Nacional. Cláudio Honorato, amigo querido de Duque de Caxias/RJ, enviou artigos do IHGB, me presenteou com importantes livros (meio magnético) com imagens da escravidão e, sempre que solicitado, enviou textos e fontes históricas, e Juscélio dos Anjos enviou textos de Salvador/BA, onde cursava seu mestrado.

Da dentista que se tornou amiga afetuosa, Cacilda Chaves, ao longo do percurso da tese tive a oportunidade de entregar-me aos seus cuidados, sobretudo para tratar das minhas desordens temporomaxilares (vulgo ATM's), que a depender do estresse tendia a aumentar as dores faciais, mas ela, além de me indicar eficientes medicamentos, tinha sempre uma palavra que se assemelhava a uma boa receita de tranquilidade para diminuir as minhas angústias de pós-graduanda.

Fernanda Pinheiro, de Minas Gerais, emprestou cópias de fontes impressas fundamentais para a realização do estudo e forneceu ainda instrução para operacionalizar os dados em programas de computador. O amigo mineiro Moacir Rodrigo da Costa Maia trouxe de Mariana/MG variados textos sobre compadrio de escravizados, e sempre envia trabalhos acadêmicos produzidos na sua região de estudo que possam ser incorporados ao meu; bem como discute meus textos (desde quando eram simples esboços até se tornarem capítulos). Além disso, mantivemos uma amizade virtual – que permitiu trocas de experiências, apoio mútuo e estímulos –, que é fundamental durante a produção de um trabalho acadêmico. Assim, nossa relação cresceu e sempre pude contar com uma palavra amiga em momentos de dificuldade e angústia, comuns na fase do curso de pós-graduação.

Em João Pessoa/PB consolidei amizades com Antonio Carlos F. Pinheiro, Gislaine Nóbrega, Creuza Souza, Vânia Fonseca e Waldeci Chagas (um dos meus primeiros leitores). Cláudia Engler Cury, apesar de ter estabelecido amizade recente, mostrou um imenso carinho não só por mim, mas por toda minha família e, ao longo desse período, gentilmente recebeu a todos em sua residência. Agradeço também ao professor João Azevedo (UFPB), que fez a leitura de meu projeto e deu dicas valiosas para melhorá--lo, dando-me, assim, mais tranquilidade para concorrer a uma vaga em programas de pós-graduação em História. Ainda sobre o período de elaboração do projeto, não poderia deixar de destacar minha participação no Grupo de Estudo de História do Império na Paraíba, coordenado por Ariane Sá e Serioja Mariano. Com elas e com os então integrantes-estudantes de graduação (Carmelo, Fabrício, Max e Ocione) discuti obras do período referido que ajudaram na minha formação. Vale lembrar que Ariane me forneceu uma carta de apresentação ao Programa Internacional de Pós-Graduação da Fundação Ford e Serioja; como sempre, uma amiga querida incentiva todas as pessoas que estão ao seu redor. Sou grata também a outros dois amigos e parceiros do ativismo antirracista, Éfu Nyaki e Waldeci Chagas, que também enviaram recomendações sobre minha atuação social e política ao referido programa. Ainda em João Pessoa, Sílvia, nos nossos encontros na casa da professora Rosa, também me encorajava dizendo "está quase acabando" e "vai dar tudo certo". Na parte de correção da tese contei com a ajuda de duas boas profissionais, Amélia Coutinho e Rejane Maria de Araújo Ferreira, ambas leram os capítulos e realizaram a correção de diferentes partes do trabalho.

De São Paulo tive a torcida e o envio frequente de energias positivas de Stellita Márcia, Dona Meirice e Andreia. A primeira nunca se cansava de ouvir-me nos nossos longos telefonemas e sempre tinha uma palavra carinhosa para que eu prosseguisse com a pesquisa sobre o "nosso povo".

Em algumas ocasiões pude debater trechos da tese, sendo enriquecedoras as contribuições recebidas de Antonio Torres Montenegro (PPGH/UFPE) e colegas da turma de doutorado da disciplina "Seminário de Tese" (2003). Em Niterói/RJ, no ano de 2004, quando realizei programa de intercâmbio, tive a oportunidade de frequentar um curso com Mariza Soares e participar do grupo de Pesquisa, no qual fui "agregada" durante os meses passados no PPGH/UFF. Nesse grupo, apresentei um capítulo, produzido na fase inicial da pesquisa, e as professoras Mariza Soares, Hebe Mattos e alunos fizeram sugestões relevantes e instigantes.

No espaço familiar, tive apoio de minha irmã e mãe (esta esteve por alguns meses cuidando/mimando o neto e a neta, quando residi em Niterói/RJ). Minha querida irmã Rosângela, que por cerca de três anos organizou o cotidiano doméstico e zelou, com muito carinho e responsabilidade, por meus filhos, Adunbi e Dindara, sobretudo nas minhas ausências, nos anos de 2003 e 2004.

Dindara, de todas as pessoas de minha família, foi a que mais sentiu o afastamento (físico e espiritual) da mãe e, sempre impaciente e no jeito impositivo de ser, não se cansava de perguntar: afinal, "quando você termina esse trabalho!?". Dindara, querida, a mãe termina esse trabalho de doutorado, porém outros chegarão, mas não se preocupe "mama [...] tem tanto o que fazer/ além de cuidar de neném/ além de fazer denguim/ filhinho[a] tem que entender/ mama [...] vai e vem, mas não se afasta de você" (canção *Mama África*, de Chico César), ou seja, a vida profissional sempre exige o afastamento físico de um ente querido, mas a presença desse sempre é mantida na mente e no espírito. Adunbi, na fase final da tese, contribuiu na organização das imagens usadas nos capítulos e fez leituras, sempre colocando suas observações como um leitor atento do ensino médio.

À minha mãe, Maria Aparecida, uma mulher admirável, que na sua simplicidade e sapiência popular sempre acreditou na educação escolar como um valioso instrumento de mobilidade social, registro meu profundo agradecimento e externo meu respeito pelo modo como ela conduziu sua vida e educou os filhos (eu, minha irmã e meus cinco irmãos), destacando a necessidade de escolarização para conseguirmos viver de forma digna num país em que o racismo mascara as relações sociais.

Os agradecimentos finais vão para Antonio Novaes, companheiro com quem tenho vivido nas últimas décadas e tem me acompanhado nas minhas (a)venturas e experiências mais extravagantes; algumas vezes, mesmo discordando de minhas ações, manteve o seu apoio e respeito às minhas posições. Certamente, sua disposição em assumir a administração do espaço doméstico e o cuidado de nossos filhos foi fundamental para que pudesse exercitar minha autonomia como pessoa em outras partes do Brasil, como em 2003, quando residi em Recife/PE e, em 2004, em Niterói/RJ. Além disso, cuidou da organização das imagens e quase sempre foi o meu "primeiro" leitor, fornecendo impressões e indicando alterações no texto para deixar minhas ideias mais explícitas. Antonio, querido, por fim, se de um lado sobre o futuro não podemos predizer, apenas cabe a nós, historiadores, a interpretação do passado, e, na minha análise, ter vivido com você nos últimos 25 anos foi um prazeroso exercício de aprendizado. Agradeço a paciência, o carinho e o respeito dispensados a minha pessoa nesses anos de nossas vidas.

Savanas
Uns vieram de navio
Outros aqui já estavam
Muitos vieram na marra
Deixando pra trás suas ilhas
E o abraço das mulheres
Que por ventura lhe amavam
O rosto negro nas savanas
A festa, a colheita, os tambores
Os tambores

Malunguim
É o rei da mata/ É o rei da mata
É Malunguim
É Malunguim/ É Malunguim
Ê Ê Malunguim
Que mata é essa
Que nela eu vou entrando (bis)
Com os meus caboclinhos
É Malunguim/ É Malunguim[1]

---

1 A música *Savanas* é de autoria de Escurinho (PE/PB) e a *Malunguim* é de domínio público, mas recebeu adaptação do mesmo artista, em parceria com Alex Madureira. As letras das duas músicas estão no CD *Labacê*, 2001.

Sumário

Prefácio   19

1 Introdução   25
   Historiografia da escravidão e da família escrava   28
   Silêncios, encobrimentos e frestas da história da população negra na historiografia da Paraíba   49
   Fontes primárias e metodologia: problemas e escolhas   66

2 Gente negra na Paraíba: população e diversidade   77
   Das múltiplas experiências de ser negro no Oitocentos: espaços e itinerários negros   77
   População negra na Paraíba   105
   Reprodução natural em áreas de agricultura de exportação?: uma hipótese   136

3 Casamentos de negros: entre a legitimidade católica e outras práticas parentais   155
   Discursos religiosos no contexto da cristandade colonial: salvadores da alma ou "roubadores da liberdade"?   155
   Paróquias da Paraíba do Norte: religião e cotidiano   160

Casamentos de negros: legislação, normas e práticas   167
Filiação de pessoas negras: as informações
   dos registros de batismos   184
Famílias monoparentais e legítimas nos engenhos Una
   e Tibiri   190
Vínculos parentais de escravos no Engenho Gargaú   195

4 Batismo e compadrio: o parentesco
   espiritual de negros   215
   O batismo na legislação tridentina   215
   A dimensão social do batismo: apadrinhamento e compadrio
      nas paróquias da Zona da Mata da Paraíba   221
   Parentesco espiritual e batismo de pretos escravizados
      e de livres em Livramento (1814-84)   225
   Parentesco espiritual e batismo de pretos livres
      e de escravizados de Santa Rita   237
   Parentesco espiritual e batismo de pretos livres
      e escravizados de Nossa Senhora das Neves   247

5 Entre a escravidão e a liberdade: conquistas
   e mobilidade social   261
   Mulheres e homens libertos na Paraíba oitocentista:
      legislação e modos de se obter a liberdade   262
   Dois testamentos, três libertos: diversidade no universo
      de ex-escravos   272
   Histórias de liberdade: mulheres escravas e redes sociais   278

Considerações finais   291

Referências   299

Prefácio
Famílias Negras:
a identidade (re)construída

Uma das imagens historiográficas mais renitentes a respeito da sociedade colonial brasileira, e que se internaliza em nossa cultura histórica, foi/é aquela de que os escravos não tinham famílias. Essa perspectiva, construída a partir do modelo da família patriarcal colonial e, mais tarde, da família nuclear de uma sociedade urbano-industrial moderna, inculcou durante muito tempo em nossa mentalidade, de um modo geral e, sobretudo, nas subjetividades dos negros, uma visão e sentimentos de que não teriam tido laços identitários.

Sem refutar o fato de que a escravidão, desde a África, destruiu relações de sangue e de convivência cultural/afetiva, as pesquisas das últimas três décadas a respeito da história da gente negra (escravos e não escravos) no Brasil vêm demonstrando experiências de relacionamento que ela (re)construiu em meio às dores, e sobre elas, das separações entre maridos/esposas, pais-mães/filhos, irmã(o)s, engendradas em decorrência da fria lógica mercantil do escravismo. Tais pesquisas evidenciam que interpretações formuladas a partir de tempos e espaços localizados e específicos, bem como de teorias abstratas, se generalizadas para o conjunto de um país caracterizado por uma ampla diversidade histórico-cultural, não são cabíveis epistemologicamente. As histórias vividas são bem mais densas, múltiplas e ricas do que sonha a vã filosofia dos historiadores e outros estudiosos, de delas darem conta ao encaixotá-las, formatá-las e reduzi-las aos limites de suas mortais interpretações.

Houve famílias de escravos que permaneceram unidas. Houve aquelas em que mulheres cativas tiveram uma atuação fundamental para manter seus filhos junto a si. Houve as em que o cativo investiu enormes esforços para a compra da liberdade de seus membros, sobretudo crianças/filho(a)s, mesmo à custa de outros membros permanecerem no cativeiro. Houve, também, famílias que, a par de seus arranjos familiares heterodoxos em relação aos padrões vigentes, construíram outras formas de parentesco, não sanguíneo, mas de base espiritual-simbólica, a exemplo do compadrio, em que os laços afetivos se estenderam para fora do próprio âmbito do cativeiro, articulando-se com segmentos sociais não escravizados. Essas experiências, contudo, denunciam falácias de um discurso de brancos (de pele e/ou de cabeça), a respeito da liberdade, quando apontam as protelações, os condicionamentos, as restrições para a concessão das alforrias, por parte dos senhores.

Muitas dessas histórias estão relatadas neste livro sobre a gente e as famílias negras de pessoas escravas e livres, na pequena província da Paraíba. Ao avesso, nelas podemos encontrar as lutas dos negros e o processo de construção de sua autonomia, no universo do seu cativeiro escravista. Nelas podemos descobrir searas de rupturas, contradizendo a visão preconceituosa de que os escravos e livres mestiços se caracterizavam pela anomia e passividade, embora a reconstrução de seus enfrentamentos passados não possa – e não deva – calar as expropriações e a exploração a que foram submetidos por um insidioso regime de trabalho, que tantas fraturas gestou em nossa sociedade.

Em específico, a historiografia paraibana é ainda bastante indigente sobre o tema desse estudo e, com raríssimas exceções, somente nos últimos anos começou a mudar de perspectiva acerca de dois temas-tabus: terra e escravidão. A questão da terra, a configuração da estrutura fundiária local, assim como em muitas partes do país, silenciada por interesses poderosos de quantos não queriam – e não querem – que se explicitem as formas e métodos de apropriação territorial, que erigiu imensas riquezas latifundiárias para poucos e obstruiu recursos de sobrevivência para a maioria. A questão da escravidão, a configuração das relações de trabalho, silenciada talvez por mais tempo no Nordeste e em outras áreas de mudanças lentas, apesar da significação histórica do instituto escravista, a ocultar a dominação de classe e os preconceitos de segmentos sociais que ainda hoje se recusam a utilizar o termo *negro*, em um ambíguo e ardiloso jogo linguístico de expressões camufladoras: "escurinho", "moreninho" etc.

A autora deste livro sentiu na pele, por gestos e palavras, esse Brasil profundo, que se nega, de mentalidade racista, de segmentos sociais que permanecem na arrogância de ignorarem a História ao negarem o Outro.

Este livro é uma recusa ao silenciamento histórico--historiográfico. É um grito contra o amordaçamento da memória não apenas dos/sobre os negros, mas deste país e de sua configuração étnico-racial-cultural. É uma resposta feita com muita competência, lastreada em uma sólida pesquisa documental, pacienciosamente elaborada, buscando agulha no palheiro, coletando fragmentos por vezes minúsculos, dando-lhes uma tessitura onde era possível, ou registrando-os apenas como indícios de uma trama cujas malhas foram esgarçadas pela ação do tempo. A densidade da narrativa ora apresentada reside em apontar dimensões relevantes do tema: a diversidade espacial, temporal e cultural da composição da gente negra, as variadas situações

21

de suas vidas concretas e as possibilidades múltiplas de que se valeram na sua afirmação como sujeitos históricos.

Da autora, apontamos que é uma vencedora e colecionadora de prêmios: contemplada em um Concurso de Dotação da Universidade Cândido Mendes, do Rio de Janeiro, em 1997; no ano seguinte, recebeu o 1º Prêmio Literário e Ensaístico sobre a condição da Mulher Negra, promovido pela Criola – Organização de Mulheres Negras do Rio de Janeiro; em 2002, foi selecionada como bolsista da Fundação Ford, entre 1.500 concorrentes no país; foi galardoada pelo melhor trabalho, na categoria de pós-graduação, no concurso *Construindo a Igualdade de Gênero 2005--2006*, pela Secretaria Especial de Políticas para as Mulheres, em parceria com o CNPq, Ministério da Ciência e Tecnologia, Ministério da Educação e Unifem (Fundo de Desenvolvimento das Nações Unidas para a Mulher); e agora seu trabalho de doutorado é indicado como a melhor tese de História de 2007, em concurso promovido pela Associação Nacional de História (ANPUH), em convênio com a Editora da UNESP, valendo-lhe a honrosa publicação deste livro, em versão modificada de seu trabalho doutoral.

Mais do que todas essas vitórias, mas expressando-se por meio delas, Solange é vitoriosa na vida, por sua trajetória de estudos e profissional, de que pude ter a alegria e o orgulho de participar como sua professora na graduação, como pessoa que acompanhou de perto a elaboração de sua dissertação de mestrado e como orientadora de seu doutorado junto à Universidade Federal de Pernambuco. Pois ela chegou onde a imensa maioria dos negros do país não alcança, por falta de condições sociais e educacionais. Aliás, muitos brancos, despossuídos, também não conseguem.

Hoje, quando a população negra/afrodescendente do país, atualizando a resistência e as lutas do passado, denuncia com maior reverberação, devido às configurações da sociedade contemporânea, os preconceitos ainda arraigados na sociedade brasileira, cobra os seus direitos e reivindica políticas afirmativas e reparadoras para enfrentar os fossos socioculturais, educacionais e profissionais que a mantém distante de uma cidadania efetiva, este livro é um alento. O repertório de experiências vividas pelos negros escravos e livres refaz a história contada sobre o Brasil. Enseja uma reflexão vigorosa sobre a sua expropriação física e sociocultural, bem como o preconceito em nossa sociedade. Devolve aos negros a sua dignidade conspurcada, na medida em que lhes dá nomes, rostos, famílias, afetividades. E a todos – não só aos negros, a todas as pessoas comprometidas em fazer uma sociedade brasileira justa, igualitária e democrática – sinaliza com aquilo que constitui a profundidade do tempo histórico: a possibilidade da construção de um novo tempo, uma outra história.

João Pessoa, 2009.
Profa. Dra. Rosa Maria Godoy Silveira
Universidade Federal da Paraíba

1
Introdução

O campo dos estudos históricos sobre a escravidão ampliou--se, nas duas últimas décadas, de forma significativa. As recentes pesquisas têm sido inspiradas por novas premissas, entre as quais a de que as mulheres e homens escravizados são considerados sujeitos históricos[1] que, mesmo com os limites e a violência imposta pelo sistema escravista, construíram uma lógica de sobrevivência e de resistência. Rejeita-se, então, a ideia de que os cativos haviam se submetido passivamente aos interesses senhoriais e o ponto de partida analítico passa a ser o escravo.[2]

Dessa forma, variadas e complexas experiências históricas da escravidão têm sido recuperadas pela historiografia. Em tais estudos, há esforços em destacar as vivências, os significados, as

---

[1] Antes das renovações no estudo da escravidão no Brasil, um acadêmico estadunidense, John Hope Franklin, em 1947, publicou uma extensa história sobre os "negros norte-americanos", na qual surgem como sujeitos históricos. Ver a edição brasileira de John Hope Franklin com Alfred Moss Jr. (1989).

[2] A respeito da nova historiografia da escravidão no Brasil, ver os balanços de M. H. Machado (1988), J. F. Motta (1988 e 2002), S. Schwartz (2001), Lara (1992) e Flávio Gomes (2003).

estratégias e a lógica das ações de mulheres e homens escravizados no cotidiano, como também se destacam as diversas formas de resistência escrava, que vão além do conflito direto contra o sistema. Nessa nova fase da pesquisa historiográfica acerca da população escrava, iniciada na década de 1980, vários temas têm sido abordados – tais como vida familiar, religiosidade, abolição, escravidão urbana, papel social das mulheres e dos libertos, alforrias, identidade étnico-racial, entre outros –,[3] e permite a identificação de novas categorias sociais – forros, pardos e pretos livres (estes, uma camada crescente desde o final do século XVIII, em diversas capitanias da América Portuguesa, inclusive na capitania da Paraíba).

Especificamente nos recentes estudos sobre o parentesco escravo, variados aspectos são destacados, dentre os quais a metodologia empregada nas pesquisas (Tupy, 2000) e a composição da família escrava. Enfatizam-se os casamentos, que vão além dos sacramentados pelo catolicismo, pois as relações consensuais e o parentesco espiritual (compadrio) passaram a ser valorizados. Além disso, são considerados os impactos e as limitações impostas pelo sistema – o tráfico externo e interno, as pressões senhoriais, as diversidades étnicas – e a capacidade de mulheres e homens escravizados reelaborarem os laços familiares no contexto do cativeiro.[4]

Os historiadores dessas novas vertentes têm considerado fundamental a articulação do estudo sobre a América relacionado

---

3 Diferentes periódicos brasileiros têm apresentado resultados de encontros acadêmicos, objetivando discutir os avanços da história da escravidão; após 1988, destaco as seguintes revistas: LPH (UFOP); Tempo (UFF); USP (USP); Estudos de História (UNESP-Franca); Estudos Afro-Asiáticos (UCAM) e Afro-Ásia (UFBA). As revistas Clio (UFPE) e a do CCHLA (UFPB) lançaram números especiais sobre a população negra.

4 Acerca da demografia histórica na produção do conhecimento histórico, na atualidade, ver também Burguière (1995). O autor propõe que sejam ampliados os espaços geográficos, que se comparem as paróquias urbanas com as rurais e as relações de classe, a exemplo do que procuro fazer aqui.

com a África, sobretudo com o lado ocidental denominado "África Atlântica", pois assim haverá uma ampliação do conhecimento acerca dos indivíduos escravizados e responsáveis pela construção material e cultural do Brasil (Mattoso, 1988a; Reis, 1986; Slenes, 1995; Karasch, 2000; Miller, 1997; Alencastro, 2000; Soares, 2000; Eltis et al., 2000, Carvalho, 2002 e Souza, 2002). Afinal, foram mais de três séculos de comércio, interligando os dois continentes e, de acordo com Alberto da Costa e Silva (2003, p.239), "a história do escravo não começa no embarque no navio negreiro".

Tendo em vista os pressupostos mencionados anteriormente, procuro adentrar o universo de parte da gente negra da província da Paraíba, notadamente de mulheres e homens escravizados e não escravizados, examinando o batismo e as relações parentais (consanguíneas e espirituais) estabelecidas no decorrer do século XIX. O objetivo principal desta pesquisa é compreender como as pessoas negras – escravizadas e livres – (re)organizaram suas vidas familiares, observando as diferentes conjunturas econômicas do Oitocentos, que resultaram na diminuição da população cativa e no aumento dos "pretos livres", e suas estratégias para o estabelecimento de vínculos parentais. Entre os grupos pesquisados estão sobretudo os escravizados, mas os pretos livres foram abordados sempre que possível, ou seja, quando se obteve as evidências históricas, visto que estas apresentam apenas frestas sobre as vidas desse segmento social. Esse grupo vinha aumentando numericamente na Paraíba desde o final do século XVIII, nele estavam a maioria dos trabalhadores rurais, os agregados, os camaradas, os moradores.

A intenção é compreender as alianças construídas por pessoas escravas e não escravas (libertas e livres) nas suas relações sociais, pois, apesar da diferença de estatuto social, elas tinham em comum a pele escura e, por isso mesmo, sofriam inúmeras discriminações e restrições em suas ações cotidianas e dificuldades para ascenderem socialmente e sobreviverem materialmente.

Afinal, como se sabe, a cor escura no contexto da escravidão, além de indicar a ancestralidade africana, era considerada a que continha as características mais negativas das "três raças". Um dos precursores dessas ideias foi Arthur de Gobineau (1816-82), introdutor da noção de degeneração da raça e das teorias "raciais" na Europa, com intensa ressonância no Brasil, sobretudo na segunda metade do século XIX (Herman, 1999, p.65).

Apesar da visão homogênea a respeito dos negros crioulos e dos "africanos", não há dúvida de que estes grupos tinham como semelhança a ancestralidade africana e o estigma de "raças infectas" que, segundo alguns, vinham aniquilando a "civilização" europeia; contudo, possuíam origens diversas como o "crioulo", preto nascido no Brasil, e o "gentio da Guiné", denominação utilizada para indicar indivíduos procedentes da costa ocidental da África.[5] A condição jurídica também era diversa – escrava, forra ou livre –, o que poderia levá-los a agir de várias maneiras. Por exemplo, em determinada situação, um preto livre poderia avaliar como mais interessante para sua sobrevivência, ou mesmo mobilidade social, o estabelecimento de alianças com homens e mulheres livres do que com as pessoas escravas, enquanto essas poderiam, em determinado momento, considerar mais pertinente firmar alianças com pessoas livres para buscar superar a condição escrava e, em outros, aliar-se a indivíduos que tivessem o mesmo estatuto jurídico para contar com apoio no cativeiro.

Historiografia da escravidão e da família escrava

A escravidão negra é um tema clássico na história do Brasil e tem se enriquecido com os avanços no âmbito das ciências

---

5 A respeito dos significados e sentidos – geográfico, econômico e religioso – dos termos "gentio" e "guiné", dados pelos europeus, em especial os portugueses, no contexto do tráfico na costa Atlântica da África, entre os séculos XV e XVIII, *vide* os artigos de Oliveira (1997) e Soares (2000).

humanas, que vão desde abordagens interdisciplinares até o aprimoramento do uso dos instrumentos analíticos. Nas três últimas décadas, a História implementou mudanças na forma de tratar tal temática. A inovação mais destacada refere-se à interpretação das mulheres e dos homens escravos como agentes/ sujeitos históricos, na qual se busca compreender sua lógica e sua autonomia, mesmo que relativa, nas ações cotidianas. Ações de homens e mulheres que devem ser compreendidas como um movimento constante, tecidas

> através de lutas, conflitos, resistências e acomodações, cheias de ambiguidades. Assim, as relações entre senhores e escravos são frutos de ações [...], enquanto sujeitos históricos, tecidas nas experiências destes homens e mulheres diversos, imersos em uma vasta rede de relações pessoais de dominação e exploração. (Lara, 1995, p.46)

Em artigo mais recente, Lara reafirma as considerações anteriores e destaca a necessidade de se ampliar os grupos sociais a serem pesquisados. De acordo com a autora, as novas "investigações têm sido orientadas por outras diretrizes e incidem sobre outros aspectos: buscam preferencialmente compreender as dimensões da experiência histórica dos escravos e dos libertos"; ela destaca a necessidade de se pesquisar a "relação entre escravidão e liberdade durante a vigência do escravismo e depois da abolição" (Lara, 2005, p.29).

As pesquisas mais recentes têm se realizado a partir dessa premissa, isto é, mulheres e homens escravos e não escravos passam a ser considerados agentes históricos, marcando assim, o deslocamento de foco da concepção de uma escravidão na qual o indivíduo escravo era totalmente passivo em relação à dominação do sistema senhorial e na ideia da ênfase excessiva na violência do sistema, que transformava o escravo em objeto. Dessa forma, abandonam-se duas imagens forjadas nas historiografias da década de 1930 e nas de 1960-70, nas quais o cativo aparecia, respectivamente, como "escravo-passivo" e "escravo-rebelde" (Gomes, 2003, p.20). Tais conceitos de mulheres e homens escravos foram elaborados por duas tendências historiográficas que, ao seu tempo, foram importantes e têm sido exaustivamente discutidas tanto nas suas contribuições quanto nos seus limites. Com relação aos novos trabalhos, numerosas investigações empíricas, realizadas com variadas fontes e a utilização de novas metodologias, buscam superar as duas visões acerca dos cativos, analisando suas ações a partir da lógica, dos espaços e períodos em que eles viveram (Motta, 1998 e 2002; Slenes, 1999; Gomes, 2003).

Antes de expor a experiência da gente negra da Paraíba neste capítulo, realizo uma sistematização da discussão conhecida sobretudo por estudiosos da escravidão, visando à organização de alguns aspectos do debate, imprescindíveis ao desenvolvimento desta pesquisa e para situá-la no campo historiográfico. Sendo os estudos sobre a escravidão amplos, optei por considerar parte da produção do século XX com o intento de observar as contribuições das ciências sociais, tendo como primeiro interlocutor Gilberto Freyre, as correntes historiográficas das décadas seguintes – como a "escola paulista" – e a recente história social da escravidão.

Gilberto Freyre, um dos autores mais proeminentes do século XX, inaugurou novas perspectivas de abordagens sobre a população negra, com destaque para a análise comparativa da escravidão negra nas Américas em seu livro *Casa-Grande & Senzala*, que repercutiu enormemente em inúmeros países. Foram lançadas também as ideias seminais que originaram a tese de que a escravidão em terras governadas pelos lusos se transformou numa instituição na qual negros e brancos viveram em harmonia, prevalecendo uma relação "confraternizante" entre eles. Importante destacar que Freyre não negou a violência do sistema escravista, mas sua posição tendeu a minimizar esse aspecto, conforme é possível observar em vários trechos no referido livro (Freyre, 2002, p.459).

A visão freyreana teve seguidores tanto no Brasil como em outros países. Nos Estados Unidos, o livro *Casa-Grande & Senzala* foi classificado como "marco histórico, cultural, acadêmico e literário", repercutindo de forma favorável entre os estudiosos daquele país e levando ao aumento de interesse sobre as "relações raciais" em toda a América. Esse assunto foi debatido em inúmeros seminários organizados para discutir as relações entre senhores e escravos e foi lançada, em duas oportunidades, uma revista acadêmica, a *Hispanic American Historical Review* (HAHR), de alcance internacional, com números dedicados ao "estudo do negro" nas Américas.[6] A divulgação dos estudos de Freyre estimulou sobremaneira as pesquisas comparativas em muitas partes da América (Russell-Wood, 2005).

As interpretações de Freyre, no Brasil, passaram a ser reavaliadas somente no final da década de 1950. Destacando-se a "escola paulista", com o sociólogo Florestan Fernandes e outros profissionais da área de ciências humanas, entre eles, Emília Viotti, Otávio Ianni e Fernando Henrique Cardoso. Um tema recorrente nas pesquisas dessa vertente dos estudos da escravidão esteve relacionado ao tratamento dispensado pelos senhores aos escravos, trazendo à tona a violência do sistema escravista e a exploração dos trabalhadores escravizados (Queiróz, 1987; Boxer, 2000; e Costa, 1999).

Os mitos da relação democrática entre negros e não negros eram denunciados nesses estudos, e a existência da discriminação racial no Brasil era mostrada. Tal produção foi de grande importância, tanto no aspecto acadêmico – uma vez que sistematizou a crítica à ideia de "benignidade" das relações entre senhores e escravos – quanto politicamente – em fins da década

---

6 Conforme Russell-Wood (2005, p.33), além de acadêmicos renomados, como Melville Herskovits e Franklin Frazier, que abordaram o tema do negro e participaram de debates no Brasil, o periódico *Hispanic American Historical Review* (HAHR) dedicou dois números às histórias da população negra em diferentes áreas da América, respectivamente, em 1942 e 1944.

de 1970, quando se extinguia o regime militar, reapareceram os movimentos sociais organizados, entre eles, o movimento negro contemporâneo (1978), que inaugurou uma nova fase de mobilização dos negros brasileiros em defesa de direitos humanos.[7] Em suma, os resultados de tais pesquisas contribuíram significativamente para o fortalecimento do discurso antirracista em defesa da eliminação das desigualdades "raciais" no Brasil contemporâneo. No entanto, os escravos emergiram como uma *classe impotente* (Freitas, 1982), *escravo-coisa* (Cardoso, 1966) ou *escravo-rebelde* (Moura, 1959), com ações e reações (como as fugas, insurreições e a formação de quilombos) vislumbradas exclusivamente para negarem a violência do sistema. Buscando ir além dessa visão, os estudos mais recentes sobre a escravidão os abordam como *agentes históricos*, uma vez que suas ações tinham uma lógica própria, tanto cultural quanto situacional. Assim, o tema da escravidão no Brasil pode ser pesquisado de forma plural, destacando-se as particularidades da instituição, no tempo e nos inúmeros espaços geográficos que o compõem (Gomes, 2003; Slenes, 1999; Chalhoub, 1990).

Entre os que eram contrários às teses e dedicaram também parte de suas vidas à luta antirracista no Brasil, destacam-se dois intelectuais negros: Clóvis Moura e Abdias do Nascimento, que merecem ser mencionados tanto pela ação política quanto pela divulgação de análises sobre o Brasil, nas quais utilizaram intensamente a História nas reflexões sobre relações "raciais" na sociedade contemporânea, além de proporem medidas para tentar solucionar o "problema racial e social brasileiro" (Mesquita, 2001; Fiabini, 2005).

Por quase quatro décadas, Moura publicou inúmeros livros abordando as relações "raciais" no Brasil e recuperou as resistências dos negros na sociedade escravista, a exemplo de seu livro

---

[7] Sobre o contemporâneo movimento negro brasileiro, ver Andrews (1998), Hanchard (2001) e Santos (2001).

Rebeliões de Senzala (1959). Interessante destacar que Moura, ao produzir seus estudos, estava dialogando com a produção inaugurada por Freyre. Procurava rebater as interpretações freyreanas, como a que classificava as relações entre negros e brancos no Brasil de "dóceis" e harmoniosas, destacando, em contraponto, o conflito racial permanente dos escravizados contra o sistema numa sociedade em que os "negros-mestiços" (ou seja, as mulheres e os homens pardos/mulatos) tinham abertura para ascender socialmente, pois eram a "esperança" do branqueamento de uma sociedade que pretendia civilizar-se com base nos padrões europeus. Ainda para Moura (1988, p.63), a miscigenação era vista como um mecanismo alienante, ideologia de uma elite que "diferencia, hierarquiza e inferioriza socialmente, de tal maneira que os não brancos procuram criar uma realidade simbólica". Os negros buscaram, então, uma "fuga simbólica" a partir da recusa de sua origem étnico-racial, e os brancos, por sua vez, escamotearam as condições de desigualdades econômicas entre eles.

Embora a produção de Moura tenha contribuído para o conhecimento da história do negro brasileiro e para o movimento antirracista, suas interpretações continham fortes traços ideológicos marxistas e as categorias classe e revolução foram preponderantes em suas análises, levando-o a valorizar tão somente as pessoas negras que se colocavam abertamente contra o sistema, como os quilombolas. Dessa forma, a "grande multidão" de trabalhadores foi colocada em segundo plano e vista como colaboradora do "sistema". Esse aspecto foi destacado por Flávio Gomes (2003) que, mesmo reconhecendo o trabalho pioneiro de Moura sobre a formação das comunidades de fugitivos e a importância da permanente luta e resistência dos quilombolas contra o sistema escravista, considerou-o circunscrito a uma concepção materialista de cunho evolucionista,[8] chegando a classificar as resistências do cativo em duas formas: a passiva

---

8 Para uma análise mais exaustiva de Moura, ver Gomes (1995).

(todas as ações que não ameaçavam o sistema, como o suicídio e a fuga) e a ativa (atitudes de rebeldia que desgastavam o escravismo, a exemplo do assassinato de senhores e feitores e a guerrilha dos quilombolas).[9] Tais considerações não retiram, de forma alguma, a relevância e a atualidade do pensamento de Moura sobre as relações étnico-raciais no Brasil. A postura desse autor, de manter sua autonomia intelectual, continua a inspirar a luta dos integrantes dos movimentos sociais negros da contemporaneidade[10] e o engajamento dos estudiosos da temática (Mesquita, 2001, p.567-9).

Outro autor que divergiu de forma contundente das ideias freyreana foi Abdias do Nascimento, um artista de múltiplos talentos, dinâmico e contestador que, nos últimos 60 anos, tem atuado intensamente na vida política parlamentar. Suas denúncias sobre as particularidades do racismo brasileiro, iniciadas mais sistematicamente na década de 1940, foram feitas com base nas artes (pintura, teatro) e na política (parlamento).[11] Em 1944, criou o Teatro Experimental do Negro (TEN), com o objetivo "primário de ser uma companhia de produção teatral, mas assumiu outras funções culturais e políticas". Assim, além das peças teatrais, produziu o jornal *Quilombo*, entre os anos de 1948 e 1950, realizando, ainda, campanha de alfabetização em pequena

---

9 Da mesma linha interpretativa de Moura, na década de 1970, destaco Goulart (1971 e 1972). O conteúdo de seus livros era importante, visto que suas interpretações partiam da perspectiva da pessoa escrava, tanto para se contrapor à ideia da benignidade da escravidão no Brasil quanto para desfazer as visões distorcidas sobre a população escrava, que até então era considerada passiva, pacífica e resignada.

10 No final da década de 1980, quando eu participava, no sul do Brasil, de encontros do movimento antirracista, fui uma leitora atenta dos livros e das inúmeras entrevistas concedidas por Clóvis Moura.

11 O Arquivo Nacional, no Rio de Janeiro, em comemoração aos 90 anos de Abdias do Nascimento, em 2004, realizou a exposição *Memória viva* e, atualmente, organiza seu acervo documental. Para mais informações sobre a produção de Nascimento, veja o portal www.abdias.com.br. (acesso em: 10 maio 2006).

escala e outras ações culturais e políticas (Convenções Nacionais do Negro, em São Paulo, em 1945, no Rio de Janeiro, em 1946, e o I Congresso do Negro Brasileiro, em 1950, no Rio de Janeiro) direcionada à população negra (Hanchard, 2001, p.129). No final da década de 1940, Nascimento passou a fazer parceria com Guerreiro Ramos, considerado por muitos o principal intelectual do TEN. Ramos, em 1949, passou a dirigir o Instituto Nacional do Negro, órgão voltado para pesquisa sociológica. Sendo, inclusive, reconhecido como um dos fundadores da Sociologia no Brasil (Schwartzman, 1983; Maio, 1996).

Retomando as informações sobre Nascimento, no final dos anos 1980, publicou o livro *O genocídio do negro brasileiro*, título que explicita seu pensamento sobre o racismo no Brasil, e mostrando, segundo ele, uma violência mascarada contra mulheres e homens negros. Em 2002, lançou um livro-dossiê sobre sua trajetória no movimento internacional antirracista e reeditou dois títulos nos quais demonstra a operacionalização do racismo no Brasil. Nascimento desempenhou ainda papel importante no parlamento brasileiro, nos anos 1990, em defesa de políticas específicas para a população negra, denominadas atualmente de políticas de ações afirmativas para afrodescendentes.

Outro crítico de Freyre que merece ser mencionado é Jacob Gorender. Seus pressupostos teóricos se aproximavam dos elaborados pelos estudiosos da "escola paulista". Na década de 1970, produziu uma obra que se tornou referência para os estudiosos da escravidão, intitulada *O escravismo colonial*. Nesse livro, além de abordar de maneira original a formação da sociedade brasileira, propondo a existência de um modo de produção escravista no Brasil, dialogou com as controvérsias acerca da temática da escravidão que envolviam brasileiros e norte-americanos. Todavia, na década de 1990, foi um dos críticos mais incisivos da historiografia recente da escravidão, acusando-a de "neopatriarcal", de revalorizar a perspectiva freyreana de conceber uma escravidão mais consensual do que coercitiva. Ressalva-se que, ao "esquentar" o debate sobre o tipo de escravidão predominante no Brasil, Gorender se afastou de alguns integrantes de tal escola. Fernando Henrique Cardoso foi um dos que recebeu as mais fortes críticas, uma vez que ele defendeu a coisificação social e subjetiva do escravizado, impedido de se colocar contra sua condição. Em contrapartida, Gorender reconheceu que houve uma grande maioria de escravizados que não se revoltou contra o sistema, mas buscou uma "adaptação" para sobreviver no cativeiro, da qual fazia parte a resistência à coação diária, à violência e à própria condição servil. Era também uma forma de evitar que a coisificação social se transformasse em coisificação subjetiva, sendo a resistência ao trabalho uma das formas referidas pelo autor, o que exigia do sistema um custo com a vigilância, se convertendo numa imposição do escravo à rentabilidade do sistema. Talvez pelo fato de as questões econômicas serem primordiais nas reflexões de Gorender, embora ele não tenha negado a subjetividade do cativo, não deu a devida importância a esse aspecto nas relações senhor-escravo (Gorender, 1990, p.18-9 e 34-5).

O autor também ampliou a visão de resistência, se comparado ao sociólogo C. Moura. Enquanto este estudioso dividia os escravos em dois grupos – os opositores ao sistema e os passivos (apenas os primeiros sendo valorizados por se oporem frontal e diretamente ao sistema, e os segundos, tidos como passivos) –, Gorender, por sua vez, destacou a ação e luta de maioria escrava, expressa nas relações cotidianas, como a questão de adaptação ao regime escravista, fundamental para a sobrevivência física. O cativo "adaptado", segundo ele, necessariamente não era passivo, a negação ao sistema foi manifestada com o mau trabalho, afetando o lucro do senhor (Gorender, 1990 e 1992). Apesar dessas posições, Gorender manteve-se, por um período, inflexível acerca da constituição de relações parentais como estratégia de sobrevivência de escravos.

A despeito das inúmeras críticas feitas à obra freyreana, no Brasil e no exterior, o prestígio do sociólogo de Pernambuco tem se mantido na academia e muitos de seus livros são considerados importantes para pesquisa inicial de inúmeros temas sobre escravos e livres, assim como estudos da família, das mulheres e da infância. Além disso, têm ocorrido releituras de sua obra, realizadas sobretudo por acadêmicos estimulados pelas comemorações do centenário de seu nascimento (2000) e de sete décadas do lançamento da primeira edição, em 1933, de *Casa-Grande & Senzala* (Burke, 1997; Paiva, 2001). Um ponto que tem sido sistematicamente destacado refere-se à abordagem metodológica pioneira e inovadora que consta em seus livros. Nesse sentido, ele utilizou uma variedade de fontes documentais, inaugurou inúmeros temas de pesquisa e, por sua erudição, seus livros apresentam "inigualável qualidade literária", reconhecida até por alguns de seus críticos (Hasenbalg, 1979; Gorender, 1990).

Freyre antecipou, assim, nas Ciências Sociais e na História, vários procedimentos de pesquisa e análise desenvolvidos pelos *Annales* – movimento de inovação na historiografia ocidental, iniciado em 1929, cujas premissas romperam com as influências da Filosofia na História, em favor de várias mudanças na produção do saber histórico –, entre os quais, com a introdução de novos sujeitos (negros, índios, mulheres), novos objetos (cotidiano, vida privada) e novas abordagens (método antropológico-social, interdisciplinaridade), contribuindo para as investigações das ciências humanas (Gomes, 2000, p.149-71; Reis, 2000, p.37; Burke, 2002, p.32).

Embora se reconheçam as inovações metodológicas de Freyre no conhecimento das ciências humanas, o tema da família escrava em seus estudos é praticamente invisível, pois na sua perspectiva o sistema havia desenraizado o "negro do seu meio social e de família, soltando-o entre gente estranha e muitas vezes hostil" (Freyre, 2002, p.315). Além disso, considerava os escravos parte da família patriarcal, entendida como uma relação de poder, na qual o senhor detinha toda a autoridade e domínio. Nesse tipo de família, os integrantes (esposa, filhos e netos, além dos agregados e escravos, dividiam o mesmo espaço físico) estavam todos sob a proteção do pai-senhor. As mulheres e os homens escravos não tinham nenhuma autonomia; eram considerados uma extensão dos segmentos "superiores".

Nem mesmo a produção da "escola paulista" valorizava a relação familiar entre eles. Para os estudiosos dessa corrente, o desequilíbrio entre sexos e o próprio sistema foram responsáveis pela "ação destruidora do lar" escravo. Alguns autores chegaram a afirmar que a própria instituição escravista contribuiu para a formação e manutenção da devassidão entre os escravos. Quando se referiam aos filhos gerados no interior do cativeiro, partiam da ideia *pater incertus, mater certa*; afirmavam que as relações eram efêmeras, sem nenhuma estabilidade e com a predominância da promiscuidade entre as poucas mulheres e os muitos homens que residiam nas propriedades rurais.[12]

Entretanto, as novas pesquisas, com base principalmente em fontes eclesiásticas e cartoriais, têm permitido um avanço nos estudos sobre o parentesco dos escravos. Com elas, recuperam-se informações sobre a capacidade das pessoas escravizadas explorarem as mínimas possibilidades de realizar mudanças em suas vidas ou de seus descendentes, agindo nos interstícios da sociedade, estabelecendo casamentos formais, consensuais e parentescos espirituais, ampliando suas relações sociais. Assim, nesse novo contexto da historiografia da escravidão brasileira, inaugurado na década de 1980, as vivências e lutas de mulheres e homens escravizados ganham centralidade, sua historicidade e suas experiências são recuperadas. Temas diversos são abordados e novas metodologias de pesquisa são utilizadas nas investigações, entre elas a demografia social e a micro-história. No que concerne ao tema da vida em família, os vínculos são ampliados para além da família conjugal, sacramentada pela Igreja, valo-

---

12 Para uma crítica à Escola Sociológica de São Paulo, especialmente sobre a família escrava, ver primeiro capítulo de Slenes (1999).

rizando as relações consensuais e o parentesco espiritual. Esta última relação envolve, no mínimo, o estabelecimento de alianças entre duas famílias com o compromisso de proteção e respeito entre pessoas de mesmo *status* ou de diferentes condições econômicas, e ganham espaço também o grupo familiar composto pela criança e um membro (mãe ou pai), as denominadas famílias monoparentais.

O foco de análise das relações entre senhores e escravos na recente historiografia social da escravidão passou a ser caracterizado tanto por valorizar as relações conflituosas de resistência direta contra o sistema quanto às formas de oposição à escravidão que passavam pela "negociação"[13] cotidiana, contribuindo para a formação de uma relativa autonomia de mulheres e homens escravizados nas relações de trabalho e na vida pessoal. Nesse sentido, a história social tem oferecido contribuições importantes na perspectiva teórica que propõe; de acordo com Machado (1988, p.144), a "recuperação do processo histórico em suas mediações multivariadas"; e, a partir da pesquisa documental, o conhecimento sobre população negra (escrava, liberta e livre) tem avançado não só no Brasil, mas também nas regiões das Américas espanhola e anglo-saxônica.

Mas não se iludam, leitores e leitoras, essa nova maneira de pesquisar o tema da escravidão não é um consenso na comunidade acadêmica. Inúmeros questionamentos são levantados, os debates acontecem com frequência. Muitos autores negam as novas imagens de mulheres e homens escravizados, nas quais se destacam seus vínculos parentais; outros, em razão do volume, da qualidade e dos resultados de pesquisas empíricas e de interpretações convincentes, reveem posicionamentos anteriores. Contudo, alguns mantêm a compreensão de que tal paradigma interpretativo "reabilita a visão patriarcal de Gilberto Freyre"

---

13 Ver em Burke (2002, p.123) a redefinição do termo negociação pela luz dos "grupos subordinados".

(Maestri, 1990 e 2002; Queiróz, 2001). Enfim, a família escrava é um dos temas mais controversos e tem recebido muitas críticas, como mostrarei adiante ao abordar o debate entre estudiosos da escravidão.

Para uma melhor compreensão desse debate, é interessante observar os pressupostos teóricos de diferentes vertentes. Entre o final da década de 1970 e início da seguinte, as duas visões mencionadas, a freyreana e da "escola paulista", passaram a ser revistas por historiadores. Segundo Lara (1988), foram Slenes e Mello, em 1978, que propuseram a superação das interpretações antagônicas e definiram o paternalismo como uma forma especial de clientelismo, ou seja, uma relação do tipo patrão-cliente que, apesar de envolver relacionamento entre pessoas com poder desigual, se baseava em mútuo entendimento de obrigações recíprocas; e além de ser uma ideologia da classe dominante, possibilitava a mediação das relações sociais no sistema escravista, não excluindo, de forma alguma, os conflitos e contradições dos vínculos entre senhor e escravo. Duas décadas depois, Slenes, ao comentar as relações escravistas, declarou novamente que na "política de domínio senhorial" não se descartava o embate entre as partes envolvidas e usava o termo negociar "como [um] processo conflituoso em que ambas as partes procuram 'persuadir' o outro", não desconsiderando o enfrentamento. Tudo dependia da situação das mulheres e dos homens escravos na luta contra a opressão do sistema (Slenes, 1999, p.17).

A proposição que entende a escravidão como um sistema no qual, em sua estrutura, prevalecia um "acordo" entre desiguais, gerou intensos e virulentos debates entre estudiosos da vertente mais recente e os que tinham como abordagem a interpretação estrutural. Jacob Gorender liderou as discussões e publicou, inclusive, em 1990, um livro provocativo no qual defendeu suas posições teóricas sobre a escravidão no Brasil e negou de forma contundente a existência de uma escravidão "mais consensual do que coercitiva", em que o cativo teve sua subjetividade recuperada para fazer-se "agente voluntário da reconciliação da escravidão" (Gorender, 1990, p.16-20).

O autor de *A escravidão reabilitada* também questionou as conclusões de algumas pesquisas sobre o tema da família escrava, sobretudo da metodologia empregada – como a abordagem quantitativa – e o pouco destaque dado aos aspectos qualitativos da vida dos escravos (ibidem, p.46-50). Chamou atenção para os denominados "equívocos metodológicos" cometidos por alguns historiadores, que prejudicam os resultados das pesquisas. Após dois anos do lançamento desse livro, Gorender, em um simpósio sobre a historiografia da escravidão, reafirmou que

> o desequilíbrio entre os sexos impedia justamente o que era característico de famílias em muitas etnias africanas, ou seja, a poligamia ou a poliginia [...]. Ademais estou convencido de que a escravidão sempre existiu com promiscuidade sexual, promiscuidade no sentido literal da palavra [...]. (Gorender, 1992, p.263)

Todavia, dez anos depois, num ensaio destinado a um público mais amplo, Gorender reconheceu que "os escravos conseguiram constituir famílias e formar redes de parentesco com razoável grau de estabilidade, desfazendo o mito da propensão à promiscuidade sexual" (Gorender, 2000, p.46). Nomeou, inclusive, alguns autores da nova historiografia que contribuíram para firmar a imagem de cativos com famílias. Todavia, não deixou de registrar várias ressalvas sobre o sistema que limitava a organização familiar e destacou o fato de tais estudos incidirem principalmente nas áreas paulista e fluminense, no século XIX que passavam por um período de expansão da economia cafeeira, possibilitando o vínculo familiar. O mesmo, segundo ele, pode não ter ocorrido em outras regiões, em circunstâncias econômicas desfavoráveis, como as do norte do Império, em que os escravos tendiam a apresentar uma vida familiar sem nenhuma estabilidade em razão das constantes separações de seus membros. Essa hipótese de Gorender é observada com atenção neste trabalho, pois foram exatamente condições instáveis que mulheres e homens escravizados na Paraíba enfrentaram ao longo do Oitocentos, sobretudo na segunda metade do século, quando se intensificou o tráfico interprovincial, houve o aumento do preço de escravos e o deslocamento deles do interior para o litoral e vice-versa.

No atual estágio de pesquisas, a perspectiva do total controle dos senhores sobre os escravizados vem sendo relativizada. Estudiosos entendem as relações entre senhores e escravos como um processo conflituoso, marcado por tensões, embates, acomodações, em que cada parte buscou convencer a outra nas relações cotidianas de poder, mesmo havendo um desequilíbrio. A respeito dos vínculos envolvendo escravizados e senhores, Emília Viotti da Costa (1998, p.99), que produziu importantes estudos na década de 1960 e esteve ligada aos pressupostos da "escola paulista", ampliou sua visão teórica e suas interpretações foram repensadas. Assim, ao pesquisar a rebelião escrava em Demerara (Guiana Britânica), ocorrida em 1823, expôs sua premissa teórica. Segundo ela,

> os *senhores* sonhavam com o poder total e a obediência cega, os *escravos* entendiam a escravidão como um sistema de obrigações recíprocas. Eles presumiam que entre senhores e escravos havia um contrato tácito, um *texto invisível* que definia regras e obrigações, um texto que usava para avaliar qualquer violação a seus "direitos". [...] Sempre que essa norma fosse violada e o "contrato" implícito rompido, eles se sentiam no *direito de protestar*. (Grifos meus)

Ou seja, os estudos mais recentes destacaram que em alguns momentos os donos eram obrigados a fazer concessões aos indivíduos escravizados, sem as quais não poderiam ter mantido, por tantos séculos, a instituição escravista com base exclusiva na violência. A propósito de outros historiadores brasileiros que partilham desse entendimento, podem ser destacados: Azevedo (1987); Lara (1988); Slenes (1999); Chalhoub (1990); Reis

(1989); Gomes (1993); Carvalho (2002); Machado (1987) e muitos outros que não negam a luta de classes e a violência do sistema, indo além, com pesquisas empíricas, e tentando apreender as práticas e especificidades de "ser escravo no Brasil". A despeito das críticas de Gorender e outros, firmou-se uma nova perspectiva de análise sobre o tema da família e muitos estudos foram realizados (Slenes, 1999), apesar de nem todos compartilharem da mesma opinião nem se deixarem convencer com os resultados das pesquisas, como os historiadores Mário Maestri e Suely Queiróz. O primeiro tem se mostrado incrédulo com relação a três temas da escravidão no Brasil: a família escrava, as alforrias e a escravidão urbana. Num artigo de 1990, criticou os novos estudos sobre escravidão, em particular os que se referiam à escravidão urbana e às alforrias dos cativos por "diluir as duras condições de existência do escravo urbano em quase saudosista visão do passado negreiro", generalizando a "pretensa benignidade da instituição nos centros populacionais para o universo rural dominante". Segundo o autor, esse ponto de vista se aproximava da concepção freyreana de escravidão doméstica (Maestri, 1990, p.695-705).

Essas considerações foram asseveradas, em 1997, num simpósio sobre a escravidão.[14] Na compreensão do autor, a atual vertente histórica é resultado da "vitória da maré neoliberal" que acontece na área do conhecimento e privilegia as "interpretações subjetivas sobre as condições históricas", sendo as "interpretações sociais estruturais" substituídas por "temas tópicos e menos conflitivos". Em sua exposição, Maestri informou também que compreende a sociedade a partir de um sistema de "oposição dualista" e as questões do passado deveriam passar por esse pressuposto. Acusou os estudiosos que partem da compreensão

---

14 Refiro-me ao II Encontro de História da UFF, cujo tema foi *Sociedade e escravidão*, em 1997. As considerações de Maestri foram reproduzidas por Abreu; Mattos, na revista *Tempo*, n.6, p.29-35.

das relações paternalistas de terem desenvolvido estudos conservadores e "neopatriarcais". Estes são dois adjetivos com os quais Maestri (2002) tem classificado a historiografia da escravidão recente. Segundo ele, existe um "movimento revisionista de cunho conservador" retomando e refinando metodologicamente as teses patriarcais, abandonando ou deixando em segundo plano o conflito e a violência do sistema, e passando a ter como proposta interpretativa o consenso e a acomodação nas relações entre escravos e senhores. Tudo isso resultou em pesquisas que abordam o compadrio, a família e a alforria, temas considerados por ele amenos e que substituem os anteriores, nos quais as preocupações eram as "interpretações sociais estruturais". Para o autor, essa é uma categoria imprescindível à apreensão do fenômeno na plenitude de sua riqueza (Maestri, 2002, p.13).[15]

A oposição de Maestri às novas abordagens da escravidão relaciona-se com sua concepção de História, que privilegia as análises fundamentadas nas contradições antagônicas e na totalidade da sociedade e, por isso mesmo, suas críticas mostram o não reconhecimento das pesquisas recentes acerca da escravidão brasileira (Abreu; Mattos, 1999, p.33).

A historiadora Suely Robles Queiróz, integrante da "escola paulista", também contestou os resultados das novas pesquisas sobre a escravidão, principalmente o tema da família escrava. Em suas críticas, denomina a historiografia da escravidão recente de "neopatriarcalista", tomando por base os comentários de Gorender (1990). Ela acusa os estudiosos de rebaixarem a segundo plano a questão da violência e discorda da existência de uma escravidão na qual é possível a mediação entre senhor e escravo, o que levava, de acordo com a autora, o escravo "a negociar um cotidiano mais brando e lançava mão de estratégias

---

15 Estas considerações de Mário Maestri estão na Apresentação ao livro de Maria do Carmo Brasil (*Fronteira negra*: dominação, violência e resistência negra em Mato Grosso, 1718-1888), publicado em 2002.

para sobreviver, ora curvando-se aos ditames do senhor, ora a eles resistindo", contribuindo, assim, com o sistema.

Com relação ao tema da família escrava, Robles Queiróz reafirmou seu entendimento de que se por um lado se pode reconhecer a existência de vínculos familiares entre os escravos (o que já era destacado, segundo ela, pelos estudiosos da "escola paulista"), por outro não se pode atribuir estabilidade e "expressividade da família escrava no Brasil". Para consolidar tal pressuposto, lançou mão de relatos de viajantes que percorreram o país. Como resultado, mostrou que os estrangeiros deixaram um "silêncio significativo" sobre a família escrava. Ao mencionar esse tipo de relação, o objetivo era destacar as "separações de casais, as dificuldades que os senhores antepunham à regularização das uniões", confirmando, em sua perspectiva, a tese defendida pela "escola paulista": as relações parentais dos escravos eram frágeis, desorganizadas e sem privacidade em sua vida conjugal.

Encerra afirmando que a questão da família escrava continua polêmica e os relatos de viajantes consultados e analisados permitem constatar "a existência de uniões entre os negros, indicando que estes tentaram estabelecer laços afetivos mais sólidos que os da simples promiscuidade sexual", porém não conseguiram se organizar de forma estável, com "laços permanentes". Segundo a autora, predominavam entre eles as "separações de casais, nas dificuldades que os senhores antepunham à regularização das uniões, nas mulheres que tinham filhos de dois ou mais homens diferentes". Entretanto, essas constatações não permitem "referendar conclusões taxativas sobre a "expressividade da família escrava estável no Brasil" (Queiróz, 2001, p.117).

Parece-me que a autora está muito presa ao tipo de família estabelecido pela classe dominante, na qual o casal, filhos e agregados co-habitavam um mesmo espaço e a figura masculina era central. Queiróz não reconhece a especificidade do parentesco de pessoas que tinham a condição escrava e viviam no sistema escravista, que detinham também tradição cultural diferente da europeia, possibilitando a formação de relacionamentos parentais que iam além desse modelo familiar. Entendo que ao negar a possibilidade de mulheres e homens escravizados movimentarem-se no interior do sistema, criando estratégias, buscando formas de libertação ou de sobrevivência no cativeiro, um estudioso deixará de conhecer as ações e atuações dos escravos que, no passado, foram fundamentais para a destruição do regime escravista, num processo mais longo e que, de imediato, permitiu aos indivíduos cativos uma vivência menos dura, visto que poderiam contar com o apoio de um integrante da família consanguínea ou de um parente espiritual.

Maestri e Robles Queiróz resistiram aos vários estudos fundamentados não só em novos pressupostos, mas também na apresentação de evidências empíricas, documentadas com variadas fontes, como são os estudos de Robert Slenes, Manolo Florentino e José R. Góes, José F. Motta, Sheila Faria, Stuart Schwartz e de muitos outros.

Vainfas foi outro historiador que se colocou inicialmente contrário à tese da formação de família entre os escravos, mas reconsiderou seu posicionamento. Ele afirmou que seus argumentos, elaborados no início da década de 1980, se basearam na pesquisa sobre os discursos dos inacianos do século XVII (que costumavam criticar os senhores por impedirem os casamentos entre os escravos) e os resultados dos estudos do período, que enfatizavam as dificuldades impostas pelos senhores aos cativos para a constituição de família. Assim, por volta das décadas de 1980 e 1990, na sua visão, as relações conjugais dos escravos eram predominantemente temporárias. Com o passar do tempo e o avanço dos estudos sobre essa temática, o autor refez suas considerações. Segundo Vainfas, é

> desnecessário dizer, após quase vinte anos de pesquisas sobre o assunto, sobretudo no âmbito da demografia histórica, que tais considerações sobre a família escrava são insustentáveis, se tomado como traço geral da sociedade colonial escravista. (Vainfas, 2001, p.219-20)

E continuou enumerando os principais estudos realizados no Brasil, indicando as incidências de uniões "chanceladas" pela Igreja e a frequência das relações consensuais, por exemplo, nas Minas Gerais, concluindo que não resta dúvida de que o "matrimônio entre cativos e a constituição de famílias escravas ocorreram em escala muito maior do que supunham diversos historiadores".

Diante da exposição das principais polêmicas que envolvem a temática da escravidão, pode-se concluir que houve mudanças nas interpretações e que novas imagens sobre os escravizados foram construídas, admitindo-se os vínculos parentais como estratégias de sobrevivência e de resistência. Enfim, nas pesquisas, cada vez mais o tema vem sendo inovado, enfocando-se novas questões, adotando-se novas abordagens e metodologias, relativizando-se o poder total do senhor sobre os escravos. Esse debate, com suas inúmeras controvérsias, resultou na mudança de paradigma para se (re)pensar as relações parentais de mulheres e homens escravizados; assim, contemporaneamente, predomina a ideia da compatibilidade de família escrava com o sistema escravista. Inúmeros estudos ultrapassam a ideia de existência da família escrava e mostram como muitos de seus integrantes viveram de forma estável no seio familiar e como o laço social (o mais elementar) foi fundamental para a socialização, a formação da cultura e das identidades de escravos, assim como esse tipo de comunidade teve importância para minimizar o sofrimento dessa condição (Motta, 1988 e 2002; Faria, 1997; Tupy, 1998; Slenes, 1999).

Contudo, nesses novos estudos algumas discordâncias interpretativas já se manifestaram. A polêmica mais destacada tem ocorrido entre um dos pioneiros e principais estudiosos da temática, Slenes (1999), que expôs sua opinião em confronto com as interpretações de Florentino e Góes (1997) a respeito da família escrava (Slenes; Faria, 1998; Slenes, 1999). Os pesquisadores estudaram o tráfico externo e as relações de parentesco adotadas pelos escravos de várias vilas e alguns municípios do Rio de Janeiro, que detinham uma economia basicamente agrícola, entre os anos de 1790 e 1850. Ao longo do trabalho, as mudanças na família escrava são apontadas, considerando as várias conjunturas do tráfico internacional. Além de concluírem que o comércio ilegal não impediu a formação e estabilidade das famílias de escravos, evidenciaram a heterogeneidade dos indivíduos cativos e afirmaram que os vínculos parentais desses sujeitos contribuíram (e eram imprescindíveis) para o sistema escravista. Segundo os referidos autores (1997, p.124 e 175), a família escrava "solidificava [a escravidão como] instituição" e "sem se constituir em instrumento direto de controle senhorial, funcionava como elemento de estabilização social, ao permitir ao senhor auferir uma renda política".

Esse posicionamento mereceu considerações críticas de Slenes (1999, p.17), que discordou dessa interpretação da família escrava como estruturante do sistema por não acreditar que os "esforços" dos escravos em estabelecer a "paz das senzalas" seria para benefício da casa-grande. Isso porque, segundo o autor, apesar das aparências, as relações entre escravos e senhores eram "inerentemente instáveis". Refutou também que entre os diferentes grupos de escravos predominava mais a paz do que divergências, como afirmaram Florentino e Góes.

Minha tendência é concordar com Slenes por não perceber que o parentesco consanguíneo de cativos servia para manutenção do sistema, mas sim que a família escrava desempenhou o importante papel de (re)criar e difundir uma cultura negra e ser um abrigo, um apoio para aqueles que viveram o jugo do cativeiro. Contudo, um dos resultados desse trabalho na Zona da Mata da Paraíba suscitou-me a seguinte questão: a estratégia dos senhores em estimular a reprodução endógena nas suas propriedades não teria sido estruturalmente importante para a manutenção e alongamento do sistema escravista? Por isso mesmo, fez-se necessário não me posicionar *a priori*, e as duas perspectivas devem "alimentar" este trabalho, estabelecendo um equilíbrio entre evidências históricas e interpretações.

Silêncios, encobrimentos e frestas da história da população negra na historiografia da Paraíba

Desde o final do século XX, o Instituto Histórico e Geográfico Paraibano (IHGP) e as universidades (sobretudo UFPE,[16] UFPB e UEPB) foram importantes espaços institucionais nos quais se produziram discursos sobre a população negra na Paraíba. Do IHGP destacarei alguns autores, dentre os quais aqueles considerados "historiadores paraibanos"[17] com maior importância entre os integrantes dessa instituição, Maximiano Lopes Machado (1821-1895), Irineu Joffily (1843-1901) e Horácio de Almeida (1896-1983). Todos produziram sínteses históricas sobre a Paraíba. Além destes, analisei algumas obras produzidas por integrantes do IHGP, tanto as gerais quanto as que abordaram a população negra, em especial a escravidão e a questão da miscigenação. Visito também alguns títulos, livros e dissertações produzidos por acadêmicos a partir da década de 1970.

Apesar de os três primeiros autores diferirem quanto à época de elaboração de seus livros, quando confrontados apresentam semelhanças, pois elaboraram um conhecimento histórico no qual apenas as elites se destacaram na História. Os estudos dos dois primeiros, respectivamente, *História da província da Paraíba* e

---

16 Ver artigo de Hoffnagel (2004, p.242-7), com rápido balanço da produção de trabalhos realizados no Programa de Pós-Graduação em História da UFPE, realizado por ocasião de seus 30 anos de existência.

17 Por iniciativa de um dos presidentes do IHGP, Luiz Hugo Guimarães (gestão de 1998-2001), foi publicada uma coleção de "biografias sumárias", com perfis dos "historiadores paraibanos", entre os quais figuraram Maximiano Machado (o "primeiro historiador paraibano") e Horácio de Almeida (o "historiador maior").

Notas sobre a Paraíba, foram escritos e publicados entre os anos de 1880 e 1912, enquanto o último editou o primeiro de seus dois volumes da *História da Paraíba* em 1966, e o segundo em 1978. A despeito das distâncias temporais, os autores analisados e vinculados ao IHGP se filiam àqueles que interpretam o Brasil como resultado das ações "civilizadoras" dos brancos de origem europeia no "Novo Mundo", tendo os outros povos menor peso histórico (Reis, 2003, p.33). Nos discursos históricos construídos por esses autores, as experiências humanas têm um significado pedagógico – história é a mestra da vida (*historia magistra vitae*) –, cujos fatos recuperados pretendem mostrar um passado glorioso, com condições de oferecer lições políticas e morais no presente.

Por sua vez, muitos dos institutos regionais, a exemplo do IHGP, surgidos no início do período da implantação da República, em 1905, se estabeleceram com a preocupação de divulgar aspectos da história local, não perdendo de vista as orientações fornecidas pelo Instituto Histórico e Geográfico Brasileiro (IHGB). As obras produzidas pelos membros do IHGP procuravam criar uma identidade própria, desvinculada de Pernambuco. Essa identidade, chamada de *paraibanidade*, foi caracterizada historiograficamente pela bravura, caráter pacífico e republicano (Dias, 1996; Sá; Mariano, 2003).

As referências aos indivíduos de ascendência africana aparecem de forma secundária e são esparsamente citadas, embora os livros tenham sido produzidos por autores, no caso de Machado e Joffily, que viveram na época da escravidão e assistiram ao processo de abolição. Ressalta-se que, além de serem contemporâneos dos últimos acontecimentos envolvendo a instituição da escravidão na província, estavam vinculados politicamente às correntes "progressistas" do Oitocentos. O primeiro participou da Praieira (1848),[18] exerceu cargo de deputado provincial da Paraíba e de

---

18 Entre os estudos de Machado, destaco o livro *Quadro da rebelião praieira na província da Paraíba*, publicado em 1851, três anos após o fim de tal movimento político.

Pernambuco. Mais recentemente, um de seus comentadores o denominou "liberal-radical,[19] "antiabsolutista", "anticlerical, "devotado abolicionista republicano" e "revisionista" (Mello, 1988, p.66).[20] O segundo, também político de ideias republicanas, juiz, jornalista polemista, desde 1866 publicava artigos nos quais fazia críticas cáusticas à dependência de sua província natal a Pernambuco. Nos livros de ambos, porém, as mulheres, crianças e homens negros não mereceram mais do que poucas e rápidas menções. Machado, em livro de dois volumes, retratou o período colonial da Paraíba. Organizado cronologicamente, destacou temas como a conquista e colonização da Paraíba, a "invasão" holandesa, a ação dos religiosos desde o início da conquista, as relações políticas e econômicas da Paraíba. No desenvolvimento de cada um dos assuntos, o autor enfatizou a ação, fartamente descrita, comentada e documentada, de "destemidos" homens. Apesar de Machado, em alguns momentos, evidenciar uma concepção extremamente negativa e preconceituosa ao se referir aos mestiços de indígenas, os mamelucos – considerados por ele "gente sem moral e sem costumes" e causadores de muitos "males que fizeram" e "vagabundos e vadios que infestaram o interior da província" (Machado, 1977, p.351 e 411) –, comentou demoradamente, em inúmeros capítulos, os conflitos entre os ameríndios e os portugueses, por ocasião das tentativas de conquista do que se tornou o território da Paraíba. Contribuiu, dessa maneira, para a elaboração de uma visão dos indígenas da Paraíba como, de fato foram, povos que resistiram bravamente à conquista de suas terras pelos lusos. Enquanto isso, os negros não merece-

---

19 Na década de 1860, quando Machado ainda residia na Paraíba, exerceu o cargo de deputado provincial nas legislaturas de 1858-60 e 1860-1.

20 Interessante ressaltar que nos anúncios de fuga de mulheres e homens escravos da Paraíba há pelo menos um de uma escrava fugitiva (Leonor), que pertenceu ao "doutor Maximiano Lopes Machado", quando ele morava na vila de Campina Grande, em 1861, conforme livro da Secretaria de Polícia da Parahyba, 1861, fl. 122v, AHPB. Ver também Rocha (2001).

ram menção nem mesmo quando os portugueses conquistaram a capitania e iniciaram o (re)povoamento com a construção de engenhos, casas de moradia e edifícios religiosos, isto é, no período de formação da sociedade da Paraíba, e em nenhuma parte dos dois tomos de sua *História da província da Paraíba* reconhece a importância do trabalho de negros na feitura da sociedade do açúcar. Esses trabalhadores foram citados apenas como parte de bens pecuniários de senhores e das ordens religiosas; a exemplo do que Machado fez quando se referiu às posses dos beneditinos, que "após a guerra holandesa conseguiram reconstruir o seu belo mosteiro, possuíam casas, escravos, gados, safras e, por último, levantaram em grandes proporções o Engenho Maraú, o primeiro e o melhor da província". Os carmelitas também eram "possuidores de escravos, gados, plantavam..." (ibidem, p.326).

Quando destaco que Machado nem sequer reconheceu a importância da mão de obra africana na construção material da Paraíba, não quero afirmar que desde as primeiras décadas da colonização o indivíduo de ascendência negra fosse encontrado em grande quantidade, pois, segundo a historiografia da Paraíba demonstra, os colonizadores construíram seus engenhos de açúcar inicialmente com a exploração do trabalho dos indígenas, até a primeira metade do século XIX encontrados trabalhando compulsoriamente (Medeiros, 1999; Pinto Medeiros, 2000; Gonçalves, 2003). Se os negros não estavam em grande número, se fizeram presentes desde as primeiras expedições até o fim da escravidão no país, desenvolvendo as atividades produtivas que concorreram para construção material e cultural da sociedade paraibana.

Em seu livro, inovador para a época, intitulado *Notas sobre a Paraíba*,[21] Irineu Joffily em vez de privilegiar a colonização iniciada no litoral, valorizou o processo de (re)ocupação do sertão pelos

---

21 O livro analisado refere-se um *fac-símile* da primeira edição, publicada no Rio de Janeiro, em 1892, com prefácio de Capistrano de Abreu. O autor reproduziu inúmeros documentos coletados por ele próprio nos acervos da Paraíba.

portugueses e a cultura sertaneja. Descreveu também detalhadamente os limites geográficos, a flora e a fauna do território da Paraíba. A respeito dos negros, ao contrário de Machado, Joffily traz algumas informações que vão além de sua atuação como trabalhador, ao destacar a ação de quilombolas – Palmares e os existentes, especialmente no interior da capitania/província. Afirmou, ainda, que "o elemento africano fez-se também sentir desde logo, mas em grau muito mais baixo do que [indígenas]" (Joffily, 1977, p.234). A respeito da cultura dos dois grupos, considerou a do negro inferior à do índio. Além disso, minimizou a existência de escravos negros nos períodos colonial e imperial – segundo ele, o indígena (denominado por ele americano) "era quase o único a auxiliar o colono português nos serviços do campo", no processo de expansão e apropriação da "nascente capitania". Apesar da negação física dos negros, o recenseamento de 1872 indicou um expressivo número de escravos com origem africana nos municípios sertanejos. Esse autor procurou justificar tal presença como resultado da "raça cruzada", obtida pela alta taxa de miscigenação entre índios e africanos.

Todavia, mais do que a ideia da inexpressiva presença negra na Paraíba, existe uma afirmação, defendida por Joffily, que tem ressoado por décadas na historiografia local: a de que os habitantes do sertão da Paraíba tiveram escravos "pelo orgulho que tinham algumas famílias de demonstrar opulência pelo número de cativos que possuíam, e dos quais só em última extremidade se desfizeram, como na grande seca de 1877" (ibidem, p.235). Essa afirmação de Joffily foi repetida ao longo de décadas por distintos autores e ensaístas que abordaram o assunto e, embora essa tese tenha sido criticada por Galliza (1979), nos dias correntes é possível ouvir de estudantes de ensino médio a afirmação de que o trabalho do escravo negro foi desnecessário para a economia paraibana e, mesmo fisicamente, sua presença foi ínfima.

Seguindo essa ideia de pouca expressividade numérica de negros na Paraíba, há um esboço de livro sobre a história da

Paraíba, encontrado no IHGB, sem autoria, datado provavelmente do início do século XX,[22] que traz algumas informações demonstrando exatamente essa expectativa: o desaparecimento físico do negro, pois ele estava "pouco a pouco [se] caldeando, desaparecendo e assim a mestiçagem [ia] apurando e firmando o tipo de parahybano cujas linhas gerais muito se aproximam dos habitantes do sul da Europa".

Talvez esse anônimo tenha se filiado não só à visão eugênica que perdurava na época, mas também pode ter sido influenciado pelas ideias de José Américo de Almeida (1877-1980), em cujo livro de 1923, *A Paraíba e seus problemas*, afirmou que a presença negra era diminuta, sobretudo no sertão, sendo encontrado em maior número somente no brejo ou no litoral. Para fortalecer a afirmação de que o contingente negro era mínimo, analisou o recenseamento de 1890 e concluiu que a quantidade de negros no estado da Paraíba era inferior à do Amazonas, de Santa Catarina e do Paraná. Afirmou ainda que o "africano mesclou a população rural, nos antigos centros de escravaria, do litoral aos brejos. *Rareiam os negros* puros, mas os *mulatos* constituem grande parte dessa camada inferior, cruzados e recruzados. São os *cabras* do engenho" (Almeida, 1980, p.525). Mas para ele, o melhor mestiço seria o constituído pelo cruzamento entre brancos e índios (ibidem, p.535). A mestiçagem de brancos e indígenas, segundo o autor, deveria "favorece[r] as realizações da inteligência e da vontade, como atesta a história do pensamento e do progresso brasileiros" (ibidem, p.539). Ou seja, reconhecia a existência indígena como mais positiva que a do negro e negava a presença desse em um território do Nordeste brasileiro, região com forte presença negra até os dias atuais.

22 Ver no IHGB, Lata 328 – Doc. 28-I. O documento se constitui de dois cadernos com tópicos e resumos de capítulos, revelando a pretensão do autor anônimo em elaborar um livro. O documento mencionado foi encontrado por Luciano Mendonça Lima (UFCG), no IHGB, que gentilmente me cedeu uma cópia.

Assim, nas primeiras décadas do século XX, uns, como o autor anônimo, reivindicavam semelhança do povo paraibano com os indivíduos do sul da Europa; outros, como Américo de Almeida, afirmavam que, nesse território, havia tão poucos negros que se assemelhava aos estados do sul (Santa Catarina e Paraná) – área que, como sabemos, recebeu grande contingente de imigrantes europeus, entre fins do século XIX e início do XX. Mesmo assim, Américo de Almeida construiu uma ideia de que a mestiçagem poderia ser um dos caminhos para solucionar os "problemas" da Paraíba e propôs que o futuro poderia ser mais promissor. Mas não valorizou todos os tipos de mestiço, apenas o resultante do cruzamento de brancos e índios como fundamental para o desenvolvimento da Paraíba. O primeiro contribuiria com o "cérebro mais desenvolvido, que repassa para seus descendentes"; o segundo trazia o "novo tipo de agudeza da sensibilidade dos seus sentidos e agilidade dos seus músculos". Rebateu, inclusive, a opinião de Euclides da Cunha, que considerava o mestiço um desequilibrado. Para Américo de Almeida, a Paraíba era diferente, pois graças aos "juízos nutridos na experiência de nossa formação, afirmam [...] que o concerto das qualidades físicas num tipo perfeito corresponde à harmonia das propriedades psíquicas e morais" (ibidem, p.535-7). Negar a presença física de negros nesse território, conforme percebemos nos autores mencionados, remonta ao século XIX e permanece até os dias de hoje, mesmo quando dados estatísticos do último recenseamento (IBGE, 2000), por exemplo, apontam para uma população de ascendência africana por volta de 56,2%.

Mais de cinco décadas depois, outro Almeida (1978) pouco avançou na visão que se tinha da população negra. No primeiro volume do seu livro, publicado em 1966, além de ter descrito longamente os limites geográficos e físicos do território, produziu uma visão heroica sobre a colonização da Paraíba. No segundo volume, retomou tratando de temas coloniais como a "restauração da capitania", após a expulsão dos holandeses, conquista do sertão, revoltas liberais (Revolução de 1817, Confederação do Equador e Revolta Praieira), expansão da província e período republicano.

O capítulo VI pode ser considerado um dos mais interessantes, tendo o autor destacado variados aspectos das culturas do povo (medicina, danças, modos de vida no sertão, entre outros). Quanto aos indivíduos negros, o autor fez pouquíssimas referências aos escravos e livres. Nem mesmo admite a atuação deles como trabalhadores escravizados. Será que apenas os povos indígenas aldeados conseguiram derrubar as matas, construir as cidades, os engenhos, desenvolver a agricultura e outras atividades produtivas e domésticas ao longo dos séculos? Almeida limitou-se a tratar do trabalho escravo de africanos apenas no fim do Império, quando escreveu três capítulos – Manumissões na Paraíba, Abolição da escravidão e Abolição da escravatura e a realidade social do liberto – desenvolvidos em seis páginas, nos quais fez rápidos comentários sobre a população escrava ("lei do ventre livre", "maior incidência de escravos" no litoral e no agreste, campanha abolicionista em Areia/PB, fugas de escravos). No geral, as pessoas cativas foram raramente mencionadas e, quando ocorre, o autor evidencia sua opinião sobre os senhores de escravos, vistos como homens bondosos, tal qual aparece no trecho em que comenta as fugas de escravos. Segundo ele, tais fugas só ocorriam nas "senzalas onde imperava o regime da chibata", contudo, "os maus senhores constituíam exceções". Nem mesmo a abolição da escravidão foi considerada pelo autor uma conquista ou mudança social importante, porque, nas poucas linhas dedicadas ao tema, afirma que a "realidade social do negro" escravo foi substituída pela escravidão continuada do trabalho no eito, com recebimento de baixos salários, insuficientes para a sobrevivência. Assim, afirmou o autor, essa "gente marginalizada", incluindo as prostitutas e os mendigos, "era livre, mas não tinha o que comer" (Almeida, 1978, p.203).

A respeito das relações dos diferentes grupos sociais, destacou a miscigenação como positiva, sobretudo a ocorrida entre portugueses e índios. Os mamelucos, segundo o autor, eram uma "raça forte" (por vezes rebelde), valorosa, pois seu tipo étnico originou profissões como de "jornaleiro, soldado, artista e aventureiro, donde se tira o argumento de que o selvagem, desde muito cedo, se tornou um associado dos mais valiosos na empresa da colonização" (ibidem, p.55). Como a mistura racial de brancos com índios e com negros ocorreu com frequência, o autor considerou estranho que em "sociedade assim construída, em terra de tanta mestiçagem, onde não há racismo, cultive preconceito de cor" (ibidem, p.78).

Como se pode perceber, as ideias freyreanas de mestiçagem suavizando as relações sociais mantinham-se arraigadas firmemente nas concepções dos intelectuais de todo o país, na década de 1970. Devo reconhecer que um tema recorrente na historiografia produzida no IHGP e nos seus seguidores é o referente aos quilombos. Joffily, Machado e Almeida não se furtaram de tecer comentários sobre Palmares, adjetivado, por alguns deles, como "Troia Negra" (denominação usada, salvo engano, por Nina Rodrigues), e os mocambos formados em território paraibano desde a época colonial. Com todas essas ressalvas, não há como negar que tais livros são fontes de informações importantes sobre a Paraíba colonial e imperial.

Outro estudioso do IHGP, Irineu Pinto, tem sido considerado um dos seus principais "patronos" por ter publicado dois volumes de livro intitulado *Datas e notas para a história da Paraíba* (editado, pela primeira vez, em 1908). O autor, após trabalhar em acervos do estado, transcreveu inúmeros documentos, datados desde o princípio da colonização até 1862, e por isso mesmo se tornou uma fonte de referência obrigatória. Sobre a população negra, além das questões do trabalho escravo, abordou vários aspectos da vida dos negros.[23]

---

23 Para se ter uma visão dos documentos acerca da população negra da Paraíba que compõem o livro de Irineu Pinto, ver Mello (1991).

De qualquer modo, a história produzida pelos autores vinculados ao IHGP, como outras produções de sua época, tinha como protagonistas os "grandes" homens e os fatos descritos eram relacionados à vida política local. Não há dúvidas de que as obras são datadas de uma época, trazendo visões ideológicas e históricas caracterizadas pelo tempo em que foram produzidas. Além disso, qualquer produção é marcada, conforme Certeau (2002), pelo "lugar social" de quem produz um discurso histórico, e é sob tal perspectiva que devem ser compreendidas. Certamente, as questões investigadas por aqueles autores eram diferentes das que nos instigam na atualidade.

Mas o que me causa inquietação é a durabilidade de tais perspectivas históricas e sua permanência como verdades incontestáveis, servindo, inclusive, como suportes para a elaboração de material didático.

Uma influência direta de Horácio de Almeida (1978), ocorrida muito recentemente, em 2003, se fez no material didático *História da Paraíba em quadrinhos*, de Emilson e Emir Ribeiro. O objetivo era apresentar a História de forma mais atrativa para crianças e adolescentes e foi baseado no livro de Almeida, considerado pelos dois autores o "mais completo trabalho sobre a nossa história", que lhes permitiu apresentar os principais acontecimentos históricos da Paraíba. Como era de se esperar, nessa narrativa se sobressaem, em primeiro plano, os portugueses, seguidos dos indígenas e, por último, os negros, abordados pela primeira vez no capítulo 13, num quadrinho em que três homens ("o povo") comentam o fim da luta contra os holandeses, em 1655. Um deles diz que a luta contra os batavos havia sido dura. O outro declara que a vitória só havia sido possível graças o empenho dos "senhores de engenho, escravos e agregados [que tinham] participado do exército de libertação, indo até lutar em Pernambuco contra os invasores" (Ribeiro; Ribeiro, 2003, p.49). Os negros foram lembrados também quando os autores se referiam à riqueza dos donos de engenho. Ainda de acordo com esses autores, o "povo" (que de acordo com as imagens seriam os colonizadores), logo após o fim do domínio holandês, trabalhava na reconstrução das casas, conventos e engenhos. Ou seja, nem mesmo no século XVII se destaca a presença negra na capitania, inclusive como trabalhadores, visto que na perspectiva dos autores a reconstrução pós-expulsão dos batavos coube aos portugueses. Nessa obra, o encobrimento da população negra chega a um ponto que não se admite a existência nem do trabalho compulsório nem do próprio negro (escravo ou livre).

Mas nem tudo está perdido. Afinal, na produção de todas as épocas, sempre há autores que se desviam dos esquemas interpretativos de seu tempo. No caso da história da população negra na Paraíba, há o texto produzido por Ademar Vidal (1897-1986), elaborado no início dos anos 1930, para participar do *I Congresso Afro-brasileiro*, realizado no Recife, sob a coordenação de Gilberto Freyre, em 1934.

O autor elaborou um texto com 47 páginas, nas quais se dedicou a identificar a presença negra na Paraíba, desde o período da conquista, 1582, com a expedição de Frutuoso Barbosa, passando pelo "comércio negreiro", resistência escrava (fugas e quilombos) até a abolição da escravidão. Para tanto, fez intenso uso de fontes primárias e expressou, para sua época, certa empatia com a população negra. Segundo suas próprias palavras, as mulheres e os homens negros tinham uma "memorável história" que não poderia ser lida sem um "sentimento de respeito pelo seu caráter e de compaixão pelo seu destino". Organizou seu *Três séculos de escravidão na Parahyba* a partir de citações de documentos, pontuadas com interpretações e descrições interessantes sobre o cotidiano da população negra – trabalho, relações entre senhor e escravo, ações políticas dos escravos, condições sanitárias, saúde, alimentação, entre outros. Porém, não mostrou rigor em analisar alguns fatos. Assim, ao se referir à abolição, não distinguiu as etapas desse processo, mas não deixou de registrar que as mudanças na "mercancia" dos africanos estavam vinculadas à Revolução Industrial e não à humanidade dos ingleses. Informa que a libertação do escravo resultou da "mecânica", "a indústria", que "decuplicou e centuplicou o rendimento de um operário" europeu, e tais alterações repercutiram no contexto brasileiro (Vidal, 1988, p.147). Em resumo, na década de 1930,[24] Vidal não era ingênuo de acreditar no difundido humanitarismo dos ingleses em defesa do fim da escravidão.

Contudo, as posições dos intelectuais de seu tempo, e mesmo a leitura do então recém-publicado *Casa-Grande & Senzala*, influenciaram seus escritos. Tal influência se fez presente em suas colocações a respeito das atitudes dos escravos em relação à sua libertação em 1888 e o entendimento de que tais mudanças provinham da generosidade dos senhores. Segundo Vidal (1988, p.148-9), os negros estavam resignados à condição de oprimidos, ambicionavam muito pouco em suas vidas, eram "indiferentes a sua sorte", preferindo permanecer nas senzalas sob a proteção dos ex-senhores, pois "haviam pegado um ritmo tal que dificilmente os escravos abandonariam a vida que levavam com raízes fincadas nos bisavós"; comentava também que o cativo achava "melhor ficar como estava, entendiam não só os senhores como os próprios filhos da África, adaptados ao meio e, pela riqueza de nobres sentimentos, extraordinariamente afeiçoados aos seus donos discricionários". Exagerava ao afirmar que "os escravos se deixavam governar por instinto biológico, amansado maduramente por aqueles que, oprimidos, viveram e morreram dentro das senzalas", e dizia que "nos anos próximos da abolição

---

24 Nessa mesma época, destaco o livro de Coriolano de Medeiros que, ao escrever a memória de seu bairro de infância (Tambiá), deixou registradas várias informações acerca da população negra que viveu na capital da Paraíba em fins do século XIX. Este mesmo autor escreveu um artigo intitulado *O movimento da abolição do Nordeste*, publicado em 1925. Tal artigo ganhou uma nova edição em 1988, na ocasião das comemorações do centenário da Abolição, em Silva (1988).

os escravos não queriam *mais* fugir por não terem para onde ir. Além de cansados, *muitos* [estavam] *perfeitamente integrados* na família do senhor. A senzala era o limite irrecorrível de suas aspirações" (grifos meus). Mas em suas conclusões, o próprio Vidal reconheceu que os escravos não foram passivos como ele mesmo aventava. Afinal, a abolição na província, segundo ele, trouxe um "colapso na economia patriarcal, em vista do abandono súbito da agricultura por parte de escravaria", que ansiava por se livrar do "jugo opressor", determinando "modificação profunda nos hábitos de trabalho, refletindo-se, fortemente, na sociedade" (ibidem, p.151).

Se em 1934, Vidal, um integrante do IHGP, foi uma voz dissonante, na década de 1970, uma advogada por formação, Waldice Porto, adentrou o tal Instituto produzindo o livro *Paraíba em branco e preto*, no qual expôs uma visão bastante preconceituosa da população de ascendência africana, bem como buscou minimizar a presença negra no território paraibano, considerada por ela "mais branca que negra".

Porto (1976) anunciou que pretendia focalizar a "contribuição do negro africano no seu mundo do cativeiro". De fato, começou por justificar a escravização dos africanos, porém de forma surpreendente, em uma década que já dispunha de estudos revisionistas sobre a escravidão, inclusive muitos autores clássicos foram citados pela autora e constam na sua bibliografia.[25] Suas interpretações estavam relacionadas às posições ideológicas e históricas predominantes no IHGP, que visava enaltecer os colonizadores. Em sua visão, esses prestaram um bom serviço ao retirarem as pessoas negras do seu continente de origem e terem oferecido uma vida bem superior à que eles levavam anteriormente, mesmo que no Brasil vivessem na condição de escravos.

---

25 Entre os vários autores citados por Porto (1976) incluem-se R. Simonsen, Câmara Cascudo, C. de Abreu, Melville Herskovits, Caio Prado Jr., R. Bastide e E. Viotti da Costa, F. Fernandes, O. Ianni.

A autora justificou a existência da escravidão no passado como um "mal necessário", "relevante" e "insubstituível" naquele momento histórico,[26] assim como a própria condição legada aos povos da África (continente ao qual se havia reservado o papel de "viveiro da escravidão moderna") resultava da necessidade de se redimirem com "lágrima, suor e sangue" do "crime milenar" impingido (acredite-se!) pela maldição de Cam. Dessa forma, a autora retira dos colonizadores europeus a responsabilidade pela escravização indígena e africana, e a eles atribuía somente aspectos considerados positivos.

Ainda na ótica da autora, para a sociedade brasileira e paraibana o tipo de escravatura que houve na Paraíba se caracterizou por uma vida escrava branda, com poucos castigos físicos (afirmou ela: açoite "quase não houve, é mais para contar bravata") e resultou na benéfica miscigenação que evitou um "problema racial" em nosso país. A respeito da falsa ideia de que escravos eram resignados e tinham uma vida amena, os documentos presentes no livro e as citações feitas por ela mostram outro cotidiano desse grupo social, a exemplo das ações de quilombolas na Paraíba seiscentista.[27] Ou seja, ao findar o primeiro século da

---

26 Varnhagem é um dos principais integrantes do IHGB, considerado o "pai da história" no Brasil. Ao comentar sobre a presença negra na América portuguesa lamentou que a escravidão tenha "manchado a obra" da colonização portuguesa e, no século XIX, acreditava que o país poderia ter se organizado com "o sistema de doações de terras a agricultores europeus", em Reis (2003, p.55). Enfim, essa observação é apenas para destacar que outras possibilidades de colonização existiam, mas os lusos fizeram a opção pelo latifúndio com base na mão de obra escrava.

27 Segundo Porto (1976, p.90), na Paraíba tinha-se "notícia de um mocambo, em 1691, que há 16 anos vivia em efervescência, alimentando negros que andavam fugidos pelo sertão da Serra da Cupaoba". Os negros vinham "fazendo grandes danos nos gados e roubos e outros desaforos sem haver quem se atrevesse a prendê-los". Em 1701, remanescentes de Palmares (a "Troia Negra de Zumbi") reuniram-se no lugar Cumbe (Santa Rita) e, segundo a autora, referendando-se em documentos da época, realizavam terríveis pelos roubos e assassinatos nas regiões e circunvizinhanças.

colonização da Paraíba, os escravizados buscaram se desvencilhar da condição de escravos, contrapondo-se ao sistema escravista. Por fim, o livro de Porto é um exemplo do que se produziu no IHGP ao tratar da população negra. A imagem fixada é de um povo escravizado, bem adaptado ao trabalho compulsório, que quase nunca protestou contra sua situação social, visto como grupo subserviente, resignado, dócil, que se deixava proteger pelo bom senhor.

Nessa mesma década de 1970, uma acadêmica, posteriormente integrante do IHGP, Diana S. Galliza, produziu uma dissertação de mestrado na qual abordou, numa perspectiva econômica, os últimos anos da escravidão na província da Paraíba. Com tal trabalho, a autora desfez alguns mitos da historiografia paraibana (a quase inexistência do trabalho escravo na pecuária sertaneja) e apontou vários motivos (tráfico interprovincial, alforria, secas, epidemias, entre outras) para o decréscimo da escravidão na província, nos anos de 1850 a 1888. Contudo, o destaque da pesquisa foi mais a instituição escravista do que a vida dos escravos, muito embora a autora tenha contado com ricas fontes. Isso em nada retira o valor desse trabalho, que tem se mostrado fundamental para o estudo sobre a escravidão no território que, apesar da durabilidade do sistema, dispõe-se de parcas pesquisas empíricas e de muitos silêncios.[28]

Nas décadas de 1980 e 1990, foram produzidos trabalhos sobre dois municípios do agreste da Paraíba oitocentista, Campina Grande (Vianna, 1985) e Bananeiras (Costa, 1992). Em comum, esses dois trabalhos enfatizam a inserção de mulheres e homens

---

28 Na década seguinte, saiu publicado o livro de Oliveira (1985), no qual a autora discute as relações políticas, administrativas e econômicas da Paraíba no século XVIII, no período de sua anexação à capitania de Pernambuco (1755-99). A respeito da população negra, abordou as questões do trabalho e o problema da aquisição de trabalhadores escravos para as unidades produtivas da capitania.

escravos na estrutura produtiva do sistema escravista e recuperam poucos aspectos da vida escrava nas áreas pesquisadas.

Ao final dos anos 1990 foi publicado um livro intitulado *O trabalho na Paraíba escravista*, no qual se analisou o trabalho escravo (do indígena e do negro) e o trabalho livre. Apesar de ter sido elaborado para o ensino de História, a autora da primeira parte, Medeiros, além de trazer um panorama do trabalho escravo negro nas três zonas econômicas (litoral, agreste e sertão) da Paraíba colonial e imperial, procurou desfazer mitos como o de que o senhor de escravo da Paraíba não era tão mau como o de outras partes do Nordeste. Segundo Medeiros (1999, p.81), essa falsa ideia forjou-se por conta da penúria material dos senhores paraibanos que muitas vezes, desde a época da colônia, eram obrigados a trabalhar "lado a lado com seus escravos e utilizavam gente livre, na época de safra, dando a impressão de que os habitantes da Paraíba eram menos preconceituosos com o trabalho assalariado do que os das capitanias vizinhas".

Dentre os estudos produzidos por autores vinculados às universidades e articulados com a vertente historiográfica da história social da escravidão, está o trabalho de mestrado de Ariane Sá, defendido em 1994 e publicado em 2005. A autora examinou o processo de mudanças imposto à ordem escravista nas relações de trabalho, nas últimas décadas de existência da escravidão na Paraíba. Já Lima (2001, 2003 e 2008) elegeu como espaço geográfico de suas pesquisas o município de Campina Grande, sobre o qual tem se dedicado a estudar as formas de resistência dos escravos. Para isso, tem analisado diversas fontes e recuperado as experiências de mulheres e homens escravizados, bem como a participação deles no Quebra-Quilos e a luta travada no judiciário em busca da liberdade. Em 2008, ele defendeu sua tese de doutorado no PPGH/UFPE, cujo objetivo é mostrar a existência de uma "cultura de resistência escrava" em Campina Grande no século XIX.

Barbosa Lima (2002, 2006) desenvolve doutorado na mesma universidade e tem investigado a vida das pessoas forras na província. Anteriormente, na sua pesquisa de mestrado, abordou a criminalidade escrava[29] como forma de resistência nos anos finais da escravidão, comparando os padrões de crimes em dois municípios, um do litoral, a Cidade da Parahyba, e um do sertão, Pombal, mostrando as especificidades da rebeldia escrava nos dois espaços econômicos. Acrescento, nessa mesma linha, os meus estudos sobre a escravidão na Paraíba, que têm buscado evidenciar as formas de resistência de mulheres e homens escravos, assim como recuperar a humanidade desses sujeitos históricos silenciados ou ignorados pela historiografia local (Rocha, 2001 e 2006).

Como produção específica, na ocasião das comemorações de 300 anos da morte de Zumbi (1995), foi lançado um número especial na *Revista CCHLA*, no qual, dos catorze artigos publicados, quatro se referem a mulheres e homens negros escravos, e dois ao tema da escravidão na Paraíba, indicando, de certa maneira, a carência de estudos sobre o espaço paraibano.

Mas há expectativa de mudança nesse cenário. Pelo menos, as universidades públicas da Paraíba caminham nesse sentido, com a introdução da disciplina de monografia nos cursos de História e a criação de recentes programas de pós-graduação em História, em João Pessoa (UFPB) e em Campina Grande (UFCG). Resta que alunos sejam "seduzidos" pelo envolvente tema da escravidão na Paraíba, a exemplo do que ocorreu com a primeira dissertação defendida na UFPB, na qual a autora aborda o tema das irmandades negras na província da Paraíba (Alves, 2006).

---

29 A historiadora Ferreira (1990 e 1995), que escreveu artigos sobre a criminalidade escrava na Paraíba, tendo como suporte empírico os relatórios dos presidentes da província e dos chefes de polícia, inspirou fortemente Barbosa Lima (2002), mas esta, em seu trabalho, ampliou os tipos de fontes e a discussão sobre a criminalidade escrava como forma de resistência.

Fontes primárias e metodologia: problemas e escolhas

A catalogação de fontes e a introdução de novos documentos para a pesquisa da escravidão têm suprido, em parte, a carência de evidências históricas sobre escravos e o próprio sistema escravista. Além disso, inúmeros estudos mostram que, com um consistente embasamento teórico e metodológico, é possível elaborar novas compreensões da multiplicidade de experiências de mulheres e homens que vivenciaram a experiência do cativeiro, suas percepções com relação a sua condição escrava e as maneiras com que reconstruíram seus laços parentais e estabeleceram vínculos com pessoas de outros segmentos sociais (Slenes, 1983).

Na tentativa de ampliar o estudo sobre a população negra no século XIX, procuro investigar – também neste estudo – a vida dos "pretos livres", isto é, um grupo social composto por pessoas não escravas. O interesse por este grupo surgiu das impressões destacadas por Koster (1942), ao abordar a população colonial do Recife, comentando que os "negros-crioulos", de condição livre, eram "homens, elegantes, ousados e bravos, obedientes aos brancos", ao contrário dos "mulatos" e de outros "mestiços". Eles não podiam ser confundidos com "membros de outra raça qualquer", porque viviam "isolados e sem ligação com qualquer outra raça humana". Certamente, a última afirmação do britânico é um tanto quanto exagerada, pois logo em seguida ele próprio mostrou a vida social dos "negros-crioulos", como a participação deles nas tropas militares do período colonial (os Henriques, em homenagem a Henrique Dias que, no século XVII, combateu os holandeses que haviam ocupado parte do atual Nordeste).

As evidências documentais sobre os negros nascidos na Zona da Mata contêm inúmeras lacunas, o que dificultou a distinção das pessoas libertas (aquelas que viveram a experiência escrava, mas livraram-se do cativeiro) e das livres (aquelas que nunca foram cativas). Todavia, seus descendentes – ou seja, os filhos nascidos e batizados nessas áreas – tiveram a condição jurídica identificada com mais segurança, uma vez que compunham geração posterior ao grupo dos forros ou ao dos livres e passaram a formar o universo dos "pretos livres".

A vida parental da gente negra na Paraíba, investigada neste estudo, toma como principal suporte documental as fontes eclesiásticas (assentos de casamentos, batismos e óbitos), com vistas a desvelar as redes de relações sociais de escravos, forros e livres. Os registros sobre o nascer, o casar e o morrer tornam possível a recuperação de informações acerca do crescimento vegetativo, de dados de compadrio, da identificação da condição social e/ou a ascendência dos nubentes e outras pessoas envolvidas nas cerimônias. Isso porque os livros paroquiais legaram dados sobre alguns aspectos da vida de indivíduos negros de distintas condições jurídicas: escravizados, forros, livres; de diferentes cores; de suas práticas sociais, como o parentesco espiritual. Porém, os números apenas se aproximam do conjunto da população, já que nem todas as pessoas foram batizadas, nem todas se casavam sob a bênção do sacramento cristão e várias mortes não foram notificadas. Quanto às atas batismais, elas não estão rigorosamente registradas em ordem cronológica, pois os párocos costumavam lançar assentos de diferentes anos. Alguns deles, quando se tratava de paróquia rural, utilizavam dois livros simultaneamente, mostrando que os sacerdotes não cumpriam (ou não conseguiam cumprir, visto que os assentos de batismos das capelas filiadas eram transcritos no livro oficial muitos anos após sua realização, como ocorreu em Livramento, cujo livro apresenta registros desordenados)[30] as regulamentações

---

30 Ver o Livro de Batismo de Livramento, 1814-33, fl. 63, AEPB, que na década de 1820 teve registros dos anos de 1816, 1817 e 1819. Nas notas subsequentes, emprego as seguintes abreviaturas: L para livro, B para batismo, C para casamento e O para óbitos e indicação da freguesia durante o período que abrange o livro referido, seguido da folha, e AEPB para Arquivo Eclesiástico da Paraíba.

eclesiásticas, elaboradas no Sínodo Episcopal da Bahia (1707) e publicadas em 1718, denominadas Constituições Primeiras do Arcebispado da Bahia (CPAB).

Mas os dados das fontes paroquiais permitem o tratamento estatístico sobre a população escrava e não escrava, assim como fornecem indicadores relevantes para se construir perfis de mulheres e homens negros registrados nas três paróquias[31] do litoral da Paraíba.

Por meio dessa sistematização e cruzamento de dados pude avaliar as características da população escrava dos proprietários ligados tanto ao meio rural quanto ao urbano. Foi possível também remontar aspectos de suas relações parentais, a exemplo do compadrio, que explicitam valores, atitudes e necessidades de grupos desprovidos de prestígio social e com parcos recursos materiais, vivendo numa sociedade que passava por profundas mudanças, como ocorreu na Paraíba oitocentista.

Outros documentos – como testamentos, inventários, listas nominativas de escravos, relatórios de presidente da província, livros de notas, processos cíveis, jornais da época e variadas fontes oficiais – fornecem indícios das experiências de crianças, mulheres e homens escravos em três freguesias da Zona da Mata paraibana. Experiências que são buscadas nos vínculos familiares, no trabalho, na moradia, na rua, em todos os espaços de sociabilidades, solidariedades, conflitos e tensões ocorridos no interior das relações de pessoas negras e das firmadas com outros grupos sociais.[32]

---

31 Segundo Flores (1996, p.386), paróquia era o mesmo que freguesia e refere-se a "área delimitada que tem por centro uma igreja matriz, onde se registram batizados, casamento e óbitos". Na área de paróquia podem existir capelas curadas (com padre nomeado) e capelas filiais (padre não residente).
32 Certeau (2002, p.81) destacou importantes aspectos da operação histórica. Segundo ele, "em História, tudo começa com o gesto de separar, de reunir, de transformar em 'documentos' certos objetos distribuídos de outra maneira", para atender o objetivo de pesquisa de cada historiador.

No decorrer da pesquisa os dados indicaram a existência de reprodução natural. Assim, procuro mostrar aspectos relacionados a esse tema, destacando como uma característica importante ocorrida nas propriedades escravas da Zona da Mata da Paraíba talvez fosse uma estratégia de senhores para minimizar a falta de "braços escravos", bem como os arranjos familiares possíveis de serem estabelecidos dentro da lógica do cativeiro, os tipos de laços de solidariedade formados pelos dois grupos, de livres e de não livres, a partir das famílias biológicas e do parentesco espiritual.

No manejo das fontes, algumas dificuldades precisaram ser contornadas para se reconstruir o passado de mulheres e homens negros na Zona da Mata da Paraíba colonial. Para se conhecer a população, houve um recuo no tempo; foram utilizados três mapas populacionais da capitania, de 1762-63, 1798 e 1811. No primeiro e no segundo, os responsáveis pela organização de tais mapas atribuíram à população da Paraíba a condição jurídica e a cor da pele; e, no terceiro, somente o dado do estatuto jurídico. Para se ter um quadro mais detalhado da presença negra na capitania/província, a partir do século XIX os dados paroquiais, notadamente das três freguesias selecionadas para o estudo, foram organizados em bancos de dados.

A respeito da presença de mulheres e homens negros na capitania/província da Paraíba é necessário salientar que, em pesquisa nos livros eclesiásticos do século XIX das três freguesias, sobretudo nos registros de batismo, grande parte das pessoas era livre; dessas, uma maioria era classificada como "parda", indicando a mestiçagem de dupla ascendência, branca e "preta". A forte presença de pardos livres me levou a optar por pesquisar dois grupos de pessoas que tinham ascendência negra – os escravos e os "pretos livres", visto que a primeira opção poderia inviabilizar a realização de pesquisa em freguesias urbanas e rurais. Para se ter uma ideia da presença dos indivíduos pardos livres, fiz uma amostragem nos livros de batismo das três freguesias litorâneas.

Em Livramento, em um dos livros que abrangia o período de 1831 a 1863, dentre todos os que se batizaram (2.144 indivíduos) foram identificados como não brancos 1.107 pessoas, sendo que os classificados como "pardos" formavam uma maioria de 68% (ou seja, 753). Havia ainda os indígenas (6,4% ou 47) e, a partir de 1856, os intrigantes "semibrancos" (0,8% ou 9) e 298 indivíduos que foram selecionados para a pesquisa e sobre os quais se tinha a condição jurídica (escrava, liberta ou livre) e/ou cor da pele ("pretos"). Além desses, um grande número – 769 (ou 35,8% do total de pessoas batizadas) – não teve identificação por cor, e sobre 0,4% (ou 10 pessoas) por motivos de rasuras no documento não foi possível incorporar ao banco de dados de Livramento.

Num dos livros de batismo da freguesia de Santa Rita, referente ao período de 1862 a 1864, poucas pessoas batizadas não tiveram a indicação da cor. Entre os não brancos foi identificado o total de 777 pessoas, sendo que apenas 220 (ou 28,3%) foram selecionadas para análise, entre as restantes, 556 (ou 71,5%), de novo, encontra-se a maior parte de "pardos" (539 ou 69,3%) e em minoria, a partir de 1858, os "semibrancos" (10 ou 1,2%), os "índios" (5 ou 0,6%), os "cabras" (3 ou 0,3%) e um "caboclo" (0,1%).

Na freguesia que apresentava mais características urbanas, a de Nossa Senhora das Neves, na amostragem em livro de 1863 a 1868, se obteve um total de 1.491 pessoas não brancas; dessas, os pardos livres somavam a maioria, eram 1.060 (ou 71%); os "semibrancos", 84 (5,6%); os "índios", 10 (ou 0,6%); os "cabras", 4 (ou 0,2%); e os que passaram a compor a pesquisa eram 333 (ou 22,3%). Isso indica que, apesar da forte presença de pessoas com ascendência africana nas freguesias, os números revelam apenas tendências de cor, em razão de muitos assentos não trazerem a cor da pele ou origem das pessoas, sobretudo nas primeiras décadas do Oitocentos, quando os párocos raramente indicavam a cor da pessoa batizada e de seus genitores. Contudo, ao longo da pesquisa, voltei a me deparar com os pardos, só que no grupo dos escravos, conforme comentado anteriormente.

Faz-se necessária uma rápida consideração sobre as metodologias utilizadas nesse estudo. Primeiro, a demografia histórica é uma disciplina que se caracteriza pelo desenvolvimento de técnicas de análise para descrever quantitativamente como as populações se transformam, ou seja, privilegia-se a dinâmica social ao longo do tempo. Para tanto, apresentei algumas informações populacionais do Setecentos, mas para observar as mudanças populacionais ocorridas no Oitocentos fundamentais foram os registros paroquiais (nascimentos, casamentos e óbitos), pois os dados fornecidos permitem observar o ciclo vital dos seres humanos. Também foi possível reconstituir histórias de famílias de crianças, mulheres e homens escravizados, tanto com base no parentesco consanguíneo quanto no espiritual.

Metodologicamente, além do uso da demografia, realizo um estudo na perspectiva da micro-história. Conforme Jacques Revel observa, a redução da escala e a elaboração de narrativas históricas a partir da recomposição de trajetórias individuais (as biografias microanalíticas) possibilitam uma leitura do social, a visão de uma história não linear e os movimentos de seus personagens históricos, recuperando, assim, uma história polifônica, pois a vida é repleta de caminhos, contradições, complexidades e escolhas (Revel, 1998). Ao reduzir a escala de análise, utilizo a "ligação nominativa", que permite acompanhar alguns indivíduos em distintas fontes e períodos de suas vidas, possibilitando assim a recuperação das experiências vividas pelos atores históricos e de aspectos da heterogeneidade dos grupos sociais e as vivências de pessoas escravizadas, forras e livres da Zona da Mata da Paraíba (Vainfas, 2002).

Outras perspectivas teóricas, além da história social da cultura, contribuíram para a realização desta pesquisa. Entre elas estão as reflexões de Edward Thompson e Carlo Ginzburg (1987), pois como historiadores, em suas obras, criaram novas abordagens para a construção do conhecimento histórico e trouxeram à tona indivíduos comuns, valorizando atitudes e comportamentos das classes populares, aparentemente insignificantes, cujas ações constituíram estratégias para sua sobrevivência ou a construção de suas identidades. Desse modo, a proposta desta pesquisa foi investigar três freguesias da província da Paraíba, buscando compreender suas especificidades e as experiências dos escravizados, dos forros e dos "pretos livres", de como eles se tornaram sujeitos sociais e políticos, observando suas relações sociais, com senhores, com pessoas livres pobres e com indivíduos libertos, bem como se deu a convivência entre eles e de que forma (re)organizaram suas vidas familiares no contexto adverso da escravidão.

Esta pesquisa assume a linha de abordagem na qual se procura evidenciar a ação dos indivíduos comuns no processo das mudanças sociais, procurando ir além da perspectiva senhorial. Busco entender a lógica dos escravos como seres complexos que criaram estratégias para sobreviverem num mundo demarcado por mecanismos de dominação e exploração, manifestando suas vontades e tentando interferir no rumo de suas vidas. As transgressões não passavam só pela rebeldia coletiva de ataque ao sistema; foram desenvolvidas também na vida cotidiana, no interior e nas frestas do sistema, passando tanto pela resistência individual quanto pela "acomodação" para criarem novas práticas e condutas nas relações com seus senhores e os outros grupos sociais com os quais conviviam. Portanto, recupero histórias de mulheres e homens escravizados e dos não escravos, dos "pretos livres" como seres humanos, dotados de subjetividades, que lutaram de variadas maneiras contra a coisificação social e a desumanização.

Vale ressaltar que, a respeito dos pretos livres, acho importante o trabalho de Barickman (1999), que questiona a imagem cristalizada pela historiografia sobre a escravidão, na qual sobressaía a oposição entre senhor/branco e escravo/negro, como se cada categoria social formasse um bloco homogêneo, desconsiderando-se a complexidade das relações humanas no contexto da escravidão. O autor mostra como as pessoas de tais grupos sociais, vistos geralmente em condição subordinada, como os cabras, pretos e pardos, foram também proprietários de escravos em freguesias rurais do Recôncavo Baiano, em 1835.

Ressalto que, neste trabalho, apesar de enfatizar a diversidade e complexidade da população de ascendência africana no século XIX, em alguns momentos agrego mulheres e homens indicados como pretos, pardos, mulatos e cabras no grupo dos negros, por entender que a problemática da exclusão e discriminação atingiu tanto os indivíduos pretos quanto os mestiços de matriz africana e europeia. Além disso, atuais estudiosos dos temas da escravidão, estrangeiros e brasileiros, e das relações étnico-raciais têm se referido a essa população com diversas classificações, porém prevalece o termo "negro".

O livro está estruturado com esta Introdução, indicada como primeiro capítulo, na qual fiz uma discussão da historiografia da escravidão, enfocando, sobretudo, a família escrava no Brasil, com o intuito de realizar uma sistematização do debate envolvendo a referida temática. Em seguida, fiz uma análise de alguns livros--sínteses da história da Paraíba, buscando recuperar as informações sobre a população negra e, na última parte, ainda que rapidamente, apresentei a metodologia empregada nesta pesquisa.[33]

No segundo capítulo, *Gente negra na Paraíba: população e diversidade*, começo apresentando perfis biográficos de uma mulher e de dois homens negros com diferentes estatutos jurídicos, visando evidenciar a heterogeneidade dos grupos sociais e as vivências de pessoas escravizadas, forras e livres. Em seguida, faço um painel das três freguesias da Zona da Mata, descrevendo quantitativamente as mudanças no quadro demográfico da população da Paraíba no Oitocentos. As mudanças populacionais

---
33 Para uma visão mais ampla sobre a metodologia, consultar o *Apêndice* no texto original da tese.

ocorridas na segunda metade do século XVIII e no XIX puderam ser estimadas a partir de mapas populacionais e registros paroquiais (batismos e casamentos). Na última parte desse capítulo desenvolvo uma hipótese de pesquisa: a de que a reprodução natural teve forte papel na manutenção do sistema escravista na Paraíba ou, ao menos, na Zona da Mata da província. Essa hipótese se formou ao longo da análise das fontes pesquisadas, que revelaram uma significativa população escrava nascida nas freguesias em análise, com destaque para as pessoas "crioulas" e as de cor "parda".

No terceiro capítulo, intitulado *Casamentos de negros: entre a legitimidade católica e outras práticas parentais*, primeiro procurei descrever a estruturação da Igreja na Zona da Mata, em particular nas três freguesias escolhidas para análise (Nossa Senhora das Neves, Livramento e Santa Rita). Em seguida, analisei os registros de casamentos dos negros e dos grupos mistos (considerando a cor/procedência e o estatuto jurídico dos nubentes), observando a frequência do matrimônio legal e os arranjos familiares criados por esses diferentes segmentos da população negra. Mostrei, por último, histórias de cativos que viveram em três importantes engenhos da Zona da Mata da Paraíba (Tibiri, Una e Gargaú).

No quarto capítulo, *Batismo e compadrio: o parentesco espiritual de negros*, evidenciei as vivências e sociabilidades da população escrava e não escrava, suas ligações e o significado do parentesco espiritual.

No quinto capítulo, *Entre a escravidão e a liberdade: conquistas e mobilidade social*, levantei uma discussão sobre a política de alforria no Brasil e, a partir de uma série documental, abordei as práticas de liberdade na província da Paraíba, entre os anos de 1840 e 1860. Em seguida, usando duas metodologias – a técnica de ligação nominativa e a microbiografia – consegui desvelar algumas histórias de mulheres e homens residentes na área em estudo que conquistaram a liberdade.

Encerro o livro sistematizando alguns dos resultados das análises que a pesquisa possibilitou. Destaco, por fim, que com o objetivo de se facilitar a leitura das fontes, fiz a opção de atualizar o sistema ortográfico dos fragmentos de textos extraídos das fontes e utilizados nas citações encontradas no corpo deste trabalho, mas, em geral, mantenho a pontuação de época.

2
Gente negra na Paraíba: população e diversidade

Das múltiplas experiências de ser negro no Oitocentos: espaços e itinerários negros

Num final de tarde de abril de 1865, o escravo Marcelino feriu com uma faca Manoel Alexandre Pereira da Silva. O conflito aconteceu em Riacho, nas proximidades do Engenho da Graça, localizado nos subúrbios da capital da Paraíba. As "crônicas policiais" do jornal *O Tempo* informaram também que ele conseguiu fugir em direção à rua da Matinha e, por volta das 10 horas da noite, entrou em novo confronto.[1] Dessa vez, lutou contra dois homens – "um soldado da guarda nacional e um paisano" – que estavam encarregados de capturá-lo e

---

1 Os dados sobre Marcelino encontram-se no jornal *O Tempo*, nos exemplares dos dias 08/05/1865, 15/05/1865, 4 e 10/07/1865, 26/10/1865, todos do acervo do IHGP. No estudo sobre criminalidade escrava na Paraíba do século XIX, Maria Vitória Barbosa Lima (2002) analisou o comportamento desse cativo. Em Lima (2002). Agradeço a essa historiadora que, gentil e generosamente, cedeu-me transcrição dos periódicos do século XIX, depositados em diferentes acervos da Paraíba.

prendê-lo.[2] Porém, Marcelino conseguiu golpear um deles e bateu em retirada. Para concluir a ficha de crime desse escravo, segundo informações do jornal citado, acusavam-no de ter atentado contra a vida de seu ex-senhor, o proprietário do Engenho da Graça, José Luiz Pereira Lima, responsável por sua venda ao proprietário do Engenho Gargaú, Joaquim Gomes da Silveira. Tal propriedade distava 5 léguas da capital (cerca de 30 quilômetros, trajeto que podia ser feito em cerca de 3 horas, desde que se tivesse um cavalo),[3] de onde já havia "fugido [...] há alguns meses" e "conservava-se na rua da Matinha" e, para terror das autoridades da ordem escravista, "armado".

Ao que parece, Marcelino tinha deixado questões pessoais não solucionadas pelos lados de sua antiga moradia, o Engenho da Graça. Talvez, numa das visitas a seus parentes ou ex-parceiros de cativeiro, tenha decidido acertar as contas com Manoel Alexandre. Além disso, algo deve ter afetado fortemente seu cotidiano, por exemplo, a mudança de dono e de moradia. Pela descrição de sua vida, ele parecia ter alguma autonomia e circulava pela cidade da Parahyba,[4] sobretudo para desfrutar de momentos de lazer e amizades com pessoas não escravas.

A mudança de dono e de moradia implicava novas dificuldades no cotidiano de mulheres e homens escravizados: primeiro, poderiam ser anuladas conquistas obtidas ao longo de uma vida, levando o cativo a iniciar processo de negociação com o novo senhor. Esse processo poderia ser longo e, ao que parece, Marcelino era impaciente, tendia a resolver as questões de forma mais

---

[2] Poucos dias após a fuga de Marcelino, cronistas do jornal *O Tempo* aventavam que ele continuava na rua da Matinha, graças ao apoio recebido de "soldados do corpo de polícia que o açoitam", ver o jornal *O Tempo*, 1865, IHGP.
[3] O tempo de 3 horas para se realizar o trajeto da capital até o engenho Gargaú foi baseado em informações fornecidas pelo governador da Paraíba, Luís de Motta Feo, que assumiu o cargo em 1802.
[4] Quando me referir à capital da Paraíba, uso a escrita encontrada nos documentos: Cidade da Parahyba, para diferenciar do nome da capitania/província.

direta, na base da violência física. As privações podiam ser também de diversas ordens: econômica, com a perda de autonomia para realizar a comercialização de produtos ou para desenvolver algum trabalho extra na capital ou nas propriedades vizinhas; afetiva, com a separação de parentes e de parceiros de cativeiro; e/ou pessoal, com a limitação para deslocamentos e restrição à vida social com pessoas escravas e livres.

Para se ter uma ideia da nova situação de Marcelino, caso ele desejasse se dirigir aos espaços de lazer na capital (e sua senzala não fosse trancada), quando morava no Engenho da Graça – distante cerca de uma légua (quase 6 quilômetros) da capital – poderia sair no decorrer da noite e voltar antes do amanhecer; e se contasse com o apoio de seus companheiros de cativeiro, retomaria suas funções no dia seguinte sem que seu dono percebesse sua ausência. Mas, como recém-chegado no Engenho Gargaú, além de necessitar de mais tempo para o deslocamento, poderia não contar com a cumplicidade de seus novos companheiros. Outras suposições poderiam ser aventadas sobre os motivos que levaram Marcelino a cometer ação tão violenta contra Manoel Alexandre. Por ora, fiquemos com essas informações sobre o rebelde e "arrogante" Marcelino.[5]

Algumas décadas antes circulava pela região central da cidade da Parahyba Gertrudes Maria, uma alforriada sob condição, desempenhando o ofício de pequena comerciante, denominada por seus contemporâneos de "negra do tabuleiro" ou quitandeira (ver Figura 2.1). Circulava pela rua das Trincheiras e adjacências, negociando "com verduras, frutas, e o que mais lhe permiti[ss]em suas posses".[6] A função realizada por Gertrudes exigia uma fre-

---

5 O adjetivo arrogante foi utilizado pelo redator d'*O Tempo*, em 1865, quando registrou a prisão de Marcelino.
6 As informações sobre Gertrudes Maria foram obtidas na "Apelação cível da penhora da escrava Gertrudes, 1828-42", depositado no ATJPB. Consultar, também, versão impressa em Mello; Albuquerque; Silva (2005), feita com base na leitura paleográfica realizada por esta autora e a historiadora Maria da Vitória B. Lima.

quente mobilidade, a circulação por inúmeras artérias urbanas. Esse movimento abria possibilidades para a formação de redes sociais, com pessoas livres ou escravizadas, com pobres e com ricos.

CHRISTIANO Jº & PACHECO
PHOTOGRAPHOS
45 Rua da Quitanda, 45
RIO DE JANEIRO

22, 23, 24, 25. Alguns exemplos de fotos de formato de cartes de visite com escravos feitas por Christiano Jr. em seu ateliê. Havia na Europa oitocentista uma curiosidade meio perversa sobre os escravos da África e da América. Christiano explorou esse mercado e exportou fotos dos escravos brasileiros. (c. 1860)

Figura 2.1 Quitandeira.
Fonte: Retrato de Christiano Júnior, 1860.[7] Acervo da Fundação Biblioteca Nacional – Brasil. Extraviado desde 2005.

No final da década de 1820, ela se beneficiou dessas amizades. Ela precisou se opor a um embargo de penhora contra seu senhor (Carlos José da Costa), que colocou em risco sua liberdade parcial, pois, apesar de já ter comprado a carta de alforria e ter gratificado o senhor com 100 mil réis (50% do valor

---

7 A fotografia da quitandeira foi uma das inúmeras produzidas em estúdio, no formato *carte de visite*, pelo fotógrafo Christiano Júnior, na década de 1860. Para atender à curiosidade de estrangeiros, sobretudo europeus, ele produziu "variada coleção de costumes e tipos de pretos" e vendia as fotos para "quem se retira[va] para a Europa". Ver Mauad (1997, p.205).

exigido), tentaram vendê-la em praça pública. A outra metade de sua liberdade seria quitada com o trabalho para seus senhores, a ser realizado por um período incerto, pois a liberdade estava condicionada à morte deles. Gertrudes retratava outras mulheres negras do Oitocentos – libertas ou escravas –, tanto em razão da exploração do seu trabalho em benefício de um segmento social, os donos de escravos, quanto por ter se colocado contra o sistema escravista, explorando as brechas das leis e afirmando sua humanidade, opondo-se à visão predominante na época, que a considerava apenas uma mercadoria. Além disso, na década de 1820, quando essa libertanda recorreu à justiça, não era comum às mulheres e aos homens escravizados contratarem advogados para contraporem-se a seus donos, nem a própria instituição escravista ainda havia sofrido críticas contundentes, como ocorreria na segunda metade do século XIX, com a divulgação de ideias abolicionistas rompendo na sociedade o consenso de legítima escravização de pessoas (Reis; Silva, 1989; Rodrigues, 2000).

Uma terceira história envolveu o jovem Manoel Pedro Cardoso Vieira (15 anos), filho do dono do Engenho Congo, localizado em Jacoca – atual município do Conde/PB – (Santana, 1990, p.87). Em 18 de janeiro de 1863, acompanhado de seu pai, Pedro Cardoso Vieira,[8] adentrou a igreja matriz da freguesia de Jacoca/PB, onde funcionava provisoriamente a junta qualificadora de votantes. Pelo motivo de não constar o nome de Cardoso Vieira (pai) na relação dos que participariam da eleição,[9] pai e filho ficaram furiosos e bradaram "os maiores insultos a alguns

---

8 O perfil de Manoel Pedro Cardoso Vieira foi elaborado com base nas informações de seu biógrafo, Eduardo Martins (1979). Antes desse autor, Álvaro de Carvalho (1948) publicou artigo com uma breve apresentação de Manoel Pedro.
9 Entre 1852-56, Jacoca fazia parte do primeiro colégio eleitoral da província. Esse colégio, composto pela capital e mais cinco povoações (Livramento, Santa Rita, Jacoca, Alhandra e Taquara), tinha um total de 72 eleitores. Jacoca, em particular, dispunha de uma população de 2.396 habitantes, dos quais apenas cinco eram eleitores. Ver o *Mapa dos colégios eleitores da província da Paraíba*, no Ministério do Reino, p.355, v.10, AN/RJ (IJJ9-225 – 1852-56).

membros" da junta. O presidente tentou acalmá-los, mas, como não teve êxito, decidiu "suspender os trabalhos" e comunicar aos seus superiores o episódio.

No dia seguinte, foi enviada uma "força de quatro praças da polícia" para que prosseguissem os trabalhos de revisão da qualificação dos votantes. Na tentativa de serenar os ânimos dos Cardoso Vieira, o presidente em exercício da província, Francisco de Araújo Lima (1861-64), providenciou a nomeação do pai de Manoel Pedro como subdelegado de Jacoca. Meses depois, ao ser divulgado o resultado da eleição, um sobrinho de Pedro Cardoso Vieira estava entre os mais votados. Trata-se do tenente-coronel Antonio Querino de Souza, eleito para o cargo de juiz de paz, uma autoridade dotada de poder local e fundamental para a realização das eleições, visto que comumente atuava como presidente da junta de qualificação e elaboração da lista dos votantes das eleições realizadas nas províncias (Graham, 1997, p.141-6; Carvalho, 1996, p.158; Mattoso, 1992, p.240-2).

O mesmo tenente-coronel, na década de 1880, quando da campanha abolicionista presente em todo o país, foi acusado por um redator do *Diário da Parahyba* de ser um "desumano senhor". A denúncia havia sido feita pelo preto Manoel, escravo do tenente-coronel, que se dirigiu à capital e mostrou-se "todo cutilado a facão e barbaramente castigado". Informou ainda que sua companheira de cativeiro, Maria, estava "atrozmente seviciada" e achava-se "presa no tronco", por isso não podia ir à cidade queixar-se. Além da notícia no jornal, o "sr. delegado de polícia mandou fazer corpo de delito". Vale destacar que, nessa época, já ocorria a intervenção do Estado nas relações entre senhor e escravo, aspecto que deve ter favorecido a iniciativa do escravo Manoel em se deslocar até a cidade para denunciar seu senhor, pois acreditava na real possibilidade de obter algum apoio das autoridades e dos jornalistas, projeções que, de fato, concretizaram-se. Contudo, o que aconteceu com ele e com Maria, após o retorno ao convívio com o seu dono? É possível supor que devem ter recebido algum castigo (*Diário da Parahyba*, 1885, FCJA).

Na ocasião do distúrbio relatado, Cardoso Vieira já havia passado um ano em Recife/PE, estudando Direito, e, desde os 15 anos, tomava parte de contendas políticas. Nessa época, ele fazia (ou tentava) uso da força bruta para se opor a seus adversários. Porém, com o passar dos anos, formou-se e, graças a sua "inteligência superior, orador elegante, de agressividade fora do comum",[10] trocou a violência pelo uso da pena para escrever nos jornais da capital e "atacar" seus opositores políticos. Manoel P. C. Vieira era um homem "pardo", filho legítimo de Pedro Cardoso Vieira e Maria Severina Vieira, conforme Figura 2.2. Sua família, em 1850, era proprietária de doze escravos e de dois imóveis: um em Jacoca, o "sítio de terra" Congo (com 25 braças), e outro na capital, uma casa localizada na área central para onde a família se mudou no período que antecedeu a entrada do jovem Manoel no curso de Direito, na província vizinha, Pernambuco. Sua formação se deu entre os anos de 1863 e 1870. No ano seguinte, retornou à cidade da Parahyba, onde se dedicou à advocacia, ao magistério (foi professor particular de Matemática e, no Liceu, assumiu as cadeiras de Retórica e Geometria) e ao jornalismo, mantendo seu espírito controverso, questionador e com disposição de levar até as últimas consequências seu ponto de vista político. Fundou, inclusive, o panfletário *Bossuet da Jacoca* (1875) para contestar o seu inimigo político, o ex-conservador e também liberal padre Lindolfo José Correa das Neves, diretor do jornal *O Publicador* (Martins, 1979, p.41).

---

10 O biógrafo de Cardoso Vieira registrou que ele conhecia duas línguas estrangeiras (francês e inglês), também era muito erudito, lia abundante e desordenadamente os autores mais notáveis de ambas as literaturas, além de ter um "orgulho que tocava as raias da empáfia". Esta última característica o levou a afrontar os professores da Faculdade de Direito de Recife, o que resultou na suspensão de seu curso por vários meses e atrasou a conclusão de seu bacharelado. Para mais informações, ver o processo sobre esse episódio, em Martins (1979).

Bossuet da Jacoca, irreverente semanário, teve seu primeiro número editado por Cardoso Vieira em 1875 (ibidem, p.89). Num dos artigos desse jornal, atacou frontalmente o padre Lindolfo por mudar de partido, pois esse sacerdote havia iniciado sua vida política no partido Conservador, mas mudara para o Liberal. Em seu artigo, Cardoso Vieira instigou e concluiu com a questão:

> quando se sentiu envelhecer num partido, foi bater às tendas de outro, e como essas prostitutas que mudam de praça, ei-lo, rejuvenescido, adulado e celebrado! Durará eternamente esta farsa?

O padre Lindolfo J. C. Neves, nascido em 1819 e morto aos 65 anos, em 1884, formou-se em Direito pela Faculdade de Olinda, atuou intensamente na política local e nacional e também em âmbito nacional, exercendo cargos como deputado provincial e deputado geral, em diferentes legislaturas, entre as décadas de 1850 e 1860; como jornalista, dirigiu e colaborou com os periódicos *O publicado*, *O polimático* e *O liberal*, ou seja, quando Manoel Pedro iniciou as controvérsias políticas com o referido letrado, em 1875, ele já era um profissional do direito e dispunha de vasta experiência na vida política (Leitão, s/d, p.60-5).

A respeito da imagem que se tem de Cardoso Vieira, é interessante destacar que oferece elementos para se comentar sobre sua condição social, um homem do final do século XIX, que compunha o grupo dos socialmente privilegiados, ou seja, era um membro da elite da Paraíba, como aparece no retrato. Nessa época, inclusive, a técnica de fotografar estava se iniciando e pessoas com bens materiais podiam pagar o valor de um retrato (Borges, 2003). Outros signos que levam a aventar sobre sua condição privilegiada são as vestimentas com as quais se apresenta (camisa, terno e gravata borboleta), bigode bem feito, cabelos curtos e bem penteados, enfim, o conjunto dá a ideia de uma pessoa respeitável, com prestígio social. Essa era, provavelmente, a imagem que Cardoso Vieira queria eternizar de si ou que circulasse entre os seus pares.

Gente negra na Paraíba oitocentista

Figura 2.2 Manoel Pedro Cardoso Vieira.
Fonte: Martins (1979, p.7).

Tanto é que, nas eleições de 1878, ele foi eleito deputado-geral. Contudo, dois anos depois, em 10 de janeiro de 1880, faleceu precocemente na capital do Império – vítima de "febre perniciosa" – quando já atuava com o grupo dos políticos abolicionistas, liderado por Joaquim Nabuco (Martins, 1979, p.63). Era considerado por setores da elite, sobretudo pelos liberais, uma promessa que não se cumpriu em razão da fatalidade de sua morte.

Cardoso Vieira, graças a sua oratória[11] e inteligência, conquistou a elite paraibana da qual ele fazia parte; afinal, era filho de uma família com posses e com algum poder político que, antes de sua atuação, se restringia à pequena freguesia de Jacoca, mas que com sua participação conseguiu, na segunda metade dos anos 1870, aumentar sua influência na política local. Compôs comissão de socorros como a organizada para atender aos flagelados da "grande seca" de 1877, e depois nacional, pois foi escolhido para concorrer a uma vaga na Assembleia-Geral, pelo partido Liberal, como de fato exerceu o cargo de deputado-geral, entre 1878 a 1880 (ibidem, p.50; Jardim, 1911, p.110-1). Cardoso Vieira permanece, ainda hoje, na memória da Paraíba. Assim, na Academia Paraibana de Letras, a cadeira n.10 lhe presta homenagem e é nome de ruas nas áreas centrais da capital e de Campina Grande.[12]

---

11 Discurso abolicionista de Cardoso Vieira: "nas sociedades em que a instituição da escravidão perdura por certo tempo, ela planta no coração daqueles que se servem dela um instinto, a que eu já me referi e que chamei de *escravagista*: a necessidade de ter escravos, o vício de não poderem servir-se senão com eles, essa repugnância invencível pela liberdade, que é um dos males que acometem aqueles que se utilizaram por muito tempo da escravidão" (Martins, 1979, p.281).

12 Tem-se notícia de outro homem "pardo", filho de uma escrava, nascido na década de 1870, que se destacou como "jornalista primoroso e advogado distinto", trata-se de Elyseu Elias Cézar, atual patrono da cadeira n.14 da Academia Paraibana de Letras e que dá nome a uma das ruas centrais da capital da Paraíba. Seu biógrafo é o mesmo de Cardoso Vieira (Martins, 1975).

Os dois homens e a mulher mencionados tinham diferentes condições jurídicas (escrava, forra e livre), todavia, além da ascendência negra, outro aspecto os ligava: o fato de residirem na Zona da Mata da Paraíba oitocentista – na capital ou em suas adjacências. São também retratos das múltiplas situações vividas pela população negra na Paraíba dessa época. Uns viviam em cativeiro ou vivenciavam a experiência de ser quase liberto e lutavam para consolidar a liberdade; outros eram livres e tiveram acesso à propriedade privada, à educação superior, com atuação política, respeito público, mas, sem dúvida, poucos conseguiram usufruir desta última condição social. A maioria das mulheres e homens negros, escravos e não escravos da Paraíba teve de empreender inúmeras estratégias para sobreviver na sociedade escravista do século XIX.

No final do século XIX, a cidade da Parahyba continuava a ser uma capital com poucas dimensões geográficas e parca população. Um de seus bairros mais populosos, o Tambiá, tinha cerca de mil habitantes. Sua configuração geográfica era formada por um misto de casas, sítios, ruas comerciais e, na parte final, de templos e conventos cristãos, como a igreja "Nossa Senhora Mãe dos Homens", em que no século XVIII estabeleceu-se uma irmandade para pardos cativos que depois passou a ser de "pardos livres e libertos".[13] Essa igreja era um dos muitos templos católicos que existiam na província da Paraíba. Ela simbolizava um importante aspecto da cultura da época – o espírito religioso –, fortemente presente no cotidiano das pessoas. A igreja, espaço do sagrado, servia não só para o recebimento de sacramentos, mas também para a socialização de muitos indivíduos. Ver Figura 2.3.

---

13 *Requerimento do juiz e irmãos da Irmandade de Nossa Senhora Mãe dos Homens dos Pardos Cativos da cidade da Paraíba*, enviado ao rei de Portugal Dom José I, solicitando esmolas para o término da construção da capela para nela depositarem a imagem da mesma Senhora. Em AHU_ACL_CU_014, Cx. 24, de 9 de novembro de 1767. Ver também projeto aprovado pela Assembleia provincial, em 1874, referente à irmandade Nossa Senhora Mãe dos Homens, com indicação de ser de "pardos livres e libertos", caixa 1874, no AHPB.

Algumas habitações, segundo o autor, podiam ser consideradas "residências de família de meio mais abundante", isto é, dos que detinham alguma riqueza. Todavia, o interior do bairro era espaço de trabalho, de diversão, de solidariedades e, ainda, de conflitos entre os moradores das camadas populares (Medeiros, 1994, p.40).

Marcelino, o escravo fugido da casa de seu senhor, foi acusado pelas autoridades policiais de ter se deslocado para a rua da Matinha[14] (no bairro de Tambiá), um dos espaços de lazer de mulheres e homens negros, na qual ocorriam festanças e, eventualmente, desavenças entre os que ali circulavam. Outra rua também muito movimentada era a do Grude. Segundo Medeiros (1994, p.29-30), lá "havia [a dança e o canto do] coco permanente". Apenas não tomavam parte as "várias africanas velhas e libertas que por ali moravam e ocupavam-se, durante o dia, em vender hortaliças e doces pelas ruas da cidade". Isso é o que afirma o autor, pois, possivelmente, ao término do trabalho, essas mulheres poderiam participar da cantoria e da dança do coco.

No próprio bairro, andando um pouco mais à frente, Marcelino poderia ainda divertir-se no sítio de Dona Eugênia, localizado pelos lados da Bica, o atual Parque Arruda Câmara, onde ocorriam as "vibrações poderosas do formidável maracatu dos escravos", que nos períodos de festas religiosas como na Semana Santa, chegava até às 4 horas da manhã, pouco antes de se iniciar a missa da "Ressurreição, celebrada antes da procissão do Senhor Glorioso, que percorria as principais ruas da alta cidade e da baixa". Assim, após a realização desses divertimentos "encerra[va-se] a quaresma" (ibidem, p.50).

---

14 Em 1864, o chefe de polícia da província recomendava aos delegados e subdelegados da capital que se fizesse "acabar com os *sambas e batuques* que tem lugar, de dia e de noite na *rua da Matinha*, prendendo os turbulentos e os que [fossem] encontrados com armas defesas" (grifos meus). Ver o livro Correspondência do chefe de polícia aos delegados e subdelegados (1863--64), p.275v/276, AHPB.

Em seu livro de memórias, Coriolano de Medeiros (1994) registrou, ainda, inúmeros detalhes da população residente no bairro de Tambiá, concernentes às mulheres e aos homens negros e aos ditos pardos. Foram destacados os tipos de moradia, a origem étnico-racial – crioula ou africana –, o comportamento, as variadas profissões de mulheres e de homens de diferentes estatutos jurídicos (escravizados, libertos e livres). Sobre as pessoas e os seus ofícios, podem ser citados alguns como Secundino, marceneiro; Joaquim, pedreiro; Manoel Vítor, caixeiro de uma casa de tecidos e modas; Basílio, mestre ferreiro (que dizia

Figura 2.3 Igreja Nossa Senhora Mãe dos Homens.
Fonte: Rodriguez (1994, p.28).

ter 150 anos e que havia sido um dos construtores do Mosteiro de São Bento); agricultores; militares; artistas; negociantes e pequenas comerciantes.[15]

Na fase final da escravidão, registrou o mesmo autor, mulheres e homens escravizados aprenderam novas funções, como as desenvolvidas por operários livres. A entrada de cativos nesse grupo profissional, segundo Medeiros, contribuiu para um "crescente desprestígio por nela ingressarem jovens escravos".

Acrescentou, ainda, que senhores "mandavam ensinar um ofício para explorar-lhes o trabalho, alugando-os por semana, quinzena ou mês, sem a obrigação de provê-los de alimentação e roupa!" (ibidem, p.199).

Modernizava-se a cidade com os avanços nos meios de transportes, mas as novas tarefas mantinham homens cativos como principais trabalhadores. Com a chegada do cabriolé, competia aos negros a condução desses carros com tração animal. Um dos condutores foi o "preto Constâncio", responsável pela carruagem do Barão de Abiaí, ou Silvino Elvídio Carneiro da Cunha, que exerceu o cargo de presidente da província por quatro vezes (1869, 1876 e, no último ano do Império, duas vezes, 1889) e era da família de políticos conservadores, os Carneiro da Cunha, que dominaram a cena política na Paraíba durante todo o século XIX (Lewin, 1993; Almeida, 1978). O memoralista Medeiros (1994, p.154), sarcasticamente afirmou que Constâncio era "muito respeitado entre os desordeiros da cidade". Certamente, o autor se referia aos momentos de lazer do condutor em suas horas de

---

15 Um local por onde circulavam mulheres e homens escravos era as bicas (ou fontes). Na cidade da Parahyba, no final do Oitocentos, havia três principais fontes: a do Gravatá (1781), a dos Milagres (1849) e a do Tambiá (1782). A última fornecia a melhor água e, por isso, era procurada por metade da população. Ver Jardim (1911, p.111). Na tentativa de controlar o comportamento deles, em 1861, o chefe de polícia da província recomendava aos delegados e subdelegados da capital que evitassem e reprimissem "os ajuntamentos", "as rixas" que costumavam acontecer na fonte do Tambiá. Ver Correspondência ao governo da província (1860-1), p.55v, AHPB.

folga. Desse modo, a sociedade no final do século XIX mudava, incorporando novos equipamentos ao cotidiano; contudo, nas relações de trabalho, homens e mulheres eram mantidos escravizados. No máximo deixavam de carregar seus donos e donas em cadeirinhas e passaram a utilizar carruagens puxadas por animais, mas o trabalho compulsório era mantido.

O autor das reminiscências do bairro de Tambiá, como um homem de seu tempo, nascido em 1875, deixou ressonâncias das visões das elites acerca do comportamento ideal da população não escrava (negra e não negra). Aqueles que não se enquadravam no modelo de conduta fixado por tais elites eram vistos como excessivamente afeitos à "vagabundagem", sem disciplina para o trabalho contínuo (Barreiro, 2002, p.39). Foram vários os comentários que soam como juízos de valor sobre os negros e suas famílias. Nesse sentido, destaco alguns dos personagens citados pelo autor.

A família de Candinha de Brandão mereceu ser mencionada. Tal família era formada por várias irmãs que conseguiram formar as "melhores relações de amizade e, ainda hoje, seus descendentes lhes seguem o exemplo – bons costumes e operosidade" (Medeiros, 1994, p.33). A mesma visão expressou ao descrever as mulheres negras, moradoras do sítio de Vevéra, que eram "estimadas por sua conduta, por sua atividade". Elas eram mães "criadeiras" das crianças expostas nas portas ou na Santa Casa da Misericórdia (ibidem, p.27). Chamou a atenção do autor também o filho do funileiro Ricardo da Rocha, um "homem de cor" [...] "muito estimado" pela educação oferecida ao filho homônimo, que se preparou para o sacerdócio no seminário de Olinda. Ele era "muito pretinho e risonho" e, de acordo com Medeiros (1994, p.32), após sua ordenação, retornou à casa paterna e "todo o bairro moveu-se para ver o êxito do esforço do velho e honrado funileiro".

Aqueles que não seguiam os caminhos da laboriosidade recebiam notas de ironia e censura, a exemplo da referência à esposa do alfaiate Severino, Maria Benedita, uma "mulata de boas proporções, de uma honestidade que somente o marido não punha em dúvida", além de gostar de "bebidas espirituosas e, por isso, ria muito, cantava muito, falava muito e trabalhava pouco". Essa mulher recebeu uma criança para criar, cuja tez era branca, filho de mulher "transviada", na opinião do memorialista Medeiros (1994, p.33-4). Entre as atividades desempenhadas pelas mulheres negras livres da cidade da Parahyba, no final do século XIX, parece ter sido comum a de criarem as crianças expostas.

A tradicional função de cativos, o trabalho na lavoura canavieira, também foi encontrada no Tambiá, porque nesse bairro funcionou o Engenho Paul, onde os escravos produziam cana-de-açúcar, matéria-prima da produção do açúcar, rapadura e da aguardente. Além desse engenho, mais nove faziam parte da freguesia da capital. Eram eles: dois, com uma mesma denominação, Mandacaru, um de propriedade de Manoel Rodrigues de Paiva e, o outro, de Dona Joana Monteiro da Franca; da Graça, de José Luiz Pereira Lima; de Marés, de Francisco Xavier de Abreu; da Água Fria, de Antônio Rabello de Oliveira; da Guia, de José Pereira Guimarães; o Velho, de Bartholomeu Rodrigues de Paiva; o Gramame, dos herdeiros de Manoel de Medeiros Furtado, e o de Jaguaricumbe, de Manoel Caetano Vellozo (Santana, 1989, p.168).

No maior bairro da capital havia também propriedades rurais de religiosos, como a dos frades beneditinos. O sítio chamava-se "Tambiá Grande", sua formação se iniciou no início do século XVII e se mantivera sob a posse da ordem de São Bento durante séculos. No Oitocentos, os beneditinos continuavam donos e administradores da mesma unidade produtiva. Esses religiosos possuíam mais dois Engenhos (o Maraú e o Cajabussu), na várzea do rio Paraíba, e de várias "braças de terras", recebidas como heranças de seus fiéis (Castro, 1864; Pinto, 1977, p.162).[16]

---

16 Agradeço à amiga Ana Stela Negreiros, ex-doutoranda do curso do PPGH/UFPE, que, em passagem pelo IHGB/RJ, me enviou o documento mencionado.

O britânico Koster, em passagem pela capital, em 1810, não deixou de descrever a paisagem local. Ele apontou que a cidade da Parahyba estava mais próxima do meio rural que do urbano. Segundo ele, ao olhar para a paisagem local, avistava uma

> linda visão peculiar ao Brasil. Vastos e verdes bosques, bordados por uma fila de colinas, irrigados pelos vários canais que dividem o rio, com suas casinhas brancas, semeadas nas margens, outras nas eminências, meio ocultas pelas árvores soberbas. As manchas dos terrenos cultivados [eram] apenas perceptíveis. (Koster, 1942, p.70)

Certamente, a Paraíba do início século XIX era, como a maior parte do Brasil, uma área mais rural do que urbana. Mas não deixa de chamar a atenção como a capital manteve tal característica até as primeiras décadas do período republicano (Chagas, 2004). De acordo com Medeiros (1994, p.26), o Tambiá se estendia da região central até o lugar denominado Cruz do Peixe (artéria que, atualmente, liga a região central à área de praias). Depois de tal espaço só se viam "matas, verdadeiras florestas", que se transformavam em "coito de pretos fugidos e malfeitores". No meio de tais matas, certamente, o uso pelos transeuntes deve ter forjado alguma "estrada", viabilizando a comunicação dos pescadores, residentes numa pequena povoação localizada na costa do Atlântico, no lugar Tambaú, que se dirigiam à Cruz do Peixe para comercializarem seus produtos. Depois do Tambaú, formaram-se outras povoações de pescadores, como na atual praia do Bessa,[17]

---

17 Elias Herckmans (1982, p.36), governador holandês da Paraíba, no século XVII, já chamava a atenção para a presença da atividade pesqueira "em toda extensão da praia", ocupada por "pescadores que fazem vida somente da pesca e nela emprega[va]m escravos". A tainha era a espécie mais comum, e principalmente nos meses de agosto e fevereiro aconteciam as pescarias. Para conservação desse peixe, utilizavam a técnica de salgá-lo e secá-lo, visando a comercialização do produto, visto que serviam para "alimentação dos engenhos".

e, mais ao norte, localizavam-se três das "povoações mais notáveis" da capital: a da Guia, Cabedelo e Picão.[18] Numa dessas povoações, a do Bessa, em julho de 1865, um morador foi ferido com duas facadas por um "preto", quando retornava para casa. Os cronistas do jornal *O Tempo* levantaram a hipótese de se tratar do fugitivo Marcelino. Mas se realmente ele foi responsável por esse crime, conseguiu manter-se escondido por mais algum tempo. Antes de se publicar tal notícia, o mesmo jornal destacou que Marcelino andava pelos lados do Tambiá, e seus perseguidores, com as "diligências que ultimamente têm sido encarregadas da captura do escravo, longe de trazerem preso esse criminoso, volta[va]m carregados de milhos e canas, que encontra[va]m nos roçados por onde passam", revelando as características do mundo rural no bairro mais populoso da capital da província da Paraíba.

Contudo, três meses após os frequentes insucessos das autoridades policiais, o cronista d'*O Tempo* divulgou que "finalmente acha[va]-se preso o escravo Marcelino, que por tanto tempo iludiu as diligências policiais". Porém, antes os policiais tiveram que enfrentar um agressivo Marcelino, que lutou contra a força policial e deixou feridos dois homens. Um deles, um paisano, foi ferido levemente, mas o outro, um soldado da escolta, foi gravemente golpeado e "talvez não sobreviv[eri]a". Ele tentou ladinamente fingir-se de morto por algum tempo. Talvez com a esperança de evadir-se novamente, porém, segundo notícia no jornal *O Tempo* (1865), "vendo-se amarrado e sem recursos, pôs-se imediatamente de pé, e seguiu para a cadeia com a maior arrogância e desenvoltura" (ver Figura 2.4). As últimas informações que temos de Marcelino foram sobre o seu julgamento, ocorrido em 14 de dezembro de 1865, e a notícia sobre sua prisão por andar

---

18 Ver Mapa demonstrativo das comarcas, municípios, freguesias da província da Paraíba, seguido do catálogo de seus governadores e presidentes, 3 de novembro de 1841, IHGB/RJ.

fora de hora e sem portar autorização do senhor. Ao ser julgado, foi acusado de crime de ferimentos graves. Seu proprietário, ao que parece, não queria correr riscos de perdê-lo, pois contratou o vigário e experiente advogado Lindolfo José Correia Neves (o mesmo que teve de enfrentar a língua ferina de Cardoso Vieira). O promotor seria o filho do seu dono, Dario Gomes da Silveira.

Figura 2.4 Escravo "indo para a correcção".
Fonte: Ludwig e Briggs (1860, s/p). Acervo da Fundação Biblioteca Nacional – Brasil.

Foram necessários dois julgamentos para decidirem a punição de Marcelino. A primeira "ação foi julgada perempta pelo senhor advogado José Lucas de Souza Rangel", isto é, por algum motivo, a demanda venceu sem julgamento. Mas depois retomaram a ação e, ao ser sentenciado, Marcelino recebeu a condenação máxima da pena do artigo 205 do Código Criminal, ou seja, oito anos de prisão e pagamento de multa. Porém, o juiz comutou a punição em duzentos açoites. O artigo referido tratava do crime de ferimentos e ofensas físicas a algum indivíduo, cuja pena máxima era de oito anos; a média de quatro anos e seis meses; e a mínima de um ano. Agregava-se ainda à reclusão, a cobrança de uma multa (Código criminal, 2003, p.387). Quando se tratava de punir os escravizados, comum era comutar-se a pena em açoites, a exemplo do que ocorreu com Marcelino.[19] Por fim, informa-se que, ao contrário do que havia sido indicado, o "promotor *ad hoc* desse processo foi o senhor Ernesto Adolfo de Vasconcellos Chaves", um estudante do quinto ano da Faculdade de Direito.[20] Será que alguém reclamou a designação de Dario Gomes da Silveira como promotor do escravo pertencente a sua família?

Dois anos depois de ser julgado e punido, Marcelino apareceu novamente nas páginas policiais. Em 10 de fevereiro de l867, ele havia sido preso por andar à noite, após o horário do toque de recolher, e sem bilhete do senhor. Contudo, dois dias depois, seu senhor, ainda Joaquim Gomes da Silveira, ordenou que ele fosse libertado, não sem antes ter sido castigado com palmatoadas nas mãos e ter o cabelo raspado.[21]

---

19 Ver Lima (2002, p.140-2), que traz vários casos de mulheres e homens escravos da Paraíba que tiveram suas penas de prisão comutadas em castigos físicos.
20 A notícia dando conhecimento do julgamento de Marcelino encontra-se no jornal *O Tempo*, 1865. Esse número pertence ao acervo de jornais do século XIX, do Arquivo do Núcleo de Documentação e Informação Histórica Regional (ANDIHR/UFPB), microfilme 1.
21 Correspondência entre Autoridades Policiais, 1863-68, AHPB. Agradeço a Maria da Vitória Barbosa Lima, que me forneceu essa última informação sobre o escravo Marcelino.

A capital da província, pontuada por locais com inúmeras plantações, servia para ocultar fugitivos escravos e livres. Mas os que cultivavam alimentos tinham outros objetivos, como o autoconsumo e a comercialização. Há relatos, inclusive, que mostram terem sido as pequenas propriedades rurais (os sítios) importantes áreas produtoras de alimentos para o abastecimento dos moradores da capital. Entre essas estava o Sítio Boi-Só que, a partir de maio de 1856, passou a pertencer a Simplício Narciso de Carvalho. Era um verdadeiro "celeiro alimentício" da capital e, segundo Rodriguez (1994, p.26), fornecia frutas, verduras e cereais. O dono desse sítio tornou-se um homem rico e tinha casa na área central da cidade. Por ele desenvolver o hábito de batizar as crianças escravas, tive condições de reconstituir aspectos das famílias escravas formadas nas suas propriedades, entre as décadas de 1850 a 1870, resultante sobretudo da reprodução natural das mulheres escravas que lhe pertenciam, o que será apresentado com mais detalhes.

Interessante destacar que com a leitura dos textos de Medeiros e Rodriguez acerca da cidade da Parahyba percebe-se que a vida de Simplício tornou-se alvo de bisbilhotice por parte dos populares, talvez por ter conseguido consolidar-se como homem de posses, após divisão da herança materna ou paterna – suposição que tem como marco a década de 1850, data dos vários documentos encontrados sobre suas propriedades. Nas rememorações de Rodriguez, ele afirma que o povo dizia que Simplício realizava suas refeições numa baixela de prata e, em momentos de conflitos com sua esposa, ela fazia uso de outra baixela. Diz, ainda, que ele era um "homem de cor", casado com Maria Juliana Teixeira. Então, era uma pessoa com ascendência negra, livre e senhor de escravos, casado com uma mulher branca. Não seria esse o ponto principal que ensejava os mexericos populares?

Antes de obter o dado sobre a ascendência de Simplício, observei que ele tinha um comportamento destoante do conjunto de senhores da capital que tinham por hábito batizarem os bebês escravos em datas festivas. Primeiro, na década de 1850, costumava realizar a cerimônia batismal na Matriz de Nossa Senhora das Neves; contudo, na década de 1860, as cerimônias passaram a acontecer no oratório de seu Sítio Boi-Só, em dias especiais do calendário da cidade, como no dia de São João e no Natal. Um segundo aspecto sobre Simplício: as crianças escravas batizadas sempre dispunham de padrinhos escravos e madrinhas, mesmo que muitas fossem protetoras devocionais, ou seja, santas da Igreja Católica.

No primeiro momento da pesquisa, não entendia o porquê dessa atitude de Simplício, que parecia fazer questão de realizar o ato religioso de batizar crianças escravas no espaço privado. Naquela oportunidade, suspeitei de que ele buscava firmar-se socialmente, obtendo respeito de seus pares, os senhores de escravos, pois como havia comprado o sítio em 1856, estava formando a sua riqueza e necessitava de uma rede de apoio para se fortalecer no grupo de proprietários. Portanto, a realização do batismo de escravizados seria um momento de exibir suas posses e suas "propriedades", de mostrar que estava progredindo. Contudo, não contava com a hipótese de ele ser descendente de negros. Com a revelação do memorialista Rodriguez (1994), a hipótese acima se fortalece, porque qualquer senhor precisava ser aceito no seu grupo social, mas para um senhor negro certamente se exigia mais.

Vale, no entanto, a ressalva de que Simplício Narciso de Carvalho não estava adentrando o universo dos donos de escravos, pois já o integrava. A década de 1850 marcava sua entrada como administrador direto da propriedade escrava. Seu pai, José Narciso de Carvalho, foi um dos marcantes moradores do bairro Tambiá. Medeiros (1994, p.76) o qualificou como um homem que fora perverso por vender dois jovens escravos para o Centro-Sul (atual Sudeste), no contexto do tráfico interprovincial. Esse ato contribuiu para que a mãe dos jovens, Maria "Jararaca", desenvolvesse distúrbios mentais. Ela ganhou esse epíteto porque ficou mentalmente perturbada após a separação dos filhos, passou a ter frequentes "acessos" e só serenava na "presença de qualquer menino, branco ou de cor, [diante do qual] ficava em verdadeiro êxtase olhando-o, ouvindo-o" (Medeiros, 1994, p.76). José Narciso de Carvalho também tinha uma propriedade rural, o Engenho Outeiro, em Santa Rita. Nas décadas de 1840--50, os livros de batismo trazem dados sobre nove escravos a ele pertencentes.[22]

Esse mesmo senhor, que foi acusado de separar duas crianças de sua mãe, também doou um terreno para a construção de uma capela na freguesia de Santa Rita. Assim, construiu-se a capela da Irmandade de Nossa Senhora da Conceição, havida por "dádiva do tenente-coronel José Narciso de Carvalho", procurador da mesma confraria (Tavares, 1989, p.271). Além disso, atuou como provedor da elitista Santa Casa da Misericórdia da Paraíba, entre os anos de 1843 e 1844 e 1846 (Seixas, 1987, p.140). Como podemos perceber, o mesmo senhor considerado malvado poderia ser um benemérito das causas religiosas. Enfim, eram e ainda são muitas as (más)caras sociais.

Diante do exposto, percebe-se que o bairro de Tambiá e seus entornos estavam entranhados no meio urbano e no rural. Mas além dele, a própria capital era uma área mista e uma das características fundamentais da sede administrativa da Paraíba foi manter-se, por quase três séculos, com um marcante aspecto rural.[23] A urbe constava de um pequeno centro, composto por

---

22 Entre os escravos de José Narciso de Carvalho estavam quatro mulheres: uma, chamada Maria, mãe de Felisberto, batizado em 29/08/1848; Alexandrina, mãe de Rosa e Secundina (28/12/1849); Rufina, mãe de Umbelina (13/06/1843), e Teresa, mãe de Francisca (28/12/1849), conforme LB Santa Rita, 1840-52. Seria a mãe de Felisberto a denominada Maria Jararaca?

23 A compreensão de que a capital da província da Paraíba, até o final do século XIX, manteve-se com fortes características rurais tem sido destacada por inúmeros autores, tanto os vinculados ao IHGP, a exemplo de Rodriguez (1994), quanto os acadêmicos, dentre os quais Barreto (1996) e Chagas (2004).

edifícios públicos, casas residenciais e igrejas; ao seu redor, a paisagem era formada por sítios e chácaras que somente com o processo de modernização, ocorrido entre as décadas de 1910 e 1930, tornaram-se espaços mais exclusivos de setores da elite.[24]

No centro administrativo, onde se erguiam os edifícios públicos, as igrejas e as residências, durante todo o período oitocentista, ou mesmo antes, a capital era dividida em duas partes: a cidade baixa, que possuía 1.112 prédios, e a alta, com 984 residências (Rodriguez, 1994, p.26-30). A cidade baixa era mais conhecida como Varadouro, onde predominavam os edifícios públicos da administração provincial, as igrejas e residências de religiosos e as casas comerciais, nas quais se negociavam produtos variados como gêneros de estiva, algodão, açúcar, couro, sal e escravos.

Para o lado oeste da capital, encontravam-se as freguesias rurais, como Livramento, e, ao norte, estavam Santa Rita e São Miguel do Taipu. Essa era uma das paróquias mais antigas na Zona da Mata, cuja criação ocorreu em 1745 (Anuário Eclesiástico da Arquidiocese de Nossa Senhora das Neves, 2003). Os limites de São Miguel do Taipu eram identificados pelas autoridades como espaço onde se iniciava o "Sertão". Isso vinha ocorrendo desde o século XVII, por ocasião da ocupação holandesa, quando Taipu foi caracterizado como "sertão, terra desconhecida", local de criação de gado (Herckmans, 1982, p.211).

No Oitocentos, foi mantida essa condição, por se tratar de uma área pouco habitada, mesmo estando nos limites do litoral. O mesmo se deu com áreas próximas, como Itabaiana, quando

---

24 Estudo sobre a modernização da cidade da Parahyba (anos de 1910 a 1930) mostra que, no início do século XX, a capital mantinha hábitos rurais e continuava restrita a um pequeno espaço geográfico. A ocupação se restringia a uma área central que, a leste, tinha a praia de Tambaú; a oeste, o Varadouro, banhado pelo rio Sanhauá; ao norte, o bairro Tambiá e, ao sul, o bairro de Cruz das Armas. Num de seus subúrbios, formaram-se bairros populares, como se deu no antigo sítio Jaguaribe. Em Chagas (2004, p.38 e 222).

uma autoridade real, o governador Luís da Motta Feo,[25] em 1804, descreveu essa povoação como "sertão" e tinha o "melhor lugar para uma feira de gados".[26] Nas freguesias de Livramento e de Santa Rita haviam se formado os primeiros engenhos da Paraíba. Frei Vicente de Salvador (1975, p.224), contemporâneo da colonização nas áreas ao norte de Pernambuco, a exemplo da Paraíba, na ocasião do erguimento das primeiras unidades produtivas na várzea do rio Paraíba, registrou que este dispunha

> de mais de 14 léguas de comprimento e de largo duas mil braças toda retalhada de esteira e rios caudais de água doce, que hoje está povoada de cana-de-açúcar e engenhos, para os quais dão os mangues de salgados, lenha para se cozer e açúcar para cinza de decoada em que se limpa.

Mais de dois séculos depois, Lyra Tavares (1909, p.34) comentou as boas condições para o cultivo de lavoura de cana na várzea do Paraíba. Segundo ele, as frequentes cheias e os ricos massapês formados após as chuvas traziam

> em suspensão, durante as cheias, um pó vermelho impalpável que se deposita em suas margens enquanto elas estão alagadas. Quando o rio se retira, o calor do sol seca esse depósito que fica reduzido a uma lâmina de alguns milímetros de espessura [...] que mistura aos húmus e vem, por assim dizer, renová-lo todo ano.

25 O documento inédito e intitulado *Relatório da viagem que fez aos sertões da capitania da Parahyba do Norte, governador e capitão general Luís da Motta Feo (1804-05)* foi localizado no IHGB/RJ pelo historiador Luciano Mendonça Lima (UFCG) que, gentilmente, cedeu-me uma cópia.

26 No relatório da viagem que fez aos sertões, p.5, escrito de próprio punho, o governador Luís da Motta Feo descreveu a capital, as várias vilas e povoações da Paraíba. Sua viagem foi realizada em duas etapas, respectivamente, entre agosto e setembro de 1804 e três dias do mês de fevereiro de 1805. O governador cumpria determinações "da Real contribuição da Carta Régia de 6 de abril de 1804". Motta Feo governou a capitania entre os anos de 1802 e 1805.

Ademais, nos arredores dos engenhos também se produzia lavoura de subsistência (principalmente mandioca e feijão) para atender à população rural e do meio urbano. Muitos donos de engenhos costumavam ceder lotes de terras com baixa fertilidade aos "homens livres pobres". No inventário de Josefa d'Albuquerque Maranhão, falecida em 1855, há referência aos sítios existentes no Engenho Santo Amaro, os quais eram cedidos a trabalhadores livres pobres (Inventário de Josefa d'Albuquerque Maranhão, 1855, fl. 22, ATJPB). Nos assentos de batismo também se registrava os moradores de engenho a exemplo de João Soares e Isabel Maria, pais legítimos de "Antonio, branco, de um mês de idade [....], moradores no Engenho do Meio" (LB Livramento, 1844-33, fl. 8, AEPB). Outro indício da moradia de pessoas livres nos engenhos encontra-se no *Relatório do presidente de província do ano de 1852*, quando se destacou o assassinato de Pedro José "em casa de um morador do Engenho Tabu",[27] localizado na freguesia de Taquara.[28]

Nas proximidades dos rios, os indivíduos puderam desenvolver a atividade da pesca. A respeito da "indústria da pesca" na província da Paraíba, na década de 1850, as autoridades afirmavam as dificuldades de informar, com exatidão, o número de "currais de pescaria do litoral". Mas os dados da coletoria, do ano de 1854, davam conta de haver, em Livramento, pesca de grande e pequena escala, desenvolvidas em 34 currais, ocupando 21 barcos; o uso de redes grandes (cerca de 25) era feito por 75 pessoas de tripulação; as redes pequenas (em número de 17) utilizavam cerca de 34 pessoas e 11 barcos, que necessitavam

---

27 Ver o relatório do presidente de província, Antonio Coelho de Sá e Albuquerque, 1852, p.6, no portal <http://www.brazil.crl.edu />. Acesso em: 1 dez. 2006.
28 Ver também Nascimento Filho (2006, p.88), que destaca como lugares de moradia e trabalho da "gente pobre" do litoral da Paraíba os sítios no interior dos engenhos e as terras aforadas pela Igreja.

de 22 pessoas como tripulação; mais 18 jangadas grandes, que exigiam o trabalho de 36 pessoas de tripulação; e, por fim, 33 botes de remo, cuja tripulação era formada por 33 pessoas.[29] Ao longo dos séculos havia portanto atividades econômicas estabelecidas na Zona da Mata paraibana voltadas tanto para o mercado externo (mão de obra escrava) quanto para o interno (mão de obra livre), favorecendo a permanência não só daqueles que ali nasciam, mas também de pessoas que migravam das áreas que enfrentavam estiagens, devido às frequentes secas.[30] Essas pessoas podiam sobreviver da produção de alimentos, do corte de madeira (Machado, 1977), do pequeno comércio e da pesca, assim como desenvolver algumas funções nos engenhos, como caldeireiros, caixeiros, mestres-de-açúcar e vários ofícios especializados exercidos pelos artífices, que se dedicavam às "artes mecânicas", isto é, trabalho manual com uso de ferramentas (Schwartz, 1988).

Em fins do século XVIII, Livramento e suas redondezas, como Santa Rita, já apresentavam expressivo crescimento demográfico. Tanto é que na primeira metade do Oitocentos, apesar da proximidade da capital em relação à freguesia, estabeleceram-se duas paróquias: a primeira, em 1813, em cuja jurisdição eclesiástica se invocou Nossa Senhora do Livramento (Anuário Eclesiástico da Arquidiocese de Nossa Senhora das Neves, 2003); e a segunda, reconhecida em 1839, a de Santa Rita, cujos primeiros livros paroquiais são datados do ano seguinte (Pinto, 1977, p.147). No entanto, a edificação dessa última igreja ocorreu no ano de

---

29 Ver o documento Contadoria da província da Paraíba, sobre a indústria de pesca, p .443-7, de 5 de novembro de 1855, AN/RJ (IJJ-9- 225 – 1852-54).
30 Almeida (1980, p.168-81) registrou as inúmeras estiagens que atingiram a Paraíba desde o final do Seiscentos. A primeira considerada por este autor data de 1692. No Setecentos, ocorreram as de 1711, 1721, 1723-7, 1744-6, 1777-8, 1790-3 e, no Oitocentos, as de 1803-4, 1824-5, 1844-6, 1877-9 e 1888-90.

1776, segundo um dístico existente em sua fachada (ibidem, p.168). As igrejas ali construídas não eram apenas espaços de devoção, de sociabilidades e de festas, eram também locais em que se realizavam negócios. Nesse sentido, desde 1823, ocorria em torno da igreja Matriz do povoado de Santa Rita uma feira da qual participavam a população local, os interioranos e, certamente, os que se dirigiam à capital com o intuito de vender seus produtos ou solucionar problemas pessoais. Esses últimos muitas vezes pousavam em Santa Rita, evitando viajar ao anoitecer e enfrentar as precariedades dos caminhos que ligavam a freguesia à capital.

Nesta parte do capítulo, procurei adentrar os territórios do litoral da capitania/província da Paraíba, destacando os espaços por onde trabalhava e circulava a população negra e enfocando aspectos das suas redes sociais no período oitocentista. Além disso, evidências demonstraram as características da cidade da Parahyba, do período colonial e do imperial, a qual se configurou por ter uma população pouco densa, um local pacato, mantendo vínculos com o universo rural no final do século XIX, em que as relações sociais eram firmadas com base no escravismo e, economicamente, eram favorecidas pelas características geográficas e climáticas que permitia o cultivo da cana-de-açúcar, um produto de exportação na Zona da Mata, facilitado pelo rio Paraíba.

A intenção ao reconstituir perfis e itinerários individuais dos personagens destacados no início do texto foi exatamente a de propiciar uma amostragem da "multiplicidade das experiências, a pluralidade de seus contextos de referência, as contradições internas e externas" existentes em todas as sociedades, inclusive na escravista (Revel, 1998, p.22). Os indivíduos negros de condição livre também tiveram comportamentos diferenciados. Alguns se tornaram críticos das relações escravistas, como Cardoso Vieira, outros, por sua vez, mantiveram seus privilégios com base na exploração do trabalho escravo e não só agiram em concordância com o sistema como atuaram para sua manutenção, reproduzindo atitudes e rituais sociais da escravidão, a exemplo de Simplício Narciso de Carvalho.

Todavia, as imagens recuperadas referiam-se sobretudo ao período final da escravidão. Para recuar às décadas do início do Oitocentos, disponho das fontes paroquiais, que permitem observar aspectos demográficos sobre a população negra (escrava e não escrava) na capital, assim como de mais um grupo social, os "pretos livres" (entre os quais estavam os libertos e os livres), que também faziam parte dessa sociedade. Para isso, com pesquisa nos registros de batismo, obtive dados que permitiram tratamento de cunho demográfico, de diferentes grupos sociais. O objetivo foi conseguir evidências relevantes para a construção do perfil da população negra (escrava e não escrava) de três freguesias paraibanas, a caracterização dos senhores de escravos e as alianças parentais firmadas pelo compadrio. Mas, primeiro, vamos observar como se configurava a população negra na Paraíba setecentista e, em seguida, a partir dos dados paroquiais, analisar as suas características e evolução ao longo do Oitocentos para se mensurar a representatividade desse grupo no referido território.

População negra na Paraíba

A população escrava e não escrava no Setecentos e no Oitocentos

Embora fosse registrada a presença de mulheres e homens escravos provenientes da costa da África nos engenhos e nas unidades residências dessa capitania/província, eles nunca se tornaram um grupo com forte expressão numérica, porque a cifra máxima atingida superou pouco mais de 20% de toda a população, entre o final do Setecentos e o início do Oitocentos, quando a economia colonial já havia se consolidado e a exploração econômica em toda a área da capitania já estavam bem definidas – açúcar no litoral, algodão/pecuária no agreste e no sertão. Mesmo quando existia um órgão responsável pelo suprimento de trabalhadores escravos, a exemplo do que ocorreu no século XVIII com a Companhia do Comércio de Pernambuco e Paraíba (1759-79), a presença africana não se tornou expressiva.

Em tal século, entre 1755 e 1799, a capitania da Paraíba esteve anexada a Pernambuco por ordem da Coroa portuguesa, que buscava solucionar sua debilidade econômica e revigorar a agricultura no norte da América portuguesa (Oliveira, 1985; Ribeiro Júnior, 2004). Porém, no que se refere ao "problema" da aquisição de escravos, em 1770, os oficiais da Câmara da Paraíba enviaram uma carta ao rei de Portugal reclamando da atuação da Companhia de Comércio de Pernambuco e Paraíba. Segundo eles, havia "falta de escravos", isso porque a citada empresa, responsável em fornecer os proprietários da capitania, tinha em seu poder apenas seis embarcações que enviavam à "Costa da Mina", porém o número de escravos comercializados era insuficiente e afirmavam que os melhores eram vendidos para o Rio de Janeiro (ibidem, 1990, p.24). No século seguinte, os proprietários da Paraíba continuaram a se queixar da dificuldade de se ter braços escravos para a agricultura. Analisando vários estudos que abordam o trabalho na Paraíba se obtém dados que indicam que a população escrava não conseguiu ultrapassar os 25%, se comparada a todos os habitantes da capitania/província. Esse baixo percentual de escravos pode estar vinculado aos obstáculos de ordem financeira dos proprietários locais na obtenção de mão de obra proveniente da África. Para suprir essa falta de trabalhadores esses proprietários podem ter se utilizado de trabalhadores escravos nascidos na Paraíba e das pessoas pobres livres.

A Tabela 2.1 oferece uma amostra da evolução da população escrava na Paraíba em mais de sete décadas:

Tabela 2.1: População total e escrava na Paraíba, séculos XVIII e XIX

Ano	População total	População escrava/%
1798	39.894	8.897 (22,3%)
1802	50.835	10.677 (21,0%)
1811	122.407	17.633 (14,4%)
1851	212.466	28.546 (13,4%)
1872	376.226	21.526 (5,7%)

Fonte: Ver nota.[31]

Com base nos dados da população cativa ao longo de quase cem anos, se observa o crescimento desse grupo social, principalmente entre os anos de 1798 e 1851, porém o aumento não acompanhou a população total, pois não conseguiu superar mais do que 22% de todos os habitantes que ali viviam. Na segunda metade do século XIX, a queda foi acentuada, visto que entre 1851 e 1872 a Paraíba diminui seu contingente de 13,4% para 5,7% em relação à população livre, que, ao contrário, estava em expansão; em 1851, eram 184.595, subindo para 354.700, em 1872 (Galliza, 1979, p.83-4).

Apesar da baixa presença de escravos na Paraíba, como em todo o Brasil, formou-se uma sociedade escravista – no sentido de que a escravidão fundamentava as relações de trabalho e todo o tecido social – portanto, as elites locais tiveram de enfrentar as mudanças no Oitocentos. Até porque, além dos trabalhadores escravos serem insuficientes para dar conta das atividades agrícolas e dos

---

[31] Os dados dos anos de 1798, 1802, 1811 e 1851 constam em Medeiros (1999, p.55) e Oliveira (1985). Os números referentes ao ano de 1851 estão no *Mapa estatístico da população livre e escrava da província da Paraíba*, publicado em 1852, disponível em <http://www.brazil.crl.edu/>. Acesso em: 12 jun. 2006. As informações censitárias sobre o primeiro Recenseamento no Brasil, 1872, estão disponíveis em: <http://biblioteca.ibge.gov.br/visualizacao/monografias/visualiza_colecao_digital.php>. Acesso em: 10 fev. 2007. Agradeço imensamente a Luciano Mendonça Lima por me indicar este portal, no qual consegui tais dados populacionais.

espaços domésticos e urbanos, novas vinculações sociais e contratos de trabalho tiveram de ser forjados entre mulheres e homens livres e libertos (Klein, 1987, p.241-50; Schwartz, 2001, p.129). Na Paraíba, essa expansão populacional de negros não ocorreu no primeiro século de colonização desse território, somente a partir do final do Setecentos. Conforme documento da época, é possível observar como ocorreu essa mudança na configuração demográfica da Paraíba. Os dados disponíveis estão em dois mapas da segunda metade do século XVIII – um de 1762-63[32] e outro de 1798 – período em que a capitania esteve anexada a Pernambuco.

No mapa populacional de 1762-3 a população total compunha-se de 39.158 habitantes, sendo que 13.330 foram identificados como pretos e pardos, com os estatutos jurídicos de escravos e forros, cujo perfil era o seguinte:

- do total da população com ascendência africana, um significativo número, 10.956, ou 82,2%, recebeu a identificação de preto; desses, uma maioria (7.008 ou 52,6%) eram homens e uma minoria mulheres (3.948 ou 29,6%). O restante – 2.374 (17,8%) – formava o grupo dos classificados como pardos, os dois sexos apresentavam certo equilíbrio, porque as mulheres somavam 1.220 (9,1%) e os homens 1.154 (8,6%);
- no que concerne ao estatuto jurídico, os "mais escuros" tinham em sua maioria a condição escrava, totalizando 8.757 pessoas (ou 65,7%) (5.943 homens e 2.814 mulheres). Os libertos pretos eram pouco significativos, 2.199 (16,5%), sendo 1.065 homens e 1.134 mulheres. Os "mais claros" eram expressivamente forros – 1.838 (13,8%) indivíduos (943 homens e 895 mulheres)–, os cativos somavam 536 (4%), as mulheres estavam em maior número, 325, e os homens em menor, 211.

---

32 O título completo do documento *Mapa geral dos fogos...*, 1762-3, BN-RJ encontra-se nas Referências. Na ocasião da divulgação desse mapa populacional, a Paraíba era governada pelo capitão-general Luiz Diogo Lobo da Silva.

Constata-se, com os dados do mapa populacional de 1762-3, que, apesar de pardos aparecerem como a menor parte da população de ascendência africana, muitos deles eram forros e poucos tinham a condição escrava, enquanto a maioria dos denominados pretos estava sob o jugo da escravidão. Por fim, é importante salientar que a autoridade responsável pela organização do mapa não incluiu os pretos de condição livre; portanto, há sub-registro da população negra identificada. Todavia, os dados desse mapa mostram que a capitania da Paraíba, na década de 1760, possuía 34% de indivíduos negros no conjunto da população.

O segundo mapa populacional já referido, datado de 1798, apontava o pouco crescimento da população total da Paraíba, um total de 39.894 habitantes, pouco diferente da década de 1760. De certa maneira, os dois mapas indicam as imprecisões e a pouca consistência das estatísticas coloniais. Talvez o mérito de contar com os dados dos dois mapas seja o de dispor de algumas informações sobre a condição jurídica da população negra, como a do grupo dos forros (1762-3) e dos livres (1798).

No mapa populacional de 1798 conta-se com dados de cores/origens (preta, mulata, branca e indígena) e de situações jurídicas (livre e escrava), mas nada se informa sobre as pessoas forras. O termo pardo também foi modificado para outro, "mulato", mas ambos têm a mesma acepção, visto que se referem aos indivíduos com dupla ascendência – a africana e a europeia – e nada se informou sobre o sexo dos habitantes.

A partir dos dados do mapa de 1798, destaco as seguintes informações:

- a população negra aumentou de forma importante, totalizavam 24.749 de uma população de 39.894. Considerando apenas o grupo dos negros, tem-se os pretos mantendo número semelhante à década de 1760: eram 10.015 (40,5%), porém os mulatos passaram a ser a maioria da população negra, somavam 14.734 (59,5%);

- no que se refere ao estatuto jurídico, a maior parte de pessoas livres foram encontradas no grupo dos mulatos: 12.876 (ou 52%) e os restantes, 1.858 (7,5%), eram escravos. Situação diversa se dava com os classificados como pretos, pois do total encontrado a maioria, 28,5% (ou 7.039 indivíduos), eram cativos e 12% de pessoas livres.

Comparando os dois mapas populacionais um dado surpreendente se evidencia: o aumento da população parda/mulata. Antes, em 1762-3, eram apenas 2.374 pessoas e, em 1798, 14.734 habitantes. Será que houve um forte crescimento desse grupo? Ou os primeiros dados estavam com sub-registros? Ao observarmos os dados da população da Paraíba no final do século XVIII e início do XIX, vamos identificar que, apesar de uma grande oscilação nos dados, a população parda/mulata apresentou um aumento que superou os 40%, de modo que, se em 1798 esse grupo era formado por 36,9%, em 1805, subiu para 42,8%, enquanto entre os ditos brancos houve uma diminuição, em 1798 correspondiam a 30,8% da população da Paraíba e em 1805 eram 26,3% (Oliveira, 1985, p. 139). A respeito dos sub-registros, vale destacar que havia muitas falhas nas informações estatísticas da época, o que pode explicar a grande diferença de pessoas pardas encontradas entre as décadas de 1760 e 1790. Cabe destacar que ao agregarmos os mulatos (36,9%) ao grupo dos pretos (25,1%), observa-se que a Paraíba estava terminando o século XVIII com cerca de 62% de pessoas com ascendência negra, 30,8% de brancos e 7,2% de indígenas. A presença negra engrossava, sobretudo o grupo dos ditos "homens livres de cor".

Enfim, no final do Setecentos os mapas populacionais indicam que a maioria da população negra da Paraíba era de condição livre e nascida na capitania da Paraíba. Essa população poderia ser empregada pelos proprietários de terras nos serviços da agricultura, juntamente com as pessoas cativas ou ainda aliar-se aos donos de terras e conseguir um pedaço de terra para trabalhar na condição de agregados ou moradores desses proprietários.

Com efeito, após mais de uma década, em 1811, a população da Paraíba cresceu de forma expressiva, eram 122.407 habitantes categorizados como pardos, pretos, indígenas e brancos, visto que num espaço de treze anos, o número de habitantes triplicou em relação aos dados de 1798 (Oliveira, 1985; Medeiros, 1999; Pinto, 1977; Silva, 1986).

Essa população era composta por uma maioria de negros, 60,2%. A respeito desse grupo, seguem aspectos que merecem ser destacados:

- a população da Paraíba era composta de 122.407 pessoas, dessas, um número expressivo de negros, 73.794, sendo 61.458 de pardos e 12.336 de pretos. No que se referia à condição jurídica, a maioria era livre (56.161) e uma minoria de escravos (17.633);
- o grupo dos pardos manteve-se em crescimento, com seus 61.458 indivíduos, que correspondiam a 50,2% da população total e 83,2% da negra. Contudo, ao contrário dos dados do mapa de 1798, os pardos passam a predominar no grupo dos escravos, pois eles somavam 13.723 pessoas do total de 17.633. Ou seja, considerando apenas os cativos, observa-se que os pardos passam a representar 77,8% desse grupo social;
- o grupo dos pretos apresentou um leve crescimento (de 10.015, em 1798, para 12.336, em 1811). Ampliou-se o número absoluto dos livres de 2.976, em 1798, para 8.426, em 1811. Por sua vez, os de condição escrava diminuíram de 7.039, em 1798, para 3.910, em 1811;
- sobre os dois outros grupos, os indígenas apresentaram menor taxa de crescimento. Assim, em 1811, representavam apenas 2,8% da população total, e os brancos se mantiveram em crescimento, mas não conseguiram superar a população negra (parda e preta), que permaneceu 60%.

Os dados dos três períodos destacados – 1762-3, 1798 e 1811 – indicam que a população da Paraíba vinha se expandindo desde o Setecentos, com destaque para os negros (pardos e pretos) que cresciam a cada década. De fato, ao longo do Oitocentos, essa tendência se manteve. Temos, então, os seguintes números de habitantes: em 1811, 122.407; em 1851, 212.466, em 1872, 376.226 e, em 1890, 490.784. No que se refere à população negra, dispomos apenas dos resultados do primeiro recenseamento (1872), que arrolou os habitantes por cor da pele e no qual há informação de que da população total (376.226) a maioria era negra, isto é, somavam 221.938; dessas, 188.241 eram pardas e 33.697 pretas, atingindo o percentual de 59% (Alencastro, 2000, p.474). Uma parte menor dessa população era escrava, 21.526 cativos, e a ampla maioria de livres, 354.700 pessoas. Em suma, a população escrava diminuía a cada década do Oitocentos e não conseguia acompanhar o aumento da população livre. Conforme os dados populacionais, em 1798, os cativos, que eram 22,3% da população total, passaram a ser 14,4%, em 1811; no restante do Oitocentos a queda acentuou-se, principalmente entre 1851 e 1871, quando caiu de 13,3% para 5,7%.

Doze anos depois, em 1884, a diminuição do número de escravos continuava em toda a província. Nesse ano, somavam 19.778, dos quais 10.571 eram mulheres e 9.207, homens. Considerando-se as três freguesias juntas,[33] registravam-se a existência de 1.808 cativos de ambos os sexos.[34] Ao fim da escravidão, em 13 de maio, na Paraíba foram libertados apenas 9.400 cativos (Galliza, 1979, p.209).

Com tais números procurei mostrar que no período de 1798 a 1851 a população escrava da área em estudo apresentou certo crescimento, porém a cada década diminuiu em relação à popu-

---

33 Nos dados de 1884, as freguesias de Santa Rita e Livramento não foram distinguidas, as populações de ambas estavam agregadas à da capital.
34 Informações disponíveis em <http://www.brazil.crl.edu/>, com acesso em 10 jan. 2007. Nesse relatório, o presidente em exercício da província, José Aires do Nascimento, indicava a população escrava por municípios e os valores recebidos que deveriam ser aplicados na libertação dos cativos com os recursos do Fundo de Emancipação, para se cumprir a Lei Rio Branco, de 1871.

lação livre, que, em 1798, andava por volta de 39 mil pessoas e, em 1851, subiu para 183.920, ou seja, os cativos não conseguiram acompanhar a expansão da população total. Outro aspecto destacado relaciona-se ao aumento da população negra na Paraíba, que no final do Setecentos sinalizava para sua expansão como de fato se verificou com os dados do recenseamento de 1872, somavam 58,9%.

Contudo, de forma paradoxal, mesmo com as frequentes crises no mercado de açúcar e problemas na infraestrutura da província, a economia continuava a se expandir. Por exemplo, aumentou-se o número de engenhos na província (em 1851, eram cerca de 161; em 1889, 350) e investia-se cada vez mais na cultura de algodão, que passou a ser produzido em todas as regiões da província ao longo do Oitocentos, tanto nas proximidades da zona canavieira, presente desde o Setecentos, quanto no brejo (no agreste) e no sertão, nas primeiras décadas do Oitocentos (Galliza, 1979, p.34-5; Medeiros, 1997; Mariz, 1939).

Certamente, além da ampliação das áreas em que se produzia o açúcar, os indivíduos livres pobres devem ter sido fundamentais para o desenvolvimento dessas atividades agrícolas e de funções não agrícolas da província, visto que eles, ao longo do Oitocentos, passaram a compor a maior parte da população, enquanto o número de escravos diminuía a cada década rumo ao fim da escravidão. Vejamos o que os dados paroquiais indicam sobre a população negra na capitania/província em estudo.

A população negra em três freguesias litorâneas

Foram escolhidas três freguesias litorâneas da Paraíba para estudo: a da capital, com o orago a Nossa Senhora das Neves,[35]

---

[35] Na freguesia de Nossa Senhora das Neves, criada em 1586, constavam as seguintes povoações: Tambaú, Cabo Branco e Cabedelo (Rohan, 1911, p.311).

localizada na cidade da Parahyba, e duas rurais, cujas paróquias, Livramento[36] e Santa Rita,[37] nomeavam tanto suas igrejas matrizes quanto as povoações. Todas localizadas na Zona da Mata da Paraíba (ver Mapa 2.1). A maioria dos engenhos da Paraíba se constituiu na Zona da Mata. O fato de nessa área ter-se iniciado a colonização contribui para que se disponha de inúmeras evidências históricas, tanto de cronistas, viajantes e autoridades, que administraram a Paraíba nos períodos colonial e imperial, quanto de fontes eclesiásticas, que permitem a construção de dados demográficos.

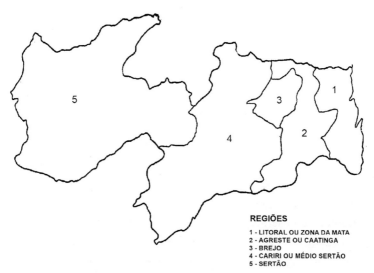

Mapa 2.1 Regiões geográficas da Paraíba.
Fonte: Ferreira, 1982.

---

36 Havia mais nove povoações localizadas na freguesia de Livramento (1814), além da própria: Forte Velho, Barra do Pipiri, Guia, Pitimbu, Jacuhype, Lucena, Gito, Bom Sucesso (também conhecido como Picão) e Fagundes (ibidem, p.312).

37 Na freguesia de Santa Rita (1840) constavam as seguintes povoações: a própria Santa Rita, Batalha, Cruz do Espírito Santo, Canabrava, Bahia, São Bento, Mumbaba e Cauhira (ibidem, p.313).

Gente negra na Paraíba oitocentista

No que se refere à Paraíba oitocentista, além do mapa populacional de 1811 e de 1851, mencionado no item anterior, há outro documento datado de 1857, com dados do ano anterior da sua publicação acerca da população e da economia das freguesias da província. Com base no documento referido, as três freguesias em estudo continham 48 engenhos (de um total de 161); sua população era de 15.786 habitantes livres e mais 3.214 escravos, totalizando, portanto, 19 mil pessoas residentes nessa área.[38] Esses quase vinte mil habitantes correspondiam a 9,2% da população de toda a província (206.922 habitantes) e 44,6% da primeira comarca, que detinha oito cidades e vilas, com 42.529 pessoas.[39]

Com relação aos escravos (28.473),[40] eles correspondiam a 11,2% de todos os existentes em toda a província. Esse grupo social era encontrado em proporções semelhantes na capital e em Santa Rita, com suas 1.387 e 1.309 pessoas escravizadas, respectivamente, enquanto Livramento dispunha de uma população bem menor: 518 cativos.[41] Duas décadas depois, em 1872, os resultados do primeiro recenseamento davam uma população total de 376.226 habitantes e mostravam a redução de pessoas

---

38 As informações sobre o total de habitantes das três freguesias estão no Quadro demonstrativo da divisão civil, judiciária da província da Parahyba do Norte..., 1856, fl. 417, AN/RJ (IJJ9 – 225 – 1852-56).
39 Conforme Quadro de população livre da província da Paraíba do Norte, organizado por comarcas e municípios, que consta no RPP João Antonio de Vasconcelos, 1848 (disponível em: <http://www.brazil.crl.edu>. Acesso em: 4 jun. 2007), essa província tinha três comarcas.
40 Comparando os dados da população escrava de dois mapas, o de 1851 e o de 1857, tem-se uma pequena diferença de 73 indivíduos. Todavia, o interesse no mapa de 1857 se deu em razão de ele trazer informações detalhadas sobre as freguesias em estudo. A respeito da falta de exatidão dos dados estatísticos e questionamentos que geralmente se fazem das estatísticas oficiais, tanto do período colonial quanto imperial, ver Conrad (1978, p.341-4).
41 Ver o Quadro demonstrativo da divisão civil, judiciária da província da Parahyba do Norte..., 1857, BN/RJ, cujos dados são referentes ao ano de 1856.

escravizadas para 21.526 em toda a província, representando somente 5,7% da população geral, que estava em expansão, pois os livres haviam aumentado para 354.700 habitantes (94,3%). Porém, considerando os dados por "cor", tinha-se uma maioria de população negra (parda e preta), que somava 221.938 (188.241 pardos e 33.697 pretos), atingindo o percentual de 59%, superando, assim, o número dos brancos, que atingiram o número de 139.988 (37,2%). Nesse recenseamento, oficialmente a população indígena somava 14.300 pessoas, sendo 7.399 mulheres e 6.901 homens, correspondendo, portanto, a 3,8% do total dos habitantes da Paraíba (Alencastro, 1997, p.474).

Observando as três freguesias acerca dos resultados do primeiro recenseamento no Brasil, em 1872, evidencia-se a queda da população escrava nos três locais devido à epidemia de cólera, em 1857 e a intensificação do tráfico interprovincial entre 1860 e 1870. A paróquia de Nossa Senhora das Neves e Santa Rita apresentaram uma perda bem menor que a de Livramento, pois as duas primeiras conseguiram manter a população em mais de um mil escravizados, enquanto Livramento diminuiu em quase 50% de sua população, conforme aparece na Tabela 2.2.

Tabela 2.2 População livre e escrava das freguesias de Nossa Senhora das Neves, Livramento e Santa Rita, de 1857 e 1872

Freguesia	1857 Livre	1857 Escrava	1857 Total	1872 Livre	1872 Escrava	1872 Total
Cidade da Parahyba	7.646 (84,6%)	1.387 (15,4%)	9.033 (100%)	10.855 (91,3%)	1.032 (8,7%)	11.887 (100%)
Livramento	3.580 (87,4%)	518 (12,6%)	4.098 (100%)	3.666 (93,1%)	272 (6,9%)	3.938 (100%)
Santa Rita	4.560 (77,7%)	1.309 (22,3%)	5.869 (100%)	5.816 (84,4%)	1.078 (15,6%)	6.894 (100%)
Total	15.786 (83,1%)	3.214 (16,9%)	19.000 (100%)	20.337 (89,5%)	2.382 (10,5%)	22.719 (100%)

Fonte: Quadro demonstrativo da divisão civil, judiciária da província da Parahyba do Norte..., 1857, e recenseamento de 1872.

Enfim, a queda acentuada da população escrava, a partir da segunda metade do século XIX, esteve vinculada tanto à abolição do tráfico internacional (1850) quanto à intensificação do tráfico interno e de fatores locais (secas e epidemias). Todavia, a população negra e livre crescia expressivamente, superando inclusive o número de brancos, conforme apontavam os mapas populacionais de 1762-3 e o de 1798.

Tinha-se, de um lado, a diminuição do número de escravizados e, de outro, aumentava a população livre. Esse crescimento, ao menos na década de 1840, era tão visível que um presidente da província, quando da elaboração de relatório, comentou sobre a necessidade de "reorganizar" o quadro de população da província, ou seja, atualizar os dados, pois ele afirmou nunca ter visto outra com número tão expressivo de pessoas livres como na Paraíba.[42]

Ressalta-se ainda que dos poucos estudos sobre posse de escravos da Zona da Mata existem dados fornecidos por Galliza (1979, p.41-2), referentes aos últimos 38 anos da escravidão, a qual, com base em quase uma centena de inventários, constatou que a maioria dos cativos estava concentrada nas mãos de senhores com até dez pessoas, e poucos com mais de 25. Nessa maioria de proprietários se encontravam 35,8% de senhores, com um a cinco cativos; 21,5%, com seis a dez; e somente 17,2%, com a posse de mais de 25 cativos. Essa característica de posse de escravos nas propriedades de engenhos deve ter causado algum impacto na vida das mulheres e dos homens escravos para

---

42 O presidente de província referido foi o tenente-coronel Frederico Carneiro de Campos (RPP, maio de 1846, p.16). Ele fez o seguinte comentário sobre a população da província: "vi muito amiudadas as habitações, residências de uma família mais ou menos numerosa e afianço-vos também que não tenho encontrado em outra Província, das porque tenho descorrido (sic), nem mais frequentes as casas e famílias, nem mesmo superior população livre". RPP encontram-se disponíveis em: <http://www.crl.edu/content/brazil/pari.htm>. Acesso em: 10 ago. 2006.

estabelecer o relacionamento conjugal, visto que restringia o mercado matrimonial para os escravos. Mas como se configurava essa população escrava? Quem eram as mulheres, as crianças e os homens escravos das três freguesias? A maioria era proveniente da África Atlântica ou tinha nascido no território da Paraíba ou de outra parte do Brasil? Havia mais a presença masculina ou a feminina? E entre os "pretos" não escravos, livres ou libertos, que viviam numa sociedade escravista? Para tentar responder a tais questões, fiz uso das fontes paroquiais, pois permitem um conhecimento mais detalhado da população das freguesias ao longo do Oitocentos.

Com base nos dados de batismo, importante indicador dos nascimentos nas paróquias, pude obter dados para conhecer a população negra das três freguesias. Da Matriz de Nossa Senhora das Neves formei um banco de dados com 2.800 pessoas batizadas, abarcando o período de 55 anos, sendo que a maioria das cerimônias aconteceu após o ano de 1850; na primeira metade, nos anos de 1833 e 1850, foram 31,6% pessoas batizadas e 68,4% na segunda, entre os anos de 1851 e 1888. Nessa freguesia, os de condição escrava formavam o maior contingente, eram 1.421 pessoas (50,7%); em segundo estavam as livres, que somavam 762 (27,2%), seguidas das ingênuas, 513 (18,3%) e, por último, as libertas/forras, com apenas 104 (3,7%) pessoas.[43]

Em Livramento, freguesia que iniciou seu funcionamento em 1814, o total de assentos coletados foi de 819 pessoas batizadas, sendo que 57,5% das celebrações foram realizadas na primeira metade do Oitocentos (de 1814 a 1850), e as 42,4% restantes na segunda metade, entre os anos de 1851 e 1884.[44] A respeito da quantidade de escravos que residiam nessa paróquia no século

---

43 A dificuldade de identificar os indivíduos que conquistaram a condição de liberto se deve às poucas informações obtidas sobre as mães e os pais das crianças e dos adultos batizandos, visto que os párocos passaram, a partir da década de 1840, a registrar apenas a cor da criança ou a dos seus progenitores.
44 Apresentaram lacunas os anos de 1825, 1829 e 1834.

XIX, as pessoas livres seguiam a tendência de crescimento da província, porém de forma lenta, pois em vinte anos não conseguiam ultrapassar a cifra de 3 mil habitantes destacados em 1857. Na freguesia de Santa Rita, 854 pessoas foram batizadas e selecionadas para a pesquisa. Em virtude da sua criação no final da primeira metade do Oitocentos, em 1839, é compreensível que um menor percentual de cerimônias – 33,3% – tenha sido celebrada nos dez primeiros anos de sua criação, entre 1840 e 1850, contra 66,7% na segunda metade do século, nos anos de 1851 a 1871. Apesar de os dados da população escrava (652) dessa freguesia serem maioria, considerando a Tabela 2.2, os escravos eram encontrados em número superior, uma vez que em 1857 eles eram cerca de 1.309 e, mesmo com queda, em 1872, eles atingiam o número de 1.078 pessoas com tal condição social. Já o grupo de livres estava em crescimento, entre os dois períodos subiu em mais de 30%. Vale destacar que de forma semelhante ao ocorrido na freguesia de Nossa Senhora das Neves, Santa Rita teve mais condições de manter sua população escrava nas décadas de 1850 e 1870. Essas, como se sabe, foram marcadas por inúmeras mudanças na sociedade escravista, passando pelo fim do tráfico internacional e crises internas na província, como as epidemias de 1856.

A análise sobre o movimento da população negra das três freguesias, com base na documentação paroquial, foi realizada considerando-se alguns subperíodos, com espaço de 16 a 20 anos. Para estabelecer essa divisão por período, considerei, além das evidências históricas disponíveis, as mudanças históricas no sistema escravista no Brasil oitocentista, na região Norte (denominação da época para o atual Nordeste) e na província em estudo. Dessa maneira, na primeira metade do século XIX, apesar de as autoridades brasileiras terem aprovado a lei antitráfico de 1831, ainda estava disponível uma boa quantidade de mão de obra escrava africana. Como já destacado, durante alguns anos da década seguinte houve "oferta" de trabalhadores, pois Pernambuco (a fonte abastecedora da Paraíba), até o final da década de 1840, recebeu ilegalmente mais de 40 mil africanos.[45] Todavia, a Paraíba sempre teve dificuldades de adquirir escravos negros nesse mercado. Esses obstáculos tendiam a aumentar, em razão das questões financeiras dos senhores locais, que se tornaram mais difíceis a cada década, por conta de problemas das estiagens, das epidemias e da falta de infraestrutura e de recursos para alavancar a economia agrícola. Além disso, a Paraíba mantinha dependência econômica de Pernambuco, necessitando do seu porto para exportar as mercadorias, e os poucos investimentos aplicados nos engenhos geralmente eram obtidos de negociantes daquela província.

O quadro com relação à mão de obra também se tornou mais preocupante para os proprietários de engenho, visto que a lei antitráfico de 4 de setembro de 1850 (Lei Euzébio de Queiroz) extinguiu o "comércio de gente". Isso contribuiu para o encarecimento do preço dos escravos da costa da África, que chegaram aos mais altos valores desde o início do tráfico Atlântico.[46] Somando-se a isso, houve a intensificação do tráfico interno (a partir de 1850), em que os senhores da Paraíba negociaram mais de 13% de seus escravos. Vale destacar que o tráfico interprovincial na Paraíba deslocou escravos em idade produtiva para o Centro-Sul, deixando em seu território as mulheres mães escravas, muitas na

---

45 Logo após a promulgação da Lei de 1831 (Diogo de Feijó), Pernambuco traficou grande número de pessoas, em torno de 40 mil africanos. Exemplos da entrada em alguns anos, nos mostram variações na importação de africanos no período referido. Assim, em 1837, chegavam cerca de 6.650; dois anos depois caiu para 5.250. Na década seguinte, começou o decréscimo do "negócio de gente". Assim, em 1840, foram importadas 3.500 pessoas/ano, dois anos depois 1.750, em Carvalho (2002, p.134-5) e Eisenberg (1977, p.44).
46 Na Paraíba, especificamente em Campina Grande, Vianna (1985, p.62), a partir de análise em inventários, constatou que os homens escravos entre 1840 e 1852 custavam o valor de 500$000 réis, porém, entre 1858 e 1871, dobrou de preço (1:000$000 a 1:500$000 réis), caindo para apenas 600$000 réis em 1885.

idade adulta. Elas não só trabalhavam em diferentes atividades, como também não deixaram de estabelecer relações afetivo--sexuais que geraram inúmeras crianças, escravas e ingênuas, que, quando jovens ou adultas, podem ter atuado como trabalhadores – mulheres e homens – nos engenhos.

Vejamos a Tabela 2.3, que traz o movimento dessa população negra identificada na freguesia de Nossa Senhora das Neves, entre os anos de 1833 a 1888, que foram subdivididos em três períodos, a saber: 1833-50, 1851-71 e 1872-88. Iniciando com as pessoas de condição cativa, os dados possibilitam a análise dos vinte últimos anos da primeira metade do século XIX, com as duas primeiras décadas da segunda metade do mesmo século, mostrando que o número de pessoas – crianças e adultas – foi superior no segundo momento. Com a introdução da Lei Rio Branco, as crianças filhas de escravas passaram a ser batizadas como ingênuas. Assim, nos últimos anos da escravidão, na paróquia da capital mais de 16,8% se batizaram. Um primeiro aspecto que merece ser destacado se refere às lacunas de batismos nos anos de 1833 a 1850, o que não ocorreu nos dois subperíodos, 1851-71 e 1871-88. Dessa forma, conclui-se que as crianças vinculadas às mães escravas, na primeira parte do século XIX e nos anos finais da escravidão, são bem próximas, mas foi no período intermediário, 1851-71, que houve um grande número de batizandos.[47] Esse crescimento, coincidentemente, deu-se no período em que se aboliu o tráfico, porém não teve continuidade, pois as décadas de 1850 a 1870 foram marcadas pelas intempéries naturais (secas) e pelas epidemias (cólera, febre amarela), fatores que devem ter contribuído para a realização dos batizados dos mais de quinhentos ingênuos, quase a mesma quantidade de crianças escravas que receberam o primeiro sacramento entre os anos de 1833 e 1850, considerando as lacunas nos registros batismais.

---

47 Nenhum assento de batismo se obteve dos anos de 1834, de 1842 a 1845; e apenas seis meses de 1841.

De fato, os dados disponíveis sobre os óbitos na paróquia de Nossa Senhora das Neves, abarcando o período de 1869 a 1881, mostram grande mortandade de crianças. Nesse período, em 771 registros de pessoas falecidas (escravas e livres), 154 (19,9%) eram crianças com menos de um ano; mortes que em sua maioria ocorreram no período da grande seca (1877-9): foram 76 (49,3% do total) crianças com óbitos registrados.[48]

Retomando a análise de cerimônias de batismos, temos que, na década de 1830, os batizados eram em média de 39,5 por ano, mas esse número caiu para 36,3 na década seguinte. No segundo subperíodo, há uma diminuição de adultos batizados (0,8%), e o aumento da frequência de batizados de crianças. As observações dos batismos anuais revelam as variações das cerimônias. Na década de 1840, essa porcentagem estava por volta de 36,3 batismos/ano; na década seguinte, cresceu para 50,1 e perdurou até 1856 (início da epidemia de cólera), mas, nos anos posteriores (de 1857 a 1861), houve uma queda para 39,6 batismos/ano e assim se manteve até as duas últimas décadas da escravidão. Nos últimos anos da década de 1850 e início de 1860 houve a queda de batismos, que coincide com a chegada da primeira epidemia de cólera (1855-6), que causou a morte de 277 escravos na capital, 61 em Livramento, e 187 em Santa Rita.[49] Na década de 1870, a média andava por volta de 36,6 e entre os anos de 1880 e 1888 apresentou queda: eram 25,7 batismos por ano. Estas últimas médias foram obtidas a partir dos dados sobre as crianças ingênuas (filhas de mães cativas).

---

48 Nos registros de falecimentos da paróquia de Nossa Senhora das Neves, entre 1869 e 1881, foram identificadas 772 pessoas negras; dessas, apenas 272 (35,2%) eram escravas, e as 500 restantes eram livres, libertas/forras, ingênuas.

49 Em quadro de mortalidade apresentado por Pinto (1977, p.248), um total de 25.390 pessoas vítimas da cólera, sendo que em uma das comarcas da província mais densamente povoada, a do litoral, 5.741 pessoas (4.885 livres e 856 escravas) faleceram. Segundo Rohan (1911, p.303), essa comarca perdeu cerca de 10% de escravos atingidos pela doença em 1856-7.

Gente negra na Paraíba oitocentista

Tabela 2.3: Pessoas batizadas na freguesia de Nossa Senhora das Neves, por condição jurídica e subperíodos, 1833-88

Subperíodos	Escravizadas	Ingênuas	Livres	Forras
1833-1850	505 35,5%	–	360 47,3%	26 25,0%
1851-1871	916 64,5%	–	369 48,4%	65 62,5%
1872-1888	–	513 16,8%	33 4,3%	13 12,5 %
Total	1.421 100,0%	513 100,0%	762 100,0%	104 100,0%

Fonte: LB de Nossa Senhora das Neves (1833-1888), AEPB.

Embora o número médio de batismo de crianças em toda a década de 1870 estivesse na faixa de mais de 36,6 por ano, antes da estiagem houve um recuo no crescimento, que estava por volta de 43,6/ano. A diminuição se deu exatamente nos três anos que envolveram a seca (1877-9), quando os batizados caíram para 32 por ano. Segundo o registro de óbitos da mesma freguesia, esse foi um período crítico para toda a população. Mesmo que a seca atingisse em menor proporção os moradores da zona litorânea, os registros evidenciam o aumento da mortalidade, uma vez que em apenas quatro anos – 1877 a 1880 – foram 58% das pessoas negras mortas entre 1869 e 1881, de diferentes condições jurídicas e idades. No primeiro ano da seca, 1877, a mortalidade era de 59 pessoas/ano, subindo para quase mais duas centenas em 1878 (193) e 1879 (138), caindo, em 1880, para 57 indivíduos. No que se refere aos ingênuos da freguesia de Nossa Senhora das Neves, no período de 1871 e 1881, eles corresponderam a 17,2% de todas as pessoas mortas, porém, 54% delas morreram no período da "grande seca", 1877 a 1879, sendo que 41% dessas crianças tinham até um ano de idade.[50]

---

50 Conforme dados dos Livros de Óbitos da freguesia de Nossa Senhora das Neves, 1869 a 1881, AEPB.

Mesmo com a recuperação na década de 1880, a média de batismo ficou por volta de 25/ano. Essas oscilações justificam o maior número de crianças escravas que foram batizadas no segundo subperíodo, afinal, apesar das epidemias, houve uma recuperação na década de 1860, enquanto no segundo subperíodo deu-se o contrário, ocorreram quedas no final da década de 1870, mantendo uma aproximação com o primeiro subperíodo, de 28%, e o último, na faixa de 26%.

Nessa mesma freguesia, os batismos do grupo dos livres (762) e forros (104) também mostram que apenas três adultos[51] foram batizados num universo de 866 pessoas. Esse aspecto indica o nascimento de crianças livres. Em relação ao movimento desses segmentos, considerando os dois primeiros subperíodos, entre as livres se observa um equilíbrio no número de crianças batizadas – no primeiro subperíodo, 47,3% e, no segundo, 48,4%.

Análises dos dados anuais mostram que os batismos oscilaram ao longo dos anos. Por exemplo, nas décadas de 1850 e 1860 nasceram entre 19 e 17 crianças/ano, enquanto nas décadas anteriores – 1830 e 1840 – foram batizadas entre 28 e 30 crianças/ano.

O último subperíodo foi totalmente prejudicado, visto que, em razão da exigência legal, o vigário passou a utilizar livro específico para os nascidos a partir de 1871, os ingênuos, deixando de registrar os outros segmentos sociais em conjunto, como vinha fazendo até então. Obtiveram-se, sobre esse subperíodo, apenas 4,3% de crianças livres.

De maneira semelhante às livres, as crianças forras apresentaram uma taxa de crescimento entre o primeiro e o segundo subperíodos, praticamente duplicando o número delas agraciadas com a liberdade nos primeiros meses de vida. Na década de 1860,

---

51 As três pessoas adultas e livres – Epífano, Maria do Rosário e José – foram batizados nas décadas de 1850 e 1860.

pelo menos dez dessas crianças receberam, na pia batismal, a liberdade, e duas foram beneficiadas pela decisão da ordem dos beneditinos que, desde 1866, alforriava as crianças nascidas de suas escravas.[52] Na ata batismal informavam que a criança era "livre, [conforme] Atos do Capítulo Geral". Essa determinação surgiu da congregação dos beneditinos que decidiu, em homenagem à descoberta do Brasil, por "libertar os seus escravos que tivessem nascido no dia 3 de maio daquele ano (1866) e os que nascessem depois daquela data" (Hoonaert, 1992, p.275).

Apesar de os dados de batismos indicarem o crescimento da população negra escrava e não escrava, os períodos de aumento de epidemias e de catástrofes naturais contribuíram bastante para a mortandade de parte das pessoas nascidas na capital. Versando sobre a mortalidade na década de 1850, um jornal da capital trouxe um quadro aterrador sobre a situação sanitária da província. Afirmava-se que desde "os primeiros dias do ano de 1849" a população tinha sido acometida de várias moléstias, que perduraram até 1853 e vinham "ceifando vidas e algumas bem preciosas. Os entreatos desse drama têm sido preenchidos com bexigas, tifo, garrotilhos, sarampos, pneumonias e, afinal, com a terrível câmara de sangue" (Pinto, 1977, p.220). De fato, muitas pessoas morreram. As autoridades informavam nos mapas populacionais da província que, em 1855, 405 pessoas haviam falecido e, em 1860, 403.[53] As crianças tendiam a ser as mais suscetíveis à morte, visto que elas estavam se formando fisicamente e, muitas vezes, a alimentação recebida era carente de nutrientes.

---

52 As cartas de alforrias das décadas de 1860, registradas nos assentos de batismo da freguesia de Nossa Senhora das Neves, estão nos seguintes livros: LB Nossa Senhora das Neves, 1857-63, fls. 54, 139; LB Nossa Senhora das Neves, 1863-68, fls. 10, 50, 96, 151, 154, 161, 177; e LB Nossa Senhora das Neves, 1868-71, fl. 77, AEPB.
53 Relatório do presidente Francisco de Araújo Lima, em 1863, p. 5, disponível em: <http://www.brazil.crl.edu />. Acesso em: 2 dez. 2006.

Os registros de óbitos da capital acerca da população negra não escrava mostram que muitas crianças livres (até 3 anos de idade) pereceram também no período da "grande seca". Essas crianças representavam apenas 17,6% de um total de óbitos da capital, no qual as pessoas adultas (de 15 a 40 anos) estavam mais representadas. Em trezentos registros de mortes, estas últimas compunham 76% dos óbitos; as restantes, 6,4%, eram de pessoas com mais de 41 anos. Ainda em relação às crianças, mais de 51% delas morreu nos anos em que ocorria a "grande seca" (1877-9).

Ou seja, esse foi um aspecto que determinou um crescimento populacional marcado por oscilações, mas não impediu o aumento do contingente populacional da Paraíba, de acordo com os dados dos dois primeiros recenseamentos: o de 1872 e o de 1890.

Os problemas estruturais somados aos da segunda metade do Oitocentos (estiagens, doenças e leis emancipacionistas, como a Rio Branco e a dos Sexagenários) concorreram para ampliação das dificuldades dos proprietários rurais para obterem mão de obra africana. De fato, os dados paroquiais da freguesia que mais recebeu "africanos", a de Nossa Senhora das Neves, mostram maior presença deles na primeira metade do século XIX.

A população escrava proveniente da África Atlântica, encontrada nos livros paroquiais de Nossa Senhora das Neves, foi de apenas 165 pessoas, sendo que nas outras duas freguesias o número de africanos foi menor. Das 165 pessoas, a maioria (97) estava registrada nos livros de batismo, distribuídas da seguinte maneira: 48 batizandos, 41 mães, sete pais de crianças crioulas batizadas e uma mulher "bornô", que se tornou madrinha de três pessoas adultas da costa da África.

As outras pessoas foram identificadas nos livros de casamento, nos quais apenas cinco pessoas designadas como "africanas" estabeleceram laços de afinidade: foram três homens e duas mulheres. Por último, nos livros de óbitos estavam 63 pessoas (34 mulheres e 29 homens), as quais foram identificadas, em sua maioria, como africanas. Porém, havia algumas exceções, pois cinco homens foram classificados com etnônimos que indicavam ser procedentes da África Centro-Ocidental. Entre os que faleceram, mais de 84% estava com mais de 50 anos e pouco mais de 15% tinha até 49 anos, mostrando que eles chegaram à Paraíba entre as décadas de 1830 e 1840.

Em relação às mulheres e aos homens que foram batizados, as datas das cerimônias evidenciam que eles chegaram entre as décadas de 1830 a 1860. Eles adentravam na "vida cristã" geralmente em cerimônias coletivas. Alguns senhores costumavam batizar até quatro escravos, a exemplo de José Luiz Pereira de Lima que, em 1835, levou à Matriz de Nossa Senhora das Neves quatro escravos (LB NS das Neves, 1833-41, fls. 34-35, AEPB), e Francisco Alves de Souza Carvalho (coronel) que, em 1856, abriu seu oratório privado para que três homens "angolas" recebessem o primeiro sacramento (LB NS das Neves, 1850-57, fl. 237, AEPB).

O agrupamento dos 165 "africanos" (mulheres e homens)[54] que vieram de diferentes regiões da Costa da África e que receberam algum sacramento (batismo ou casamento) na igreja de Nossa Senhora das Neves ou residência (extrema-unção) mostrou a seguinte distribuição:

- o maior grupo recebeu denominações genéricas, indicando apenas que eram estrangeiros. Eles eram 115 e receberam as seguintes classificações: "nação da África", "gentios da África" e da "Costa da África";
- 34 pessoas (25 angolas, três congos, um benguela, um cabundá, um loanda, um quiçamã, dois angicos) receberam atribuições que indicam terem vindo da África Centro--Ocidental;
- 13 indivíduos (sete minas, três nagôs, um bornô, um sabaru, um hauçá,) eram provenientes da África Ocidental;

---

54 Livros de Nossa Senhora das Neves: batismos (1833 a 1888), óbito (1869 a 1881) e casamento (1875 a 1883), AEPB.

- da distante África Oriental foram citados apenas três (dois moçambiques e um quiçamã).

Os batismos de africanos foram realizados sobretudo na primeira metade do Oitocentos. As cerimônias aconteceram nas décadas de 1840 (30,6% do total de 48) e 1850 (38,7% do total de 48). Contudo, os dois últimos batismos realizados, um em 1862 (Josefa, de "loanda") e outro em 1863 (Joaquina, "mina"), mostram também que pessoas da Costa da África foram batizadas na Paraíba após o fim do tráfico transatlântico (extinto pela Lei Euzébio de Queiroz, em 1850), porém não se pode confirmar a data da chegada de tais pessoas (todas adultas, com mais de 30 anos) na província. No que se refere ao grupo das mães das crianças procedentes da Costa da África Atlântica, a maior parte deu à luz na década de 1830 (90,4% do total de 42) e apenas quatro casos nas décadas de 1840 e 1850. Dos sete homens "africanos" que estabeleceram famílias nucleares, seis viram seus filhos nascerem na década de 1830 e apenas um no ano de 1841. Ainda há que se informar que a madrinha da "Costa da Mina", Marcelina da Costa Cirne (forra), participou de duas cerimônias de batismo (em 1835 e 1840) e passou a ser protetora espiritual de três homens também de procedência africana.

Vejamos os dados das freguesias rurais. Entre as 819 pessoas negras de diferentes grupos sociais que compunham a população de Livramento, a maioria era de escravizados, quase 60% do total, seguidos pelos pretos livres, com quase 32%, os ingênuos, com 7,2% e, por último, com um pequeno percentual, 1,8%, os libertos.

Como era de se esperar, Livramento, por dispor de registros de batismo desde o início do século XIX, apresentou o maior número de cerimônias na primeira metade do Oitocentos: 472 pessoas foram batizadas (todos os grupos sociais), e na segunda, 347 celebrações. Todavia, para observar tais batismos com mais pormenores, os anos de 1814 a 1884 foram subdivididos em três:

de 1814 a 1830; de 1831 a 1850 e de 1851 a 1884, assim como se observou que foi dado o batismo dos diferentes grupos sociais. Dos indivíduos escravizados dessa freguesia, que somava 487 pessoas (448 crioulos e 39 africanos),[55] 202 (164 crianças e 38 adultos) foram batizados no primeiro subperíodo, o que equivalia 41,8% dos batizados; no segundo, tem-se uma redução para 140 (139 infantes e 1 adulta) e, no último subperíodo, em que as crianças seguiam a condição da mãe, de 1851 a 1871, foram 29,8% (145 crianças); depois, entre 1871 e 1884, foram identificadas 59 crianças que nasceram e correspondiam a 17% de todas as celebrações (347) realizadas no segundo período do século XIX. Como se pode observar, a população de Livramento não conseguiu se manter ao longo do século XIX, conforme se vê na Tabela 2.4 apesar da oscilação entre o segundo subperíodo e o terceiro.

Tabela 2.4: Pessoas negras batizadas na freguesia de Livramento, por condição jurídica e subperíodos, 1814-84

Subperíodos	Escravizadas	%	Livres	%	Ingênuas	%
1814-1830	202	41,5	47	18,2	–	–
1831-1850	140	28,7	75	29,1	–	–
1851-1871	145	29,8	136	52,7	–	–
1871-1884	–	–	–	–	59	100,0
Total	487	100,0	258	100,0	59	100,0

Fonte: LB de Livramento (1814-84), AEPB.

Talvez, os problemas de doenças e secas da segunda metade do século XIX tenham afetado mais fortemente essa freguesia rural e os proprietários passassem dificuldades maiores para o restabelecimento econômico.

---

55 Em Livramento, das 487 pessoas batizadas, apenas 40 (39 africanas e 1 crioula) eram adultas.

Nos dois outros grupos, temos as pessoas livres e as forras. As primeiras apresentaram quadro bem diferente, pois mantiveram o crescimento em todos os subperíodos. Entre o primeiro e segundo, aumentaram de 19,8% para 26,3%, e no terceiro, quase triplicam. As poucas pessoas forras, todas crianças, se batizaram em proporção muito semelhante nos subperíodos: 46,6% e 53,4%. Apesar disso, vale destacar que a liberdade via cartas de alforria conferidas às crianças na pia batismal aconteceu de forma aleatória; contavam, provavelmente, com a boa vontade de senhores. Assim, nos primeiros anos de surgimento dessa paróquia, houve apenas uma libertação na pia em 1817 e, nas décadas posteriores, foram distribuídas do seguinte modo: em 1830, foram quatro, em 1840 e 1850, quatro (duas para cada uma das décadas), em 1860, cinco, e em 1870, uma.

A respeito da mortalidade em Livramento, apesar de se dispor de dois livros com óbitos de 1814 a 1842, e o outro, de 1880 a 1888, eles trazem lacunas, oferecendo restritas informações e inúmeros sub-registros, sobretudo nas décadas de 1830 e 1840. Dessa maneira, a melhor alternativa apresentada foi a de considerar os dados seriais mais consistentes os que se referiam a um período de 15 anos, entre 1814 e 1829, para se ter um retrato da mortalidade nessa freguesia. Do total de 230 pessoas escravas que constam nos documentos, mais de 24% (53) não tive a idade identificada e nem dispunha de elementos para classificá-las, se crianças ou adultas. Portanto, dos 177 indivíduos com idades discriminadas, crianças e adultos praticamente apresentaram taxas de mortalidade similares, pois no grupo dos infantes de até 7 anos de idade faleceram 33,8%, e entre os adultos (de 15 a 40 anos), 36,7%. Contudo, no grupo das crianças, a idade de 0 a 3 anos foi a mais perigosa para os bebês, pois 60% pereceram nessa faixa etária.

A última paróquia em estudo, a de Santa Rita, revelou alguns aspectos novos na organização dos livros de batismo, como a questão da cor, que teve a predominância de pardos. Vejamos o perfil da amostra populacional de 854 pessoas negras no que se refere ao estatuto jurídico das pessoas batizadas (escravas e não escravas) naquela localidade, entre 1840 e 1871. No primeiro grupo, os escravizados compõem 76,1% de todos os batizados. No segundo grupo estavam os livres, que somavam 23,1% e, por último, 0,8% de forros. Somente cinco pessoas adultas foram batizadas, sendo quatro crioulas e uma africana de Angola,[56] evidenciando a pouca presença de "africanos" batizados na freguesia e o significativo nascimento de escravos crioulos. Portanto, uma alta taxa de "crioulização" na freguesia, cuja criação ocorreu em 1840, já no final da primeira metade do Oitocentos, uma década antes de findar o tráfico internacional de escravos.

Dos que se batizaram entre 1840 e 1871 foram coletadas para a presente pesquisa 854 pessoas negras, que tinham o seguinte estatuto jurídico: 652 escravas (76,3% de todos os batizados), 194 livres (23,1%) e poucas de condição forra: somente oito (0,8%) casos, que formavam um pequeno grupo de bebês que receberam a carta alforria na pia batismal. Esses títulos foram conferidos na década de 1840 (três casos), na de 1850 (um caso), na de 1860 (três casos) e em 1870 (um caso). Portanto, escravos e livres formavam os dois grupos mais representativos numericamente.

Os dados de Santa Rita referem-se a um período de várias mudanças, como as ocorridas na última década da primeira metade do século XIX e duas décadas da segunda metade do mesmo século, cujos marcos estavam o fim do tráfico internacional e a intensificação do interprovincial e da aprovação da citada Lei Rio Branco, isto é, um período em que os proprietários de escravos da Paraíba passaram a vender intensamente seus escravos para o Centro-Sul e, cada vez mais, caminhava para a consolidação da ideia de que a extinção da escravidão deveria acabar nas décadas

---

56 Tratava-se de Gabriel, que tinha cerca de 20 anos, pertencente ao capitão João de Melo Azedo, batizado na década de 1840, LB Santa Rita, 1840-52, fl. 111, AEPB.

seguintes. Aos senhores cabia a adoção de medidas para repor e substituir a mão de obra escrava, utilizando talvez os "homens livres pobres", entre os quais se incluíam os negros. Dispondo esse livro de dados populacionais de uma freguesia rural da segunda metade do século XIX, esperava encontrar um maior número de pessoas pretas livres. Contudo, quando observei a pouca representação desse grupo e a expressiva classificação de escravos como pardo, fiz um levantamento em todos os livros de batismo de tal paróquia. No primeiro, de 1840 a 1853, detectei que havia sub-registro no que se refere à cor das crianças batizadas, pois os párocos e coadjutores só passaram a registrar a cor da pessoa ou dos pais de quem recebia o primeiro sacramento no ano de 1846. Portanto, nos seis primeiros anos, após a fundação da paróquia, as pessoas foram classificadas com base no estatuto jurídico, escravas ou livres. Além disso, os dados mostram que muitos dos que se batizaram em Santa Rita foram classificados como pardos livres. No mesmo livro aludido, de um total de 796 pessoas não brancas, sobre as quais se continha a indicação de cor ou origem, 497 (62,5%) foram identificadas como pardas, uma como "índio", as restantes, 298, foram coletadas para esta pesquisa, por serem pretos livres e escravos. Portanto, esses dois motivos, sub-registros da cor de batizandos e forte presença de pardos livres em Santa Rita, justificam a baixa frequência de batismo de pessoas de cor preta (livres).

Tabela 2.5: Pessoas negras batizadas na freguesia de Santa Rita, por condição jurídica e subperíodos, 1840-71

Subperíodos	Escravizadas	%	Livres	%
1840-1850	236	36,2	47*	24,2
1851-1871	416	63,8	147	75,8
Total	652	100,0	194	100,0

Fonte: LB Santa Rita (1840-1871), AEPB
* Até 1846 verificou-se a ausência da cor dos batizandos.

Ao comparar os dois subperíodos se obtém um número significativo de batismo de crianças escravas. O crescimento entre subperíodos foi de mais de 75%, apontando para uma alta taxa de fertilidade das mulheres escravas que tiveram filhos no período. Ao que indicam as fontes, muitas crianças sobreviveram. A afirmação é feita com base nos dados de óbitos[57] dessa freguesia, que trazem as seguintes informações: entre as décadas de 1840 e 1880: das 530 pessoas falecidas, um menor número era de crianças, 159 (30%) eram crianças de 0 a 7 anos, de diferentes segmentos sociais, entre as quais mais de 62% faleceu antes de completar um ano de idade. Entre os anos de 1841 e 1851, foram registradas 46 pessoas mortas, da quais apenas doze eram crianças escravas (0 a 7 anos), e nos seguintes, 1851 a 1871, foram catorze crianças cativas nessa mesma faixa etária. O aumento da mortalidade de crianças ocorreu nas duas décadas posteriores. Em 1870 foram 25 crianças ingênuas, todas mortas com menos de 1 ano de idade, no período da "grande seca".

Nos anos de 1840 a 1888, os dados sobre óbitos em Santa Rita também indicam que a mortalidade infantil nessa freguesia foi expressiva entre as crianças escravas e ingênuas. Nos anos de 1841 a 1888 morreram 356 pessoas escravas e ingênuas, com diferentes idades; dessas, 29,2% eram crianças (escravas e ingênuas) com até 7 anos, sendo que na faixa mais perigosa, menos de 1 ano, foram 18,5% falecidas. No segundo grupo mais atingido estavam os escravizados em idade produtiva, cuja perda esteve por volta de 37% dos crioulos. Percentual superior em mais de 15% aos que tinham mais idade, ou seja, aqueles com mais de 40 anos.

Os dados de óbitos mostram a inexpressiva presença de africanos na freguesia de Santa Rita no período referido. Eles representavam apenas 1,6% dos escravos mortos, e todos eram

---

57 Os registros de óbitos da freguesia de Santa Rita abordam o período de 1841 a 1888, disponíveis no AEPB.

adultos e idosos, indicando, provavelmente, a chegada na freguesia no início do século XIX. Além desses, mais oito africanos foram identificados: quatro deles eram forros, mas, dos outros, nada constava. Provavelmente também já tivessem se livrado do cativeiro pela obtenção da alforria. Ver Tabela 2.6.

Mesmo considerando as restrições das fontes, os dados de nascimento e mortalidade das crianças escravas e ingênuas da Zona da Mata da Paraíba – abarcando diferentes períodos do Oitocentos, e os exemplos citados –, se não se permite afirmar categoricamente a alta taxa de sobrevivência de crianças escravas e ingênuas, há indícios de que muitas sobreviveram e engrossaram o contingente populacional da Paraíba.

Tabela 2.6: Mortalidade de escravos e ingênuos, segundo idade, freguesias de Nossa Senhora das Neves e Santa Rita, no período de 1841 a 1888

	Até 1 ano	De 2 a 7 anos	De 8 a 14 anos	De 15 a 40 anos	Mais de 40 anos	NC Idade	Total
Nossa Senhora das Neves	133 35,1%	44 11,6%	20 5,3%	116 30,6%	60 15,8%	6 1,6%	379 100%
Santa Rita	66 18,5%	38 10,7%	17 4,8%	134 37,6	80 22,5%	21 5,9%	356 100%

Fonte: Livros de Óbitos de Nossa Senhora das Neves (1869-1881), Santa Rita (1841-1888), AEPB.

Por último, vale salientar que os dados mais abrangentes referentes à província – como os dos recenseamentos de 1872 e 1890 – mostram que a população de toda a Paraíba crescia e os resultados do primeiro informavam que a maioria tinha ascendência negra, eram 59%; quanto ao sexo, 190.114 eram homens e 186.112 mulheres. O Censo de 1890, apesar de não ter dados sobre a cor dos habitantes, demonstrava que população havia aumentado em cerca de 21,5% e já eram 457.232 habitantes (219.833 homens e 237.399 mulheres) na Paraíba.[58]

---

58 Conforme *Resumo histórico dos inquéritos censitários* realizados no Brasil (1986, p.182 e 186).

Na freguesia de Nossa Senhora das Neves também há indícios de proprietários que se beneficiaram de escravos nascidos sob a sua posse, a exemplo de Custódio Domingues dos Santos. Foram identificados 29 escravos no período de 1849 a 1888, dos quais, 21 (mais de 72,4%) nasceram na sua propriedade.

Cruzando as fontes, detectei nos livros de óbitos a morte de oito pessoas (quatro crianças e quatro adultos) desse mesmo senhor. Três dos bebês tinham menos de 1 ano de idade, e um estava com mais de 3 anos; dois deles morreram nos anos da "grande seca". Apesar de não dispor de dados dos que morreram entre 1849 e 1868, os números indicam que muitos dos bebês escravos e ingênuos sobreviveram. O mesmo se configurou com os escravos pertencentes a Simplício Narciso de Carvalho, que entre 1857 e 1874 possuía 69 escravos. Desses, 39 eram filhos de suas escravas. No período de 1869 a 1875, dos sete escravos que faleceram, apenas dois eram bebês, mas por haver sub-registros, algumas outras mortes devem ter ocorrido, sobretudo no triênio da "grande seca", atingindo outros escravos.

Outro caso ilustrativo ocorreu nas propriedades do comendador Manoel Maria Carneiro da Cunha, dono de dois engenhos (Una e Tibiri), localizados na freguesia de Santa Rita, que tinha uma população escrava de 59 indivíduos – crianças e adultos –, todos identificados nos livros de batismo. Entre os adultos, estavam três mães naturais e quinze famílias nucleares que tiveram 26 crianças entre 1835 e 1854. Dessas crianças que nasceram, considerando-se os registros de óbitos, foram identificados apenas três escravos falecidos, todos adultos e pertencentes a Carneiro da Cunha. Mesmo assim, creio que algumas crianças devem ter falecido, mas, por algum motivo, não constam nos registros de óbito, que abrangem quase todo o período de nascimento das crianças desse senhor de engenho.

As análises nas fontes paroquiais das três freguesias indicaram, primeiro, que a população escrava tinha um significativo número de pessoas com a cor parda e, segundo, foi expressiva a presença de mulheres escravas e o nascimento de crianças. Esses aspectos levaram-me a levantar a suposição de que senhores paraibanos podem ter se beneficiado desses nascimentos para manter o sistema escravista, assim como o crescimento natural[59] pode ter sido um dos caminhos utilizados por eles para minimizar a alegada falta de mão de obra.

Reprodução natural em áreas de agricultura de exportação?: uma hipótese

Com o intuito de investigar a importância do crescimento natural na Zona da Mata da Paraíba, reduzi a escala de observação. Assim, verifiquei o impacto do nascimento de crianças escravas e ingênuas no interior das propriedades rurais e urbanas, bem como observei os óbitos ocorridos nas unidades produtivas das três freguesias em estudo. Esse procedimento possibilitou a recuperação do nascimento de crianças por proprietário, que foram batizadas.

Como nasceram muitas crianças escravas e ingênuas nas freguesias da Zona da Mata, elas poderiam ter sido uma das estratégias utilizadas pelos senhores na reposição da mão de obra escrava, visando dispor de trabalhadores nas lavouras de cana-de-açúcar. O outro aspecto que reforça tal suposição ocorreu com o desenvolvimento da pesquisa, quando constatei que muitos homens e mulheres cativos foram classificados como pardos.

Após pesquisa nos livros de batismos, casamento e óbito das três freguesias em estudo, destaco alguns dos aspectos interessantes relacionados à reprodução escrava. O primeiro refere-se à alta taxa de mestiçagem encontrada entre brancos e negros. No período de 1833 a 1888, na paróquia de Nossa Senhora da Neves, dos 1.421 cativos batizados, a maior parte era crianças, 1.372 (ou 96,5%); portanto, de origem crioula. Dessas pessoas crioulas,

---

59 O tema da reprodução natural entre os cativos brasileiros tem sido objeto de vários estudos, que destacam algumas áreas específicas do império do Brasil, como freguesias das províncias do Paraná, por Gutierrez (1988); de Minas Gerais, por Botelho (1998); e do Rio de Janeiro, por Sampaio (1998).

46,1% foi classificado como mestiço, isto é, resultantes das relações de indivíduos brancos e pretos, entre os quais predominavam os pardos (44,5%), seguidos dos chamados cabras (1,3%), dos mulatos (0,2%) e dos semibrancos (0,1%). Os ditos simplesmente crioulos eram 18,7%, e os pretos, 15%. Apesar de haver 19,2% de assentos batismais sem trazer a cor da pele do batizando, havia a indicação do nome da mãe e/ou do pai, o que permite inferir que haviam nascido na capital, ou seja, eram crioulos. Esse significativo percentual sem a indicação da cor mostra que havia sub-registro das pessoas batizadas. Contudo, não há dúvida da forte presença de indivíduos pardos e crioulos na população dessa freguesia. Outro dado interessante a registrar é que essa população tinha um equilíbrio sexual: eram 680 meninos e 691 meninas.

Em Livramento e Santa Rita identifiquei também a presença significativa de crianças pardas com a condição de escravizadas. Em Livramento, freguesia que iniciou seu funcionamento em 1814, no período de 1814 a 1884 foram 487 pessoas batizadas (crianças e adultos); houve dificuldades de apurar a cor de mais de 60% das pessoas batizadas. Mas, das que foram identificadas (40%), 33,9% estavam explicitamente indicadas como mestiças (pardas, 32,9% e cafuzas, 1,0%). Entre as restantes estavam as africanas (20,7%), as pretas (43,9%) e as crioulas (1,5%). Essa freguesia teve uma população mais "escura" do que a da capital, pois 66,1% eram pretos, crioulos e africanos contra 33,9% de mestiços.

Em Santa Rita, freguesia cuja fundação da igreja matriz é do ano de 1839, formada por área mista, rural e urbana, onde os padres seguiram a regra eclesiástica e, quase sempre, colocavam a cor das pessoas batizadas, das 652 crianças que receberam o primeiro sacramento, no período de 1840 a 1871, 77,5% tiveram a cor indicada, dessas 41,7% eram pardas; 32,5% foram indicadas como pretas; um pequeno grupo (3,3%) recebeu diferentes classificações como cabras, crioulos, africanos, índio e negro e o restante (22,5%) não teve indicação sobre a origem/cor.

Na Tabela 2.7 foram agregados os dados das três freguesias – 2.560 crianças e adultos batizados e escravizados – e é possível observar a taxa de 36,9% de pardos na população escrava e mais 1% de mestiços com outras denominações, entre eles os mulatos (0,1%); cabras (0,8%); cafuzos (0,07%); semibrancos (0,07%) e mamelucos (0,03%) e os ditos pretos somavam 19,6% dos cativos. Entre os "mais escuros" tem-se ainda os nomeados como crioulos (10,6%) e africanos (3,4%). Não se pode deixar de destacar que 28% das pessoas batizadas não receberam uma designação, portanto, há grande probabilidade de a população parda escravizada ter sido maior. Mas, de qualquer maneira, os dados mostram um total de 37,9% de pessoas com variedade de mestiçagem e média de 95% de indivíduos de origem crioula.

Tabela 2.7: População escravizada por cor e/ou origem, das freguesias de Nossa Senhora das Neves, Livramento e Santa Rita, nos anos de 1814 a 1888

Origem/cor	NS das Neves	Livramento	Santa Rita	Total	Percentual
Preta	206	84	212	502	19,6%
Parda	611	63	272	946	36,9%
Mulata	03	00	00	04	0,1%
Cabra[60]	18	00	05	23	0,8%
Crioula	257	03	13	273	10,6%
Africana	49	39	01	88	3,4%
NC	274	296	147	717	28,0%
Mameluca	01	00	00	01	0,03%
Cafuza	00	02	00	02	0,07%
Índia[61]	00	00	01	01	0,03%
Semibranca	02	00	00	02	0,07%
Negra	00	00	01	01	0,03%
Total	1.421	487	652	2.560	100,0%

Fonte: Livros de batismo das paróquias de Nossa Senhora das Neves (1833-88), de Livramento (1814-84) e de Santa Rita (1840-71), AEPB.

---

60 As crianças batizadas que receberam como cor "cabra", geralmente eram filhas de mulheres com ascendência negra – parda ou preta.
61 A criança "índia" – Delfina – consta no Livro de Batismo de Santa Rita, 1840-52, fl. 98, com condição escrava, tinha como proprietário Cipriano José Freire e sua mãe era a escrava Alexandrina.

Cruzando as informações para descobrir a procedência dos pais e das mães dos escravizados batizados nas três freguesias, surge o seguinte quadro: nas três freguesias, no universo dos pais, evidencia-se a restrita presença de homens africanos. Apenas três homens foram designados como pais de crianças e identificados como "gentios d'África" na capital, e nenhum nas outras duas freguesias; isto é, todos eles foram elencados nos grupos dos nascidos em território brasileiro.

Com relação às mães, em 738 registros havia indicação da origem delas. A maioria era nascida no Brasil. As mulheres, denominadas pretas, crioulas, pardas, cabras, mulatas e negras, somavam 94,7% (ou 699), enquanto apenas 39 (5,3%) vieram da África e foram nomeadas de nagô, gentio, mussumbi, angico e d'África. Nas freguesias rurais, Santa Rita e Livramento, nenhuma mãe foi classificada como de origem africana. Na primeira área rural, o número de mães era de 76 e na segunda, 150. A todas elas foram atribuídas às seguintes cores: preta, parda ou crioula. Ainda sobre as mães, nas três freguesias a maioria delas teve filhos naturais,[62] somente uma criança não teve a mãe indicada.

Após a análise da origem/cor dos escravizados nas três freguesias, vejamos uma amostra com os proprietários, as mães e as crianças escravas. Desse modo, será possível perceber e reforçar a ideia de que o nascimento de crianças foi importante para a sobrevivência do sistema escravista nessa região. Ao realizar a reconstituição das famílias escravas, observei os casos de proprietários que batizaram crianças por mais de duas décadas para

---

62 No Oitocentos, os párocos seguiam as disposições das CPAB (1853) e, geralmente, nomeavam os filhos de mães e pais solteiros de "filho natural". Na atualidade, historiadores costumam fazer uso das expressões "ilegítimo" e "bastardo". Nesta pesquisa, prefiro utilizar o termo "filho natural", por entender que as duas últimas expressam um juízo de valor extremamente negativo, que desqualificam as pessoas que formaram prole sem receber a bênção da Igreja Católica. Além disso, na documentação pesquisada, os filhos de mães solteiras eram assim designados pelos párocos.

perceber, sobretudo, quais meninas sobreviveram e se tornaram mães, pois dessa forma estariam favorecendo seus donos com um potencial de mão de obra. Alguns casos foram escolhidos para exemplificar essa situação, na qual constam famílias escravas que mostraram a importância do crescimento endógeno na freguesia da capital. Considerando a freguesia mais populosa, a de Nossa Senhora das Neves, obtive os seguintes dados: 32 proprietários; 327 crianças escravas ou ingênuas; 73 mães escravas e 17 pais escravos. De maneira que foi possível perceber a alta frequência de nascimento de crianças no interior das unidades produtivas e das residências dessa freguesia (Botelho, 1998). Esses números indicam que o arranjo familiar mais comum era o composto pela mulher e pela criança, família monoparental.

Seguem alguns exemplos de proprietários de mães escravas com filhos naturais. Antônio Barbosa Aranha da Fonseca, entre os anos de 1860 e 1883, teve dezoito crianças batizadas na Matriz de Nossa Senhora das Neves, sendo sete de mulheres solteiras e nenhuma casada (LB Santa Rita, 1840-52, fls. 66 e 108). Duas delas, Felipa e Maria, geraram cinco filhos cada uma; Eufrázia teve três filhos; já Romualda teve dois (um deles faleceu, conforme LO Nossa Senhora das Neves, 1877-78, fl. 258, AEPB), e outras três mulheres, Izabel, Paula e Paulina, um filho cada. Essas crianças nasceram nas seguintes décadas: em 1860 foram seis crianças; na seguinte, foram nove, e na última, 1880, quando foram considerados apenas três anos, nasceram três ingênuos. Acredita-se que essa foi uma das estratégias utilizadas por esse senhor para enfrentar a alta de preço dos escravos e mesmo as dificuldades econômicas pelas quais sempre passou a província paraibana.

Há outros senhores, donos de poucas escravas, que tiveram a ampliação da propriedade com o nascimento de crianças. Como ocorreu na propriedade de Antônio Furtado da Mota, onde duas de suas escravas – Carolina e Marcolina – levaram à pia batismal cinco crianças. A primeira teve uma filha e a outra quatro crianças (LB Nossa Senhora das Neves, 1871-88, fls. 35, 42, 54, 68 e 72).

Antônio de Souza Carvalho foi outro senhor que teve um bom aumento da propriedade escrava, pois apenas uma única escrava, Joana, tornou-se mãe de seis crianças, quatro delas resultantes de gestações de gêmeos, fato ocorrido entre 1867 e 1879 (LB Nossa Senhora das Neves, 1863-68, fl. 150; LB Nossa Senhora das Neves, 1868-71, fl. 131; LB Nossa Senhora das Neves, 1871-88, fls. 21 e 40, AEPB). Completando esse quadro, seis donos, que tiveram sob sua posse até três mulheres escravas, beneficiaram-se com as crianças geradas por elas, que variaram de cinco, no mínimo, e nove, no máximo.

Domingos José Gonçalves Chaves tinha em sua unidade produtiva pelo menos duas famílias escravas, uma monoparental e uma legítima. A primeira era formada por Joana e suas filhas Camila e Tereza. Sobre a legítima, a partir da junção de fontes, registro de batismo da freguesia da capital com cartas de alforria, contidas em Livro de Notas, obtive dados informando que ela tinha três gerações. O casal composto por Fernando e Maria (ambos designados como procedentes de Angola), tiveram três filhas e dois filhos (Maria, Ana, Ponciano, Benta e Joaquim), e como netos, no mínimo, duas crianças, Bento e José, filhos de Benta (Livro de Notas-1841-1846, fls. 77 a 83, IHGP). As três gerações familiares compunham-se, portanto, de nove pessoas. Certamente, os laços no cativeiro devem ter sido importantes para amenizar as dificuldades cotidianas, como no caso de um relacionamento de avô/avó com filho/filha e neto/neta. O grupo de escravos de Domingos José era formado, especialmente, por adultos (oito), mas havia quatro crianças (Camila, Tereza, Bento e José), todas nascidas de duas escravas do mesmo dono, as mencionadas Joana e Benta. Provavelmente, as crianças passavam a significar riquezas para seus donos e herdeiros.

Por fim, há ainda mais uma família escrava, com três gerações, que foi registrada na unidade produtiva de Antônio Soares de Pinho, a qual foi iniciada por Luiza, uma parda solteira, que teve duas filhas, Juliana e Margarida, que, por sua vez, deram à Luiza, pelo menos, três netos – Joana, Maria e Cassiano (LB de Nossa Senhora das Neves, 1833-41; 1850-57 e 1857-63). Mais duas mulheres adultas foram identificadas sob a posse desse senhor e de seus herdeiros. Elas tiveram um total de nove crianças, em três décadas.

Também é significativo como se deu a formação de mão de obra no interior de alguns engenhos e sítios das freguesias mencionadas, cujos resultados fortalecem a hipótese da importância dos nascimentos de crianças escravas para a sobrevivência da escravidão, se não em toda a província da Paraíba, ao menos na parte da Zona da Mata.

João José Botelho, dono do Engenho Marés (freguesia de Nossa Senhora das Neves), genro do importante político e senhor de engenho Manoel Maria Carneiro da Cunha, também tinha por costume batizar as crianças cativas nascidas na sua propriedade. Entre as décadas de 1840 a 1880, 24 crianças batizadas foram identificadas. Elas tinham a condição de escravas ou ingênuas. Dessas, pelo menos três, Benedita, Estefânia e Rosa, nasceram no engenho referido, entre 1840 e 1850, e, duas décadas depois, procriaram e beneficiaram seu dono. Foram seis crianças, três delas nasceram após setembro de 1871. Eram, portanto, ingênuas. No ano de 1859, o dono do imóvel o colocou à venda. Nos jornais da capital, esse engenho era descrito como distante da cidade "uma légua", com capacidade das terras – safrejar – mil pães de açúcar anuais, possuía "pés de coqueiro, *alguns escravos moços* de boa enxada, mestre de açúcar e carreiro sem vício" e era banhado por um "excelente rio, sempre corrente, de água potável e com boa proporção para sustentar um engenho de água" (*A Imprensa*, 1859, BN /RJ) (grifos meus).

Os "escravos moços" mencionados poderiam ser os cativos que nasceram no próprio engenho? Há boas possibilidades de que a resposta seja afirmativa, pois considerando as mulheres e os homens escravos batizados entre 1840 e 1860 têm-se seis pessoas – José, Guilherme, Rosa, Regina e duas com nome de Benedita, constam registradas no livro de batismo. Mas, apesar das qualidades do engenho – com bons e jovens escravos, novos equipamentos e provido de recurso natural, como o rio Marés – segundo o livro de registro de batismo, até 1887, o major João José Botelho não havia conseguido vendê-lo. Todavia, o engenho continuava a produzir, certamente em razão da exploração da mão de obra de escravos e de ingênuos nascidos em tal unidade de produção.

Para investigar a reprodução natural na capital, analisei, ainda, a população escrava do "maior produtor de alimentos" (verduras, frutas e cereais) da cidade da Parahyba: Simplício Narciso de Carvalho. Um "homem de cor", dono de diferentes propriedades – sítios, casa residencial – na capital e na freguesia de Santa Rita, que tinha por hábito batizar as crianças escravas, por isso houve condições de reconstituir aspectos das famílias escravas formadas nas suas propriedades, entre os anos de 1848 a 1874, resultante da reprodução natural das mulheres que lhe pertenciam.

Foram identificadas 39 crianças escravas sob sua posse, entre os anos de 1848 a 1874. Isso significa que em pouco mais de duas décadas, período durante o qual havia cessado o tráfico externo e estava em pleno vigor o tráfico interprovincial, crianças continuavam a nascer do ventre escravo. Elas foram geradas por dezesseis mães escravas, a maioria de filiação natural (onze), e como apenas cinco delas se casaram na igreja, foram identificados, portanto, cinco pais. Das crianças que aparecem nos registros de batismo, 38 nasceram e viviam nas propriedades de Simplício Narciso de Carvalho. A outra, a trigésima nona, era Verônica, de seis meses de idade que, junto com sua mãe (Rufina), foi doada aos parentes de seu dono, em 1857. No caso de doação, a legislação previa que a posse continuava nas mãos do senhor doador, sobretudo no momento de abertura de espólio.

Além de Verônica e sua mãe, o escravo Albino ("preto de nação" de 35 anos) e um sítio (denominado Cruz do Peixe) consta na escritura de doação de bens que Simplício Narciso de Carvalho fez a seus parentes (sogro, sogra e cunhadas), no ano de 1857 (Livro de Notas – 1851-56, fls. 75-76, IHGP). As mudanças na vida dos escravos envolvidos em tais "negócios" devem ter-lhes causado transtornos e sofrimentos, como a separação de familiares e de parentes espirituais. Rufina, por exemplo, era mãe de outra criança (Benedito), madrinha de Felipe e comadre de Florinda, moradores de uma das propriedades do referido senhor (LB Nossa Senhora das Neves, 1857-63, fl. 105, AEPB). Todas essas pessoas, escravas de Simplício Narciso de Carvalho, constam na Tabela 2.8, encontrada nos livros de notas e nos de batismos, da capital e das freguesias de Livramento e Santa Rita. Com o objetivo de conhecer o parentesco espiritual existente entre as pessoas que viviam nas propriedades do referido proprietário, relacionei os homens e as mulheres que foram padrinhos e madrinhas, respectivamente.

Para evitar superposição, separei os que já haviam sido mencionados como pais ou mães e agreguei os que não tiveram filhas ou filhos batizados. Dessa maneira, mais três homens e uma madrinha foram identificados. Nos livros de óbitos de duas freguesias, a de Nossa Senhora das Neves e a de Santa Rita, foram encontrados seis indivíduos falecidos, sendo que duas mulheres, por já estarem no grupo de mães (Maria e Mônica), não foram contabilizadas; os outros eram quatro homens (Joaquim, Caetano, Izeo e Severino) – apenas eles foram acrescentados ao grupo de escravos de Simplício. Toda essa população escrava (39 crianças e 30 adultos), sob a posse de Simplício Narciso de Carvalho, somou 69 pessoas, identificadas em diferentes fontes históricas,[63] mostrando uma população crioula e com prevalência

---

63 A família nuclear, composta pelo casal Leonor e Honorato e um filho, Eusébio (Livro de Batismo Santa Rita, 1852-56, fl. 6, AEPB.), pertencia a Simplício Narciso de Carvalho, mas foram batizados em Santa Rita, no engenho Outeiro (5 de setembro de 1852), pertencente a José Narciso de Carvalho, pai de Simplício. Esse dado reforça a suposição de que Simplício passou a

de crianças nascidas nas próprias unidades de produção, conforme tabela a seguir:

Tabela 2.8: Escravos de Simplício Narciso de Carvalho, por sexo e faixa etária (1857-74)

Sexo	Adultos	Crianças	Total
Masculino	13	24	37
Feminino	17	15	32
Total	30	39	69

Fonte: Ver nota.[64]

A despeito dos inúmeros batismos realizados na capela da Fazenda Boi-Só, uma das propriedades de Simplício Narciso, ele não apadrinhou nenhuma criança escrava. Numa única oportunidade, em 1860, apareceu como padrinho de uma criança negra na então povoação de Cabedelo, quando participou do batismo de Ambrósia, filha legítima de Gertrudes do Espírito Santo e de Joaquim Francisco do Nascimento, todos pretos livres. A madrinha não foi sua esposa, mas uma mulher livre, chamada Cândida Maria da Conceição (Livro de Batismo Nossa Senhora das Neves, 1863-68, fl. 123, AEPB).

Os dados levam a destacar que, na população escrava de Simplício Narciso de Carvalho, a continuidade de nascimento de crianças possibilitava a manutenção do trabalho escravo,

---

administrar seus bens e escravizados no final da década de 1850, sendo que suas atividades foram ampliadas para a cidade da Parahyba, onde, no ano de 1857, foi batizado o seu primeiro escravo.

64 São vários os documentos nos quais estão registrados crianças, mulheres e homens escravizados de Simplício Narciso de Carvalho, a saber: LB Nossa Senhora das Neves, dos anos de 1857-63 (fls. 5, 24, 57, 105 e 136). Nos dos anos de 1863-68, nas fls. 12, 27, 64, 101 e 159, e nos de 1868-71, nas fls. 55, 56, 225 e 226. Nos LB de Santa Rita, nos anos de 1840-52, nas fls. 91, 114 e 126; nos anos de 1852-56, nas fls. 6 e 14, e no LB de 1852-64, fl. 9. No LO Nossa Senhora das Neves, 1869-72, nas fls. 7, 19, 21, 43, 46 e 82, todos do AEPB. Sobre origem étnico-racial de Simplício Narciso de Carvalho, ver Rodriguez (1994).

com base no crescimento vegetativo da população escrava no interior dos engenhos e sítios, como se deu nas propriedades desse senhor. Certamente, do grupo das 39 crianças, sairiam os seus (prováveis) trabalhadores rurais e domésticos de Santa Rita e da capital.

Observando outra propriedade rural, o Engenho da Graça, pertencente a José Luiz Pereira Lima, localizado também na capital da província da Paraíba, foi possível acompanhar quatro décadas do Oitocentos, iniciando em 1835 até 1875. O grupo das crianças batizadas era composto de 31, sendo que a maioria, 27, estava em nome de José Luiz Pereira Lima, e as demais em nome de seu filho homônimo. Ele era dono do engenho e foi um dos poucos negociantes[65] existentes na província. Como se fez com Simplício Narciso de Carvalho, as evidências sobre esse dono de escravos permitem observar as estratégias senhoriais para a formação de um contingente de mão de obra escrava, com base na reprodução endógena (ver Tabela 2.9).

Em novembro de 1835, época em que aparecem os primeiros registros batismais referentes às crianças escravas, e momento em que provavelmente iniciava a organização do seu engenho, Pereira Lima tinha mulheres e homens escravos, crioulos e africanos, adultos e crianças. Em três meses – entre agosto e novembro de 1835 – levaram-se à pia duas crianças nascidas no engenho (Margarida e Bernardo), e outros quatro foram adquiridos no mercado externo, duas mulheres e dois homens: as adultas, Rita ("de nação") e Luiza ("mina"), e dois africanos, indicados como "mina", Gonçalo e Lourenço (LB Nossa Senhora das Neves, 1833-41, fls. 34-35, AEPB).

---

65 A empresa de José Luiz Pereira Lima levava o seu nome, acrescido de Companhia. Duas referências a ela foram encontradas no Livro de Notas, 1856--61, fls. 116-17 e fl. 123, IHGP. Ambas eram escrituras de hipoteca, sendo a empresa JLPL & Cia a hipotecária. Os hipotecantes costumavam oferecer escravos para garantir os empréstimos.

A entrada de novos cativos vindos da costa litorânea da África ocorreu somente 18 anos mais tarde, em 1853. Nessa segunda compra, José Luiz Pereira Lima escolheu apenas homens, Bernardo, cabundá e dois Antônios, um quiçamã e outro angico (LB Nossa Senhora das Neves, 1850-57, fl. 119, AEPB). O restante dos trabalhadores escravos desse engenho eram mulheres e homens crioulos, que contribuíram, ao longo de suas vidas, para o crescimento da população de tal senhor.

A respeito das duas escravas africanas mencionadas, talvez apenas uma delas, Luiza, tenha sido mãe, visto que, em 1862, uma mulher com esse mesmo nome batizou uma menina (Salustina). Entre os anos de 1835 a 1846, outra mulher, a africana Maria, que estava em fase reprodutiva, teve seis crianças: Margarida (1835), Vitorino (1836), Isabel (1839), Cipriano (1840) e as gêmeas Cosma e Damiana (1846). Passados menos de 20 anos, com exceção de Margarida, três delas voltam a aparecer no livro de batismo e tiveram um total de nove crianças, uma delas de condição ingênua. Assim, considerando a família monoparental iniciada por Maria (seis filhos e nove netos), foram identificadas dezesseis pessoas de três gerações, um número bastante expressivo, num período em que a propriedade escrava passava pela sua maior alta, apontando a ampliação dos cativos (LB Nossa Senhora das Neves, 1833-41; 1846-50; 1857-63, AEPB)

Outras escravas também tiveram filhos e, no período de 40 anos, os Pereira Lima sempre puderam contar, ao menos potencialmente, com mão de obra para o trabalho agrícola. Além disso, a própria posse de tais crianças deve ter contribuído para o aumento da fortuna dos donos do Engenho da Graça, a exemplo de Manoela, que teve sete filhos, entre os anos de 1851 a 1875. Os dois primeiros filhos foram registrados como naturais, mas, depois, Manoela se casou com Manoel Gomes, tendo outros cinco filhos, portanto, eram legítimos. Pelo fato de a mãe-escrava repetir os nomes das crianças – José e Josefa – suponho que, pelo menos, quatro deles faleceram, pois, a cada batismo, havia insistência de batizar as crianças com os dois nomes citados. Uma última informação referente à escrava Manoela foi a sua morte, ocorrida em 1877.[66]

Tabela 2.9: Escravos de José Luiz Pereira Lima, por sexo e faixa etária (1835-75)

Sexo	Adultos	Crianças	Total
Masculino	12	16	28
Feminino	07	15	22
Total	19	31	50

Fonte: Livro de Batismos da freguesia de Nossa Senhora das Neves – 1833-88, AEPB.

A população escrava encontrada no Engenho da Graça mostrou-se equilibrada sexualmente: entre as crianças que lá nasceram foram dezesseis meninos e quinze meninas. Pelo menos três das meninas nascidas nesse engenho foram mães e contribuíram para o aumento do número de escravos da família Pereira Lima. Entre as três meninas identificadas que tiveram filhos, todas eram filhas de Maria: Cosma (um bebê, Merência), Izabel (dois filhos, Daniel e Florentino) e Damiana (três crianças, Clara, Justa e Francisco). Como se percebe, a reprodução natural teve um grande impacto no interior do Engenho da Graça, talvez por iniciativa de seu dono, que viu a alternativa de enfrentar as dificuldades para adquirir mulheres e homens escravos provenientes da África Atlântica.

Ao contrário do que ocorreu com Simplício Narciso de Carvalho, que não apadrinhou nenhum dos filhos de suas escravas,

---

[66] Conforme as atas batismais no LB de Nossa Senhora das Neves, 1850-57, fls. 38 e 168, AEPB. Na década de 1860, Manoela se casou formalmente com Manoel Gomes, e os dois batizaram quatro crianças: duas, de condição escrava, cujos assentos estão no LB Nossa Senhora das Neves, 1863-68, fl. 33 e no LB Nossa Senhora das Neves, 1868-71, fl. 136; uma forra (no LB Nossa Senhora das Neves, 1863-68, fl. 126) e uma ingênua (Nossa Senhora das Neves, 1871-88, fl. 17), todos nos AEPB.

José Luiz Pereira Lima batizou três das crianças nascidas em sua propriedade. Os seus afilhados foram batizados em diferentes anos: Vitorino, filho de Maria, em 1836; Laurinda, filha de Josefa Maria da Conceição, em 1847; e Feliciana, filha de Manoela, em 1854 (LB Nossa Senhora das Neves, 1833-41, fl. 63 e LB Nossa Senhora das Neves, 1846-50, fls. 83 e 168, AEPB).

Essa última escolheu também o filho do senhor, Manoel Luiz Pereira Lima, para batizar sua outra filha, Josefa (forra),[67] em 1866.

Considerando as evidências nos registros de batismos, nota-se, no início da década de 1850, que o engenho estava habitado por quatro mulheres na idade produtiva, cerca de dezessete jovens e crianças e por, no mínimo, quatro homens adultos,[68] talvez já envelhecidos, daí a iniciativa de se incorporarem à propriedade escravos do sexo masculino, em 1853. Para confirmar a hipótese de envelhecimento, nos Livros de Óbito de Nossa Senhora das Neves constatei que entre 1879 e 1881 faleceram três homens cativos, com idade de 70 a 85 anos (LO Nossa Senhora das Neves, 1877-78, fl. 51, AEPB; LO Nossa Senhora das Neves, 1878-79, fls. 215 e 233, AEPB). Fazendo um recuo de até 20 anos, esses homens, na década de 1850, tinham cerca de 50 a 60 anos, uma idade avançada para a época e, tratando-se de escravos, que cumpriam exaustivas e pesadas cargas de trabalho, deveriam estar debilitados.[69]

---

67 Será que Manoela escolheu o filho do dono do Engenho da Graça com interesse em obter a liberdade de sua filha Josefa? Nada há na documentação informando, contudo, a criança foi batizada como forra, conforme consta no Livro de Batismo Nossa Senhora das Neves, 1863-68, fl. 126, AEPB.
68 Gonçalo apareceu, pela segunda vez, no livro, em 31 de julho de 1864, como padrinho de Merência, filha de Cosma, conforme LB Nossa Senhora das Neves, 1863-68, fl. 46, AEPB.
69 Conforme Livro de Notas, 1841-46, fls. 129-131, IHGP, em 13 de março de 1846, José Luiz Pereira Lima comprou o escravo crioulo Joaquim, de cerca de 22 anos, pela quantia de 350$000 réis, vendido por Genoveva Cândida da Rocha, que também era dona da mãe desse escravo. Indicava, assim, a separação de uma mãe escrava do seu filho.

Se a reprodução natural poderia ser um componente econômico para o proprietário do escravo – a exemplo do que apontam Florentino e Góes (1997) –, para o escravizado poderia ser uma oportunidade de manter seus vínculos familiares. No próprio Engenho da Graça identificou-se o núcleo familiar iniciado pela africana Maria, que deve ter convivido com filhos/filhas e netos/ netas, além de tios/tias, sobrinhos/sobrinhas e outros. O parentesco espiritual também esteve presente – quatro mães se tornaram comadres de homens escravos do próprio Engenho da Graça. Assim, em 1849, Domingos tornou-se padrinho de Tibúrcio e compadre de Delfina (LB Nossa Senhora das Neves, 1846-50, fl. 174, AEPB). Em 1858, o mesmo se deu com Antônio, padrinho de Faustino, filho de Joana (LB Nossa Senhora das Neves, 1857-63, fl. 26, AEPB); Cosma, em 1864, firmou o parentesco ritualístico com Gonçalo, seu compadre e padrinho de sua filha Merência (LB Nossa Senhora das Neves, 1863-68, fl. 46, AEPB) e, 2 anos antes, em 1862, o escravo Antônio batizou Clara, filha de Damiana (LB Nossa Senhora das Neves, 1857-63, fl. 112, AEPB).

Por fim, uma última observação sobre o proprietário do Engenho da Graça, José Luiz Pereira Lima; homem ligado ao mundo rural e ao urbano, como negociante, deveria conhecer as formas de se adquirir escravos da Costa da África. Contudo, segundo as evidências, somente fez aquisição de africanos em dois momentos, ao longo de quatro décadas, em que esteve à frente da administração de seu engenho, tendo se beneficiado com a reprodução no interior de sua propriedade, e essa pode ter sido uma das estratégias para mantê-la em funcionamento.

Nas duas freguesias rurais – Santa Rita e Livramento – dois senhores tiveram um expressivo número de escravas e escravos batizados. Um deles, o comendador Manoel Maria Carneiro da Cunha, dono de dois engenhos (Una e Tibiri), localizados nas freguesias de Santa Rita e Livramento, tinha uma população escrava de 59 indivíduos – crianças e adultos –, todos identificados nos livros de batismo. Entre os adultos, estavam três mães naturais e quinze famílias nucleares que tiveram 26 crianças entre 1835 e 1854. Dessas crianças que nasceram, considerando-se os registros de óbitos, foram identificados apenas três escravos falecidos, todos adultos e pertencentes a Carneiro da Cunha. Ele foi um dos poucos que teve uma população escrava com significativo número de famílias legítimas/nucleares, a maioria sacramentada pela Igreja, pois, de dezoito famílias identificadas, em quinze, houve indicação do nome do pai da criança. Vejamos, nos livros de casamento de Livramento e Santa Rita, os casais que seguiram as orientações tridentinas e se casaram na Igreja. Os dezesseis casamentos realizados na paróquia de Livramento foram celebrados na década de 1820 (um total de quinze dos dezesseis) e 1830 (apenas um dos dezesseis). Em Santa Rita, houve seis celebrações, todas ocorridas na década de 1850; desses matrimônios, com exceção de oito, a maioria foi celebrada nas capelas dos engenhos Tibiri (Nossa Senhora do Rosário) e Una (São Gonçalo). Entre os oito casais que preferiram contrair matrimônio na Matriz de Livramento estava o formado por Zacarias e Gertrudes. Não se sabe o motivo que os levou a essa preferência, pois no ano anterior já havia se realizado o primeiro casamento na capela de São Gonçalo.[70] Desses casamentos resultaram o nascimento de 24 crianças. De famílias monoparentais havia duas crianças. Na Tabela 2.10 consta a população do referido proprietário:

Tabela 2.10: Escravos de Manoel Maria Carneiro da Cunha, por sexo e faixa etária (1814-84)

Sexo	Adultos	Crianças	Total
Masculino	15	11	26
Feminino	18	15	33
Total	33	26	59

Fonte: Livros de Batismo da freguesia de Livramento – 1814-84, AEPB.

---

70 O primeiro registro de casamento de escravos pertencentes a Manoel Maria Carneiro da Cunha referia-se ao enlace de Joaquim e Rosa, ambos eram "Angola", realizado em 26 de janeiro de 1829, na Capela de São Gonçalo, localizada no Engenho Una. Conforme LC Livramento, 1814-50, fl. 61, AEPB.

Outro grupo de escravos pertencia a Joaquim Gomes da Silveira e seus herdeiros, no qual foram identificadas 24 crianças nascidas em dois engenhos (Gargaú e do Meio), mas, em apenas cinco famílias, os pais se fizeram presentes – a chamada família legítima. A maioria dessas crianças pertencia à família monoparental, sobretudo com a vinculação de mãe e criança. Todos os escravizados – mulheres, crianças e homens – somavam 41 pessoas.

Das 23 crianças (dezenove naturais e cinco legítimas) nascidas nas propriedades de Gomes da Silveira, e que se obteve a data de nascimento, um maior número veio ao mundo nas décadas de 1860 (sete) e 1870 (seis), e ainda na segunda metade do século XIX nasceram três na década de 1850. Antes disso, nos anos de 1830, época em que possivelmente esse senhor iniciava a formação da população escrava de seus engenhos, foi identificado apenas um bebê e, na década seguinte, nasceram seis. Houve apenas uma menina, Paula (filha de Baldoína), de quem não obteve a data de nascimento; porém, ela parece ter sido a primogênita da escrava referida e deve ter nascido no final dos anos de 1850.

Assim, as análises dos dados indicam o significativo nascimento de crianças no interior das unidades produtivas e das residências. Esse crescimento endógeno, se não foi suficiente para preservar o sistema, deve ter beneficiado seus donos. Além disso, revela um aspecto interessante da população escrava das três freguesias: a forte presença de crianças, mulheres e homens de condição escrava, nascidos na própria província. Contudo, esses são alguns indícios da reprodução natural encontrada em freguesias de uma área de agroexportação do norte do Império. Mas, para confirmar tal hipótese, são necessárias mais pesquisas sobre a província da Paraíba.

Por fim, os dados populacionais da capitania da Paraíba – 1762-3, 1798 e 1811 – indicaram o crescimento da população negra e mesmo escrava, principalmente entre os últimos anos do século XVII e início do XIX. Ainda nesse grupo, foi possível observar mudanças com relação à cor dos escravizados, pois em 1811 os pardos superaram os pretos e passaram a representar 77,8% dos que viviam em tal condição, revelando um traço singular dessa capitania: o de possuir uma população crioula/parda com estatuto escravo. Entre livres, os pardos também compunham a maior parte da população total, em 1811, quando eram 38,9% e continuaram em expansão, atingindo em 1872 a marca de 50% dos residentes na província.

3
Casamentos de negros: entre a legitimidade católica e outras práticas parentais

Discursos religiosos no contexto da cristandade colonial: salvadores da alma ou "roubadores da liberdade"?

Na primeira parte deste capítulo, recupero alguns aspectos da história da Igreja Católica (universal, como se pretendia), no que se refere às orientações eclesiásticas para a administração dos sacramentos, especialmente do matrimônio e do batismo, os mais importantes do catolicismo moderno. Com a realização do Concílio de Trento, realizado entre 1545 e 1563, algumas diretrizes sobre esses assuntos permaneceram até o final do século XIX, mas no processo de Reforma Católica (ou Contrarreforma) sofreram algumas modificações. Em seguida, mostro como se estruturaram as paróquias na Zona da Mata da Paraíba e, logo após, realizo análise dos assentos de casamentos de escravizados, forros e de pretos livres nas freguesias de Livramento, Nossa Senhora das Neves e Santa Rita, enfatizando os vínculos parentais firmados entre escravos que viveram em três engenhos de açúcar: Tibiri, Una e Gargaú.

A tela *Casamento de negros escravos de uma família rica*, de autoria de Jean-Baptiste Debret, é uma das representações sobre a população negra no Oitocentos, na qual é retratado um casamento de três casais de negros, sendo abençoados por um integrante da Igreja Católica. A Figura 3.1 traz alguns símbolos de uma instituição que, por séculos, dominou a vida religiosa no Brasil e tinha a exclusividade de administrar os sacramentos para toda a população. Um indivíduo que vivesse no Brasil, tanto no período colonial como no imperial, forçosamente teria de recorrer à Igreja para receber um dos sete sacramentos: batismo, confirmação ou crisma, eucaristia, penitência ou confissão, ordem, matrimônio e extrema-unção. Sem o recebimento dos sacramentos, acreditava-se na época, a pessoa não conseguiria obter salvação divina.

Figura 3.1 Casamento de negros escravos de uma família rica.
Fonte: Debret (1978).

Desde o final do século XII, a Igreja Católica tinha transformado o casamento num ato religioso, cabendo a ela administrá-lo aos fiéis, introduzindo a cláusula do consentimento mútuo dos noivos como condição básica para validar essa cerimônia. Já no período pós-Reforma, foi fundamental para os representantes da Igreja Católica instituírem novas normas para disciplinarem a aplicação dos sacramentos. Assim, introduziu-se um dos principais preceitos da ideia e prática da *cristandade colonial*, implementada sob os auspícios da política tridentina, explicitada na legislação canônica, nas Constituições Primeiras do Arcebispado da Bahia (CPAB),[1] que reafirmou a administração do sacramento do matrimônio com o intuito de orientar as práticas religiosas dos fiéis. Elas foram organizadas após a realização do primeiro sínodo diocesano (1707) e sua publicação ocorreu em 1718, quando se fez uma compilação das normas e orientações do cristianismo a ser implantado nesse território, sendo uma iniciativa do arcebispo Dom Sebastião Monteiro Vide.

A doutrina cristã de cunho ibérico teve um aspecto original na América, tanto por ter sido imposta – a partir da colonização portuguesa no século XVI – a diferentes grupos étnico-raciais e culturais quanto pela admissão da escravidão nesse território, o que, por si só, anuncia uma forte oposição à mensagem evangélica de amor ao próximo. No entanto, os religiosos da época fizeram uma leitura própria dos elementos do cristianismo – doutrina, moral, liturgia, sacramentos –, dando-lhes um significado que justificou a escravização de negros por mais de três séculos, che-

---

1 As Constituições Primeiras do Arcebispado da Bahia são uma valiosa fonte, não só por destacar a visão religiosa da época moderna, mas também por trazer inscrita a doutrina católica e seus ensinamentos para uma sociedade escravista – no caso, a da América portuguesa –, que se estendeu até o final do século XIX. Essa legislação eclesiástica era composta por cinco livros. O exemplar usado neste trabalho foi publicado em 1853. De agora em diante, as Constituições Primeiras do Arcebispado da Bahia serão citadas com a seguinte abreviatura: CPAB, tendo em seguida o ano e a página referida.

gando a conceber tal instituição como um meio de salvação dos "gentios" (Mira, 1983, p.40). Convém lembrar que nos relatos bíblicos, desde a Antiguidade, os negros eram vistos como uma "raça maldita", condenados com todos os seus descendentes à servidão perpétua. Esse aspecto, se não foi decisivo para a escravização dos africanos, ao menos predispôs os lusos e outros povos europeus a considerá-los merecedores da escravidão e, por isso, os colonizadores tinham sua consciência apaziguada quando dominavam os africanos.[2]

Outro argumento religioso para justificar a captura, a escravização e a evangelização de africanos e de indígenas não aliados no século XVI era a necessidade de libertá-los de sua "ignorância invencível" e iluminá-los com a luz divina, pois, como diziam, "fora da Igreja [Católica] não [havia] salvação". Por esse período já circulava também a ideia de que os portugueses haviam sido eleitos por Deus para difundirem o cristianismo pelo mundo afora, o que reforçava o caráter expansionista português da época. Os religiosos estavam tão convictos de sua "nobre" missão que poucos chegaram a sentir compaixão pelos africanos. Pelo contrário, impregnados da ideologia tridentina, acreditavam prestar bons serviços aos "gentios". Um exemplo dessa mentalidade foi expresso no Seiscentos pelo jesuíta Antonio Vieira em seus sermões. Pregava ele que só o fato de o indivíduo ser comprado nas feiras da África já significava ser "extraído do paganismo"; ao ser batizado antes da travessia ou no navio negreiro, já adentrava o universo cristão; ao desembarcar na América portuguesa, então, estava praticamente salvo, pois chegavam às terras cristãs e tinham meio caminho andado para o paraíso. Concluía dizendo que a "gente preta tirada das brenhas da sua Etiópia, e passada

---

[2] Os judeus, ciganos, cristãos novos, mouros, indígenas foram grupos também estigmatizados e excluídos da vida social. Para mais informações, consultar capítulo II do livro de Carneiro (1988).

ao Brasil, conhecia bem quanto deve a Deus" e "não é senão milagre é o grande milagre!".[3]

Alguns poucos religiosos, como os jesuítas Jerônimo Cardoso e Miguel Garcia, discordavam dessa política religiosa de escravização dos negros; criticavam os clérigos que estavam envolvidos com o comércio de escravos e se recusavam a confessar senhores de escravos da Bahia. Argumentavam serem "roubadores da liberdade". Como represálias de seus superiores, esses jesuítas foram obrigados a retornar a Portugal. Por essa época, os discursos permitidos eram aqueles que exaltavam a ação catequizadora, como os do padre Vieira, um dos mais importantes representantes dos inacianos, companhia religiosa que surgiu imbuída do "salvacionismo missioneiro" e, a partir do século XVII, passou a comandar o processo de doutrinação dos pagãos no "Novo Mundo" (Alencastro, 2000, p.165).

Mesmo antes de começar a colonização na América, o papa, nas discussões teológicas, reservou ao reino de Portugal o direito de colonizar as terras conquistadas. Concedeu também o privilégio do Padroado régio, ou seja, caberia ao reino não só ministrar a fé nos novos territórios "descobertos", mas administrar a vida religiosa em tais locais, que consistia na criação de paróquias, construção de igrejas e organização dos serviços eclesiásticos – a seleção, a nomeação e o pagamento da côngrua (pensão que se concedia aos párocos para sua conveniente sustentação) aos bispos e aos sacerdotes (Hoornaert, 1992; Mattoso, 1992; Mira, 1983).

Desse modo, com autorização papal, os inacianos chegaram à América decididos a difundir o cristianismo aos "gentios", mesmo que para alcançar tal fim tivessem de "roubar" a liberdade dos que viviam nesse território e dos que para cá foram forçosamente trazidos e escravizados. Tudo se fazia em nome da "Santa" Igreja Católica.

---

3 Ver Alencastro (2000, p.183-7), que fez alentada análise dos sermões de Viera e o considera autor de uma das mais audaciosas justificativas da escravidão na época colonial.

Paróquias da Paraíba do Norte: religião e cotidiano

As igrejas matrizes da capital, de Livramento e de Santa Rita faziam parte da estrutura eclesiástica que havia sido definida pelo Concílio de Trento e apresentava a seguinte divisão: arcebispado, bispado (ou diocese) e paróquia (ou freguesia). O pároco era nomeado pelo bispado responsável pelo território da Paraíba – na época pertencente a Olinda/PE –, com atribuições de dirigir a paróquia e cuidar da vida religiosa de seus fiéis; tinham inclusive a responsabilidade de anotar os sacramentos administrados pelo pároco ou capelão, ou sacerdote regular, ou por leigos, em livros específicos, conforme o sacramento administrado (batismo, matrimônio ou outro). Na década de 1820 havia, em todo o império brasileiro, sete dioceses, todas sob a responsabilidade da única arquidiocese (ou arcebispado) existente, a da Bahia. Já as inúmeras paróquias eram confiadas aos bispos que nomeavam os sacerdotes, com cargos perpétuos, e que eram denominados de párocos.

Os religiosos estiveram presentes na Paraíba desde as primeiras expedições colonizadoras – entre 1574 e 1585 – e, logo após sua conquista, nos últimos anos do século XVI, viviam nessa capitania membros de ordens religiosas (Tavares, 1985). No Seiscentos, toda a capitania contava com a igreja matriz, 21 capelas e quatro residências de religiosos – franciscanos, jesuítas, carmelitas e beneditinos (Rubert, 1992).

A paróquia principal, Nossa Senhora das Neves, localizada na capital da capitania/província, atendia toda a população da costa litorânea, que se estendia por cerca de quinze léguas (ou 82,5 km). Em 1774, essa freguesia tinha os seguintes limites: confinava ao "poente com o Taipu; ao sul com a vila do Conde, e, ao norte, com a de Mamanguape, em distância de cinco léguas ao norte fica a fortaleza do Cabedelo, que defende a barra, que tem vinte palmos na baixa-mar" (Joffily, 1977, p.319; Pinto, 1977, p.150 e 165).

No final do século XVII, a Paraíba dispunha de um corpo eclesiástico composto por apenas 24 sacerdotes seculares e 27 regulares (isto é, vinculados às ordens religiosas), ao que parece, número insuficiente para atender a população colonial que necessitava com frequência dos serviços dos padres seculares, funcionários eclesiásticos que deviam obediência ao monarca português (Rubert, 1992, p.318). Muitas vezes, os regulares estavam mais ocupados com a administração de seus bens do que com a realização dos "ofícios religiosos". Há vários documentos que informam sobre os "bens de raiz" pertencentes, por exemplo, aos beneditinos, como o Engenho Maraú, o sítio Tambiá e muitas "léguas de terras" pela capital e interior da província, recebidas como doações de seus fiéis (Castro, 1864, Livro de Tombo, s/d).

Já os carmelitas possuíam o Engenho Itapuá e eram donos de inúmeras outras propriedades rurais, algumas recebidas de fiéis (Mello; Albuquerque; Silva, 2004, p.84-90).

No início do século XIX, o bispado de Olinda dispunha de 89 freguesias e, passados quinze anos, em 1815, havia se ampliado para 121. Dessas, apenas nove localizavam-se no litoral da capitania da Paraíba. As paróquias em ordem de fundação, e seus respectivos oragos, são os seguintes: na capital consagrou-se Nossa Senhora das Neves (1586); em Mamanguape, São Pedro e São Paulo (1630); em São Miguel de Taipu, Nossa Senhora Rainha dos Anjos (1745); em Alhandra, Nossa Senhora da Assunção (1758); na Baía da Traição, São Miguel (1762); em Pilar, Nossa Senhora do Pilar e em Taquara, Nossa Senhora da Penha de França, as duas últimas criadas em 1765; no Conde, Nossa Senhora da Conceição (1768) e em Livramento, Nossa Senhora do Livramento (1813). No período Imperial, foram fundadas mais quatro freguesias: uma, em 1839, na povoação de Santa Rita, que consagrou como padroeira Santa Rita; outras duas em Ingá (1840) e Gurinhém (1873) tiveram a mesma protetora, Nossa Senhora da Conceição, e finalmente a de Nossa Senhora das Dores, em Mogeiro (1874), conforme Anuário Eclesiástico da Arquidiocese de Nossa Senhora das Neves.

A maioria das freguesias tinha uma igreja, chamada de paróquia ou matriz. Exceção ocorreu na capital da província, porque tinha matriz e dispunha de mais nove igrejas, alguns mosteiros e residências de diferentes ordens religiosas. Contudo, nas outras freguesias, inclusive na zona rural, era habitual a construção e organização de capelas e oratórios privados, tanto pelo povo quanto pelos senhores dos engenhos. As capelas eram utilizadas para atender não só aos familiares dos donos de engenhos, mas a toda a vizinhança.

Nem mesmo na área econômica mais importante da capitania/província, a Zona da Mata, antes do século XVIII, se conseguiu criar novas paróquias. Por séculos, a igreja matriz de Nossa Senhora das Neves tinha como função atender os fiéis de amplas extensões de léguas. Nem por iniciativa dos moradores o bispo se convenceu da necessidade de desmembrá-la em três paróquias para melhor atender aos fiéis, visto que as distâncias entre um templo e outro tendiam a ser de muitas léguas e a expansão populacional na várzea do rio Paraíba, desde o final do Setecentos, ocorria com rapidez, conforme exposto no capítulo anterior.

Os habitantes da capitania seguiam o ciclo da vida – nasciam, cresciam, casavam e morriam – e todas as fases envolviam rituais religiosos, que eram comandados pela Igreja Católica. Nesse sentido, a tendência era o aumento da necessidade de assistência religiosa e, para suprir a carência de "curas da alma", os populares fundavam capelas. Nelas, capelães realizavam as cerimônias religiosas e, quando se tornavam pequenas, era comum recorrer às autoridades locais para solicitar a criação de uma paróquia. A requisição era feita geralmente aos vereadores. Eles intermediavam o contato com os órgãos eclesiásticos e administrativos, como a Mesa da Consciência e Ordens (MCO), responsável pela administração do funcionamento da Igreja nas questões temporais e espirituais no Império Colonial português e ainda solucionava os assuntos de ordem militar. Órgão instaurado em 1532 pelo rei português, funcionou em Portugal até a migração da Corte portuguesa para o Brasil, em 1808, e aqui permaneceu, especificamente no Rio de Janeiro, até 1828 (Neves, 1997).

Em 1813, na tentativa de ampliar as freguesias no litoral, foi enviada à MCO uma petição do Senado da Câmara da cidade da Parahyba, representando os moradores, na qual os vereadores solicitavam a divisão da freguesia de Nossa Senhora das Neves em três igrejas: "uma na própria cidade", a segunda na "praia do rio Paraíba" e a terceira "pelas margens do rio, principiando da povoação e capela de Santa Rita". Como medida, os membros da MCO consultaram o bispado de Olinda, responsável pela jurisdição eclesiástica da Paraíba desde 1676. O bispo em exercício respondeu de forma negativa a esse projeto, afirmando que o "rio Paraíba dividia a freguesia quase pelo meio" e, em época de chuvas, inundava toda a área, inviabilizando, portanto, a circulação das pessoas. Afirmou, ainda, serem os fregueses que viviam na margem norte "homens pobres e pescadores", que não tinham recursos pecuniários a oferecer ao pároco, nem mesmo o pé-de--altar – taxa paga para a administração de sacramentos. Apesar da recusa do bispo, a MCO mandou erigir, em 1813, a paróquia de "Nossa Senhora do Livramento ao Norte do rio Paraíba", justificando sua criação como uma forma de atendimento aos vários requerimentos enviados pelos moradores da Paraíba àquele órgão eclesiástico e administrativo (Neves, 1997, p.270-1).

Embora na representação dos moradores apresentada pelos vereadores houvesse também a solicitação da fundação da igreja na "povoação e capela de Santa Rita", a MCO autorizou apenas a fundação da paróquia em Livramento. Somente duas décadas depois a capela de Santa Rita foi alçada à condição de paróquia, período no qual o Brasil tinha mudado para um país livre de Portugal, com o sistema de governo monárquico, com quatro poderes, em que o Padroado real foi reafirmado por Dom Pedro I e confirmado pelo chefe da Igreja Católica, o então papa Gregório

XVI (1831-46). Assim, o catolicismo manteve-se atrelado ao Estado, que continuou a administrar a vida eclesiástica da jovem nação (Mattoso, 1992; Johnson, 2003).

No Império, a função de criar paróquias passou à Assembleia Legislativa Provincial que, em 20 de fevereiro de 1839, elaborou uma medida promulgada pelo então presidente da província, João José de Moura Magalhães. Em seu artigo primeiro, a medida informava a criação da "freguesia com invocação de Santa Rita, com a capela ereta na povoação do mesmo nome" (Pinto, 1977, p.147). Apesar de essa freguesia ter importância religiosa e econômica, sua autonomia política só foi conquistada no período republicano, em 1890, mantendo-se como povoação durante todo o período imperial (Santana, 1989).

Dessa forma, a antiga capela era alçada à condição de igreja paroquial, e com os oratórios erigidos na zona do açúcar, continuava a ser espaço religioso e local de reuniões, encontros e festas, bem como onde muitos negócios foram ajustados, produtos vendidos ou comprados. Enfim, constituíam importantes locais de sociabilidade, tanto dos livres e libertos quanto dos escravizados que ali residiam.

Mas qual era a importância de se ter uma paróquia nas proximidades da vizinhança? O que a população local ganhava com a criação de uma igreja? Como já mencionado, a prática da religião fazia parte do cotidiano das pessoas que viveram no Oitocentos. Não era religiosidade pensada pela instituição, mas uma religiosidade marcada pela prática de contato com intercessores, ou seja, Nossa Senhora e inúmeros outros santos e santas.

As funções dos párocos iam além do cuidar da vida espiritual dos seus fregueses. Eles tinham outras tarefas como elaboração e registro dos sacramentos e produção de dados estatísticos sobre a população paroquial. Esses deveriam ser resultantes da aplicação dos sacramentos à população das freguesias, visto que competia ao pároco o registro em livros específicos para tal fim. Os documentos produzidos tinham valor civil e religioso. Os indivíduos negros livres ou libertos, por exemplo, sempre considerados potencialmente escravos, quando acusados de serem cativos, poderiam dispor da certidão de batismo para provarem sua condição legal. O senhor de escravo também, se envolvido em demanda jurídica de posse de escravo, poderia solicitar o assento do batismo para provar ser dono de uma pessoa escrava.

Viver próximo de uma paróquia, então, numa perspectiva pragmática, facilitava o cotidiano das pessoas, que dependiam dos serviços dos párocos tanto durante a vida como no momento da morte. Haveria também a diminuição da distância geográfica dos fregueses com relação a um templo, o que tendia a aumentar a participação religiosa. Mas as autoridades coloniais e imperiais nem sempre investiam o suficiente na construção de igrejas. Talvez tentassem "não sobrecarregar a fazenda pública", como respondiam os funcionários da MCO às súplicas do povo ou de algum membro do clero ou autoridade dos municípios, quando se solicitava aumento do número de paróquias (Neves, 1997).

Como se percebe, a religião fazia parte intensamente no cotidiano das pessoas que viveram no Brasil do século XVI e perdurou pelos seguintes. No Oitocentos, a Igreja Católica continuava a difundir valores, superstições religiosas e medos que permeavam o dia a dia daqueles que habitaram a Paraíba. A vida social girava em torno das festividades religiosas: eram procissões, vigílias, missas, rituais ao nascer, como os batizados, e ao morrer, como os elaborados funerais dos mais abastados, que ocorriam antes, durante e após o enterro.

A religiosidade atingia classes populares e pessoas da elite, ambas costumavam exteriorizar sua prática religiosa de diferentes formas, em diferentes períodos da história da América portuguesa. O culto aos santos e às padroeiras era uma prática corriqueira de ricos e pobres, de homens e mulheres, cuja devoção poderia ser externada tanto por ocasião de alguma conquista em disputas sangrentas quanto para buscarem se livrar de uma intempérie natural.

No que se refere à relação de guerra e religião, um dos exemplos mais marcantes foi o empreendido por André Vidal de Negreiros, considerado um dos grandes herois da história paraibana em razão de seu bom êxito contra os batavos, no século XVII.[4] No período em que ele governou Angola (1661-6), mandou construir, à sua custa, uma igreja para cumprir promessa e invocou Nossa Senhora de Nazaré, de quem era fervoroso devoto. Pedia proteção dessa santa antes de comandar combates, a exemplo da batalha de Ambuíla,[5] travada contra a população do Congo, em 1665. Ao sair vitorioso de tal batalha, na qual foram mortos cerca de 5 mil congoleses – entre eles quatrocentos fidalgos e o manicongo (rei do Congo, na época ocupado por Dom Antonio I, que teve a cabeça decepada) –, realizou uma procissão fúnebre com destino à igreja de Nossa Senhora de Nazaré, na qual colocou "aos pés da santa a coroa do rei do Congo", por tê-la considerado a "autora deste milagre e vitória" (Alencastro, 2000, p.297).

Outro exemplo da religiosidade do povo da Paraíba, ocorrido quase dois séculos depois na capital da província, refere-se a uma procissão realizada em 1846, organizada pelo provedor da irmandade do Senhor Bom Jesus dos Passos, Joaquim da Silva Coelho, para a qual foi convidado o presidente da província, na época, Frederico Carneiro de Campos. No cortejo, o povo clamaria ao Senhor Bom Jesus dos Passos que desse "chuva [para]

---

4 Na memória histórica contemporânea da Paraíba, André Vidal de Negreiros foi forjado como o "heroi máximo" da reação contra os neerlandeses, que ocuparam a capitania entre 1634 a 1654. Para um exemplo sobre a construção da imagem mítica de Negreiros, ver os capítulo IX, X, XI e XII de Machado (1977).

5 De acordo com Alencastro (2000, p.299), o verdadeiro interesse da guerra contra o Congo, tramada por Vidal de Negreiros e João Fernandes Vieira – governantes de Angola no Seiscentos, que justificavam o ataque em razão do apoio do rei congolês aos holandeses –, estava no "bolsão de mão de obra desde sempre cobiçada pelos predadores portugueses", visto que os governantes desse reino sempre buscaram manter relações diplomáticas com Portugal.

que [desaparecessem] a fome e a seca" que vinham atingindo a província. Foi marcada a procissão para o horário das 3 horas, de 8 de fevereiro do citado ano, e deveriam percorrer as ruas das cidades Alta e Baixa (IJJ9-224 – 1845-51, p.114, AN/RJ). Percebe-se que, apesar do empenho da Igreja em se estruturar atendendo a interesses de uma elite luso-portuguesa, na Paraíba e em todo o território brasileiro, os fiéis não deixaram de criar novas maneiras de lidar com o sagrado, valorizando santas e santos em detrimento, por exemplo, da ideia da existência de três pessoas numa só, ou seja, a Santíssma Trindade.[6]

Casamentos de negros: legislação, normas e práticas

No último dia do mês de janeiro de 1830, os "africanos" Zacarias e Gertrudes, escravos pertencentes a Manoel Maria Carneiro da Cunha (tenente-coronel), se dirigiram à matriz de Livramento para receberem o sacramento do matrimônio. Conforme a legislação eclesiástica da época informava, eles podiam

> casar com outras pessoas cativas, ou livres, e *seus senhores lhe não podem impedir o matrimônio*, nem o uso dele em tempo e lugar conveniente, nem por esse respeito os podem tratar pior, nem vender para outros lugares remotos, para onde o outro por ser cativo ou por ter outro justo impedimento o não possa seguir, e fazendo o contrário pecam mortalmente, e toma sobre *suas consciências culpas de seus escravos*, que por este temor se deixam muitas vezes estar, e permanecer em estado de condenação. (CPAB, 1853, p.125-6) (Grifos meus)

Considerando o texto acima, o "direito" escravo era preservado, não podendo os seus donos separá-los após o casamento.

---

[6] Para saber mais sobre as trocas e (re)interpretações do catolicismo no Brasil e na Paraíba, respectivamente, ver Souza (2002) e Santiago (2003).

Impingia-se aos senhores que violassem tal determinação a danação da alma. Mas será que o temor de receber o pecado mortal evitaria a separação dos casais escravos? Será que os interesses senhoriais (ou necessidades econômicas) determinavam suas decisões ou respeitavam as orientações eclesiásticas? Ao longo deste e do próximo capítulo observarei o comportamento dos proprietários no que se refere à divisão de família escrava.

Contudo, os organizadores das CPAB não deixaram de registrar que o recebimento do sacramento do matrimônio não modificaria a condição jurídica dos cônjuges. Assim, embora o casal composto por Zacarias e Gertrudes pudesse se casar, seria mantido no cativeiro. Esta era a posição definida pelos representantes da Igreja, conforme as orientações tridentinas: "posto que se casem, ficam escravos como de antes eram, e obrigados a todo serviço de seu senhor" (CPAB, 1853, p.125). Esse documento eclesiástico nada mencionou sobre a vida conjugal do casal e das crianças nascidas de tal enlace, como se tais indivíduos escravos teriam algum espaço nas senzalas para formar família conjugal. O casal referido, antes de cumprir todas as exigências e chegar ao altar da igreja matriz de Livramento, teve verificado pelo sacerdote Ignácio Joaquim de Santa Anna Cardoso se tinham conhecimento da doutrina cristã, ainda mais porque os candidatos a cônjuges eram estrangeiros, originários de alguma parte da África Ocidental. Essa era uma exigência a qualquer casal que pretendesse se casar dentro do catolicismo e se não fossem exímios conhecedores da doutrina, deveriam receber ensinamentos básicos do cristianismo, que constavam de

> ao menos o Padre Nosso, a Ave Maria, o Creio em Deus Padre, os Mandamentos da Lei de Deus, e da Santa Madre Igreja, e se entendem as obrigações do Santo Matrimônio, que querem tomar, e se é sua intenção permanecer nele para serviço de Deus, e bem de suas almas, e achando que a não sabem, ou não entendem essas coisas, as não recebam até saberem, e sabendo-as as recebam. (CPAB, 1853, p.125)

Comprovado o conhecimento mínimo da doutrina católica, o passo seguinte seria o casal providenciar todos os documentos exigidos para a realização da cerimônia, ou seja, a apresentação das certidões de batismo e o pagamento dos custos. Caberia à autoridade sacerdotal encaminhar as denunciações, ou proclamas, do futuro enlace (ou como se dizia na época, "correr os banhos") para que, finalmente, o casal recebesse a bênção católica. Os proclamas deveriam ser anunciados ao longo de três domingos (ou dias Santos) seguidos, na freguesia onde os nubentes iriam se casar ou, se fosse o caso, no lugar em que eles moravam. A função dos banhos, que duravam quase dois meses, estava relacionada ao interesse de se identificar todos os envolvidos no matrimônio. Dos nubentes, registrava-se nome, condição jurídica, estado conjugal, local de nascimento e de residência, nome dos pais e, em se tratando de escravos, o nome dos senhores. Outro objetivo dos banhos era descobrir se um dos candidatos a cônjuge tinha algum impedimento como idade insuficiente para contrair matrimônio – para mulheres, a idade mínima era de 12 anos, e de 14 para os homens –; se não eram bígamos; se, de fato, eram cristãos, comprovando com a apresentação de certidão de batismo, o recebimento dos sacramentos da penitência (a confissão) e da eucaristia por ocasião da Páscoa e o pagamento dos custos.

Não conseguido ultrapassar essa etapa, os casais deveriam recorrer à justiça eclesiástica para tentar obter licença para a realização do sacramento (Goldschmidt, 2004, p.31). No entanto, cumpridas as questões religiosas e burocráticas mencionadas, a exemplo de Zacarias e Gertrudes, os pretendentes eram considerados e reconhecidos perante os representantes da Igreja Católica com condições de contraírem o sacramento do matrimônio. Desse modo, ao realizar a cerimônia, passavam a ser vistos como legitimamente casados, visto que, nos períodos colonial e imperial, o casamento era atribuição exclusiva da Igreja. As exigências citadas foram elaboradas pelas autoridades eclesiásticas no Concílio de Trento (1563), sistematizadas na América portuguesa e nas CPAB (que vigoraram até 1890, após a realização do Concílio Plenário Latino-americano). O ato sacramental tinha natureza pública e institucional e o vínculo era perpétuo e indissolúvel. Além de ser celebrado pelo pároco, exigia-se a presença de duas ou três testemunhas para se confirmar o sacramento do matrimônio – no caso do casal mencionado, estiveram presentes dois homens (João Vidal e Manoel Félix de Carvalho).

Enfim, o caso de Zacarias e Gertrudes constitui um exemplo bem-sucedido de cumprimento das determinações eclesiásticas, conforme o assento do casamento:

> Aos 31 de janeiro de 1830, feito às denunciações do costume, sem impedimento, nesta matriz, na minha presença e das testemunhas João Vidal e Manoel Félix de Carvalho, receberam em matrimônio com palavras de presente Zacarias e Gertrudes, ambos *africanos*, e *escravos* do tenente-coronel Manoel Maria Carneiro da Cunha, moradores do Engenho do Una, hoje do rito romano ao que fiz este assento. (LC Livramento, 1814-50, fl. 66, AEPB) (Grifos meus)

A historiografia aponta os altos custos na organização de todos os documentos necessários ao cumprimento das exigências da Igreja como principal motivo dos poucos casamentos das pessoas livres e escravas. No caso da Paraíba, a exemplo de outras localidades do Império brasileiro, o casamento de escravos foi raro. Poucos tiveram condições de romper com as imposições da Igreja, a despeito de seu discurso que defendia o casamento como medida para povoar a colônia e promover a difusão do cristianismo aos "gentios", entre os quais estavam os povos indígenas e africanos. A própria Igreja publicou medidas burocráticas que dificultavam a vida daqueles que pretendiam contrair matrimônio em atendimento às orientações cristãs. Por exemplo, a "propagação humana, ordenada para o culto, e honra de Deus, a fé, e lealdade, que os casados devem guardar mutuamente" e a inseparabilidade dos casados significativa da "união de Cristo Senhor Nosso com a Igreja Católica" (CPAB, 1853, Livro 1, título LXII, parágrafo 260). Um argumento utilizado para justificar a escravização dos povos de Angola passava pelo discurso de não existir "casamento legítimo na lei da natureza", referência aos tipos de organizações familiares dos africanos que eram diferentes do padrão ocidental (Prado, 1956, p.82).

Mas, como a reprodução da espécie humana nem sempre esteve vinculada à prática religiosa, muitas mulheres se tornaram mães de crianças, as ditas naturais", como será exposto neste e no próximo capítulo.

De certa maneira, o casal Zacarias e Gertrudes era uma exceção para a época, visto que poucos escravos se casavam. Entretanto, eles e o grupo de escravos pertencentes a Manoel Maria Carneiro da Cunha[7] teve, em sua maioria, acesso ao casamento católico.

Antes, porém, de conhecer a população escrava dos Engenhos Tibiri[8] e Una, desse mesmo senhor, vejamos os casamentos realizados nas três freguesias em estudo, disponíveis nos livros paroquiais.

---

7 Manoel Maria fazia parte da influente família Carneiro da Cunha, que esteve à frente da administração da Paraíba imperial. Ele e mais dois parentes (Joaquim Manuel e Manuel Florentino) fundaram o partido Conservador na província e participaram intensamente da gestão do aparelho governamental imperial. Seis integrantes da família Carneiro da Cunha participaram da Assembleia provincial, entre 1836 e 1889, o próprio Manuel Maria participou de quatro legislaturas da Assembleia provincial, entre 1835 e 1845, e administrou a província na condição de vice-presidente, na primeira vez, entre os meses de abril a junho de 1835 e, na segunda, entre janeiro a abril de 1836 (Mariz, 1980, p.142; Lewin, 1993, p.392).
8 O Engenho Tibiri, o primeiro edificado na Paraíba, em 1587, pertencia à Coroa Portuguesa. No início do século XIX, estava em poder dos Carneiro da Cunha. Segundo Santana (1993, p.169), o "coronel Estevão José Carneiro, senhor do Engenho Tibiri, juntamente com seus escravos e moradores", participou da "Revolução de 1817".

Além de dispor de poucos registros de casamentos de escravos, nas referidas freguesias há lacunas nas fontes das três paróquias. Por exemplo, o acervo do *Arquivo Eclesiástico da Paraíba* não contém livros de casamentos da freguesia de Nossa Senhora das Neves, referentes à primeira metade do século XIX. Os livros pesquisados da referida igreja abordam o período de 1862 a 1888, nos quais foram registrados 46 matrimônios de negros, com maioria de escravos (39 noivos e dez noivas), poucos forros (dois noivos e sete noivas), uma única noiva livre; nos registros restantes (cinco noivos e 28 noivas) não havia indicação da condição jurídica, apesar da ausência da cor, o nubente tinha relação com pessoas negras, livres ou escravas. Os vínculos poderiam ser biológicos – filho ou filha de uma mulher liberta ou escrava –, ou afins (casamento com pessoa que tinha ou teve ligação com o cativeiro), como será exposto adiante.

Os livros da paróquia de Livramento abrangem um período mais extenso – 1814 a 1887. Todavia, o mais antigo (1814-50) está bastante danificado, dificultando sobremaneira a leitura e compreensão das atas; havendo, ainda, a falta de assentos entre os anos de 1851 e 1884. Mesmo assim, a paróquia dispõe da maior quantidade de registros de casamento de indivíduos negros de diferentes estatutos sociais. Foram 154 celebrações, a maioria concerne aos escravizados (132 noivos e 111 noivas), seguidos dos livres (treze noivos e doze noivas) e dos forros (seis noivos e nove noivas). Não obtive dados sobre a condição jurídica dos restantes (três noivos e 22 noivas), mas eles tinham vínculos consanguíneos com pessoas negras – mãe escrava ou forra.

A paróquia de Santa Rita, de forma semelhante à de Livramento, tem registros abarcando um período mais longo, de 1840 a 1880, mas alguns anos foram omitidos pelo pároco, como ocorreu com a década de 1870, sobre a qual existe apenas um assento. É bastante improvável que somente um casal negro tenha se unido num espaço de dez anos. Também nada existe acerca dos seis primeiros anos de sua criação, entre 1840 e 1846. Dos registros existentes, se coletou 103 cerimônias de casamento, com maior representação dos escravos: 95 homens e 76 mulheres; dois homens e dez mulheres livres; três mulheres forras e nenhum homem com essa condição; sobre seis homens e catorze mulheres restantes não havia registro de seu estatuto social. Dessa maneira, com dados fragmentados sobre os casamentos de negros (livres, libertos e escravos) nas três freguesias, só é possível ter pequenos vislumbres sobre o casar entre esses indivíduos que residiram nas três freguesias da Zona da Mata, no século XIX.

Iniciando a análise com os dados de Livramento, local em que os registros são datados do início do século XIX, foram identificadas 154 cerimônias realizadas entre 1814-84, os casamentos das pessoas negras, por condição jurídica, apresentam o seguinte quadro: ampla maioria de matrimônios de escravos, 103 casos (66,9%), seguidos de variados arranjos de casamentos mistos, que somaram 43 (27,9%); uns poucos casais de negros que se casaram entre si, como os livres (seis ou 3,9%) e os forros (dois ou 1,3%).

Em alguns casos foi necessária uma dedução para obter o estatuto jurídico de alguns noivos, em virtude das poucas informações. Um exemplo de tal situação se deu com o casal Bruno de Oliveira e Francisca Pereira, casados em 20 de fevereiro de 1820. Ele era filho natural de uma escrava, de nome Catarina, pertencente a Dona Rita Maria Coelha, mas nada se informou sobre sua condição jurídica. A noiva de Bruno também não trazia essa informação, se forra ou livre, mas, segundo consta, ela era filha legítima e junto aos nomes dos pais (João Pereira e Florinda Maria) nada havia que indicasse alguma vinculação com a escravidão. Com tais informações sobre a condição das mães, algumas inferências foram realizadas: o noivo poderia ser liberto ou escravo, porém, sobre a noiva, fica difícil afirmar se livre ou liberta, mas como tanto ela quanto seus pais traziam o sobrenome, não houve vinculação ao cativeiro, como ocorreu com

Bruno. Assim, esse casal foi classificado como não escravos (LC Livramento, 1814-50, fl. 24, AEPB).

Havia casos em que pelo menos um dos nubentes era forro, num total de onze casos dos 43 casais mistos. Os arranjos eram os mais variados: libertos se casaram tanto com pessoas livres quanto com escravas, mas, apesar da pouca quantidade da amostra, as mulheres não escravas tiveram mais maridos vinculados ao cativeiro (de sete forras, cinco se casaram com homens escravos e só duas contraíram casamento com homens livres), enquanto dos quatro homens forros, nenhum se casou com mulher escrava, pois tendiam a se casar com as livres.[9] Essa hipótese é reforçada pela análise sobre os outros casais mistos, nos quais as mulheres – escravas, livres ou forras – casavam com homens de diferentes estatutos, inclusive com escravos.

Entre as escravas, oito se casaram com homens livres (um deles era indígena); as forras que eram nove (três dessas eram indígenas) contraíram núpcias com homens escravos (sete) e livres (dois). As mulheres livres, em sua maioria, casaram com homens escravos (sete). Entre os homens, os que tinham mais objeções às escravas eram os forros, pois nenhum se casou com mulher escrava, preferindo as livres ou as que tivessem o mesmo *status* que eles. Ao que parece, a restrição quanto ao estatuto jurídico atingiu negativamente as mulheres indígenas, pois tanto as forras quanto as escravas só se casaram com homens escravos e o único indígena (livre) identificado também se casou com uma mulher escrava. Sob a perspectiva masculina, parece que a preferência era por uma mulher livre. Em sua maioria, homens escravos e forros escolheram como cônjuges as não escravas, a exemplo de Vicente Gomes, um escravo de propriedade de Josefa Gomes, que, em 24 de fevereiro de 1821, na Matriz de Livramento, se casou com

---

9 Três noivos forros se casaram com mulheres que não dispunham da condição jurídica explicitada, mas traziam nomes das mães e nenhuma referência ao cativeiro.

Maria de Jesus, livre, crioula, filha legítima de Manoel do Nascimento e Francisca Jesus (LC Livramento, 1814-50, fl. 33, AEPB).

Essa foi a escolha também do único homem forro a compor os casais mistos. Tratava-se do liberto Luciano Ferreira que contraiu núpcias com Vicência Francisca, livre, filha natural de Inácia Maria, na capela de São Francisco Xavier. A cerimônia ocorreu em 26 de fevereiro de 1816 e teve como testemunhas dois tenentes-coronéis, Pedro Barbosa Cordeiro d'Albuquerque e José Castor Barbosa Cordeiro d'Albuquerque (LC Livramento, 1814-50, fl. 7, AEPB).

A respeito dos 103 casamentos de escravos da freguesia de Livramento, ressalto que os enlaces ocorriam significativamente entre os cativos dos mesmos donos, com exceção de apenas dois casos. Num deles, os donos eram parentes. Tratava-se do casal formado por Luiz e Tomázia, pertencentes, respectivamente, ao capitão João do Rego Toscano e ao capitão Ignácio do Rego Toscano, que tiveram como testemunhas o senhor de Tomázia e outro integrante da família proprietária (Domingos do Rego Toscano), em cerimônia realizada na capela Sant'Ana (Engenho Gargaú). No casamento ocorrido em 29 de abril de 1838, de Joaquim de Melo da Conceição (escravo de Ana de França) com Paula Maria (escrava de Manoel do [rasurado]), parece que os noivos tinham senhores diferentes (LC Livramento, 1814-50, fl.78, AEPB). Mas não se pode deixar de aventar que a proprietária do noivo poderia ser filha ou esposa do dono do noivo e, portanto, essa diferença de proprietários seria apenas no aspecto jurídico, indicando morar no mesmo espaço físico. Apesar de não dispor da confirmação dessa hipótese, a maioria dos casamentos de escravos ocorreu com pessoas que residiam no mesmo local ou pertenciam ao mesmo senhor, indicando certo controle senhorial. Esse controle poderia nem passar pela escolha do cônjuge, função que caberia aos cativos, mas deveria ser na propriedade senhorial, especialmente das freguesias rurais. Mas essas são algumas suposições, pois as evidências analisadas não me dão subsídios para afirmar categoricamente a quem cabia a escolha do cônjuge, no caso dos matrimônios escravos.

Em pouco mais de 7% de toda a amostra, estavam os viúvos que se recasaram. As mulheres foram encontradas em maior número: eram mais de 70,8% (17 de 24 pessoas viúvas), que fizeram a opção de constituir uma nova família, todas de condição escrava, enquanto os homens somavam 29,2% (sete), sendo cinco escravos e dois livres.

Entre as mulheres livres de Livramento, em 1819, estava Joaquina Maria da Conceição (viúva de Joaquim Rodrigues), que contraiu segundas núpcias com o escravo Caetano (de Dona Ana Clara de São José). Já entre as escravas havia a viúva Maria (angola) que, em 1820, teve como segundo companheiro Joaquim (angola), ambos escravos de Manoel Maria Carneiro da Cunha (LC Livramento, 1814-50, fls. 20 e 37, AEPB).

Em Santa Rita, a maior parte dos 103 casamentos realizados aconteceu entre os anos de 1847 e 1850. Foram 61 casais (59,2%) que se uniram nesse período, e mais 42 (40,8 %) entre 1851 e 1880. Nessa freguesia, a maioria das celebrações envolvia os escravos: 95 homens e 76 mulheres, representando 92,2% e 73,7% do total, respectivamente. Dentre as pessoas não escravas, bem menos representadas, se encontravam oito homens (seis forros e dois sem indicação do estatuto jurídico) e 22 mulheres (seis forras, duas livres e catorze sem identificação segura da condição jurídica). Ainda entre os casamentos mistos, 27 escravos (quatro mulheres e 23 homens) contraíram núpcias com pessoas livres, forras e algumas com condição jurídica não identificada. Nos casamentos mistos se observa uma forte objeção às mulheres escravas, tanto pelos homens escravos quanto pelos forros. Em Santa Rita, foram identificadas três mulheres livres, das quais duas se casaram com homens escravos.

Se comparados com os da freguesia de Livramento, os arranjos dos casais mistos foram mais simplificados. Ao lado da forte presença de mulheres – duas forras e dez livres – que se casaram com homens escravos, apenas dois homens livres se uniram a mulheres escravas. Como ocorreu em Livramento, apenas alguns casais (somente treze) tiveram a idade identificada; o padre Manoel Gervásio Ferreira da Silva foi um dos poucos que teve o cuidado de informar a idade dos nubentes. Assim, nesses assentos, observei uma variedade na idade dos que se casavam, vigorando uma diferença entre os noivos, de um ano, mínimo, e 27 anos, no máximo. O casal com maior diferença de idade era composto pelo escravo Nicolau Miguel dos Anjos e Lúcia Maria de França (LC Santa Rita, 1877-88, fl. 155, AEPB). O noivo pertencia a Dario Gomes da Silveira (filho do falecido Joaquim Gomes da Silveira, dono do Engenho Gargaú) e a noiva era livre, filha legítima de Maria Anastácia de Jesus e Mateus [rasurado]. O enlace ocorreu na capela de Nossa Senhora do Rosário, em Santa Rita, em 9 de janeiro de 1888. Mais adiante, voltarei a destacar outros aspectos da vida desse noivo-escravo e de seus donos.

Outro casal, os jovens Luiz (escravo) e Antonia das Neves (livre) – ele com 18 anos e ela com 16 –, se uniu em 11 de maio de 1887. O noivo era filho da escrava Rosalina, ambos pertenciam ao seu dono, Manoel Gomes Pequeno, e a mãe da noiva era Joana Maria da Conceição. O enlace se realizou na capela de São Francisco Xavier e uma das testemunhas foi o capitão João de Mello Azedo e Albuquerque (LC Santa Rita, 1877-88, fl. 146, AEPB).

Na freguesia de Nossa Senhora das Neves, os dados são da segunda metade do Oitocentos, entre os anos de 1862 e 1888, com os casamentos realizados de forma equilibrada. Dos 46 enlaces, celebrou-se uma média de quinze por década. Os escravos estiveram na maioria dos casamentos – 39 homens e dez mulheres –, em seguida estava um grande percentual de mulheres não escravas (28 ou 30,4% de todas as mulheres) que se casaram com homens escravos (27 casos) e um livre. Em contraste, os homens cativos, por sua vez, se casaram com mulheres livres (27) e poucos deles com as escravas (sete) e forras (quatro). Outro cativo, Anacleto Fernandes dos Santos (42 anos, pertencente aos herdeiros do "doutor" Samuel Henriques Hardman), se casou com Benedita Maria do Rosário (36 anos e preta), mulher com forte indicativo de que era livre, mesmo sem ter identificado o nome do pai ou da mãe (LC NS das Neves, 1862-69, fl. 43, AEPB).

Situação diferente é a de outras mulheres livres, pois, apesar de os párocos não terem indicado a condição jurídica de muitas delas, elas tinham dados sobre sua origem materna ou paterna, o que permitia sua classificação como livres ou forras. Um exemplo dessa situação envolveu um casal que não trazia nenhum dado sobre o estatuto social; ele com nome e sobrenome do pai e da mãe (era filho legítimo), e a noiva também com nome, sobrenome e indicação de que era filha natural de mãe liberta, portanto, tinha grande possibilidade de ser livre, principalmente se tivesse nascido após a libertação da mãe. Entretanto, nenhum deles trazia a cor da pele. O noivo seria livre? Essa dúvida foi solucionada ao longo da pesquisa nas atas de casamentos, pois detectei que o pai do noivo era um senhor de escravo, Francisco Xavier de Abreu, tendo então amplas chances de ser livre. Segundo o registro, o matrimônio foi celebrado em 4 de abril de 1874 e as testemunhas foram o "doutor" Antonio de Aragão e Melo, um senhor de escravo, e o "major" Luis Estanislau Roiz Chaves, na capela do Convento de Nossa Senhora do Carmo,[10] na qual eles se

> casaram solenemente por palavras de presente Militão Chaves de Abreu, filho legítimo de Francisco Xavier de Abreu e Constância Maria Angélica, natural desta freguesia, com Balbina Maria da Conceição, filha natural de Romualda, liberta do finado capitão Antonio Fernandes de Carvalho, natural da freguesia de Taipu,

---

10 Na época, a igreja do Carmo era um espaço da elite da Paraíba. No seu interior se formaram jazigos dos "ilustres" da província, como o da família Carneiro da Cunha. Ainda nos dias de hoje, os casamentos que ali ocorrem são suntuosos e envolvem setores com alto poder aquisitivo da sociedade. Para mais detalhes sobre a história dos carmelitas na Paraíba, ver Mello, Albuquerque e Silva (2004, p.93).

ambos os nubentes moradores desta freguesia. (LC NS das Neves, 1862-69, fl. 60, AEPB)

Nesse caso, graças à descoberta da paternidade do noivo e da indicação do estatuto da mãe da noiva, foi possível desvelar a condição dos noivos.

A respeito dos sete casais escravos, observei que eles eram formados por pessoas que, geralmente, residiam na mesma unidade de produção ou residência. Apenas o escravo Felipe, do doutor Antonio Manoel de Aragão e Melo, se uniu a Maria, escrava de Francisco Xavier de Abreu, no oratório particular do dono da noiva. O enlace ocorreu em 9 de maio de 1864 e como testemunhas estavam dois homens: um livre, Roberto Francisco da Paixão, e um escravo, João, pertencente a Francisco Xavier de Abreu (LC NS das Neves, 1862-69, fl. 43, AEPB).

Um aspecto que me chamou a atenção se refere ao fato de encontrar tantos casamentos – 34 de um total de 46 – em que apenas um dos cônjuges era escravo. Esse fato pode indicar, pelo menos na freguesia da capital, nas décadas finais da escravidão, que os senhores da área urbana não detinham total domínio sobre a vida parental de seus escravos.

Apesar das diferentes décadas da realização dos casamentos, as três paróquias tinham em comum a expressiva presença de escravos. Em Livramento, somaram 84,6% das pessoas negras que se casaram; em Santa Rita eram 73,7% e, em Nossa Senhora das Neves, 69,5%. Estas últimas foram recuperadas mais facilmente do que aquelas de cor "preta" e de condição livre, pois muitas vezes não havia dados da ascendência, visto que raramente se informou o grupo étnico-racial dos nubentes. Os escravos, ao contrário, podiam não ter a cor da pele declarada ou o parentesco filial, mas traziam o nome de seus senhores.

As pessoas negras das três freguesias celebravam seus matrimônios geralmente nas capelas, seguido das igrejas matrizes e, por último, os oratórios. Além desses templos, alguns nubentes, que não se casaram na sua paróquia de origem, escolheram a matriz de outras freguesias ou celebraram o matrimônio em sua própria casa, sobretudo as pessoas livres. Mas se tratando de pessoas escravas, era comum o enlace ser realizado em capelas ou oratórios de algum engenho. Vejamos o local onde as pessoas negras sacramentaram a relação conjugal. A primeira escolha eram as capelas: na freguesia de Nossa Senhora das Neves foram realizados 43,5% das cerimônias; em Santa Rita, 46,6% e 58,4% em Livramento. Em seguida, estava a igreja matriz, cuja menor frequência se deu na paróquia urbana, a de Nossa Senhora das Neves, 23,9%, e os maiores índices ocorreram nas rurais, 28,6% e 33%, respectivamente, em Livramento e Santa Rita. Os oratórios tiveram a preferência dos que residiam em Santa Rita (17,5%), em seguida dos que residiam em Nossa Senhora das Neves (13,%), e, por último, os de Livramento (6,5%).

A preferência pelo espaço privado – capelas e oratórios – predominou nas três freguesias. Somando os dois locais se obtém um percentual significativo: atinge-se 64,9% em Livramento, 64,1% em Santa Rita (freguesias rurais), 56% em Nossa Senhora das Neves (freguesia urbana).

Entre os que se casaram em locais diferentes na capital, alguns escolheram igrejas filiais à matriz, convento ou levaram o padre para suas residências, com o objetivo de receber a bênção nupcial. Um exemplo ocorreu nos últimos anos da existência da escravidão, com um casal misto: em 23 de setembro de 1886, Severiano Ferreira (escravo), de 58 anos, e Gertrudes Maria da Conceição (liberta), de 55, se casaram na casa da noiva, localizada na rua Santo Elias – onde atualmente se localiza o centro da capital da Paraíba. O noivo era escravo dos herdeiros de Vicente do Rego Toscano de Brito e a noiva havia pertencido à Ana de Tal (LC NS das Neves, 1884-8, fl. 77, AEPB).

No que se referia especialmente aos escravos, não houve diferenças expressivas entre os locais que eles se casavam. Tanto nas freguesias rurais como na urbana, o comum era que os enlaces se realizassem em capelas. Talvez a preferência não fosse dos nubentes por esses locais, mas uma imposição do senhor, visto que eram inúmeras as capelas nos engenhos de açúcar na várzea do Paraíba: sete em Livramento, treze em Santa Rita e dez na freguesia de Nossa Senhora das Neves (IJJ9-225 – 1852-6, BN/ RJ). Ao destacar os dados dos enlaces dos escravos, se encontra maior frequência de escravizados se casando em capelas: em Livramento, das 103 celebrações envolvendo os cativos 65% (67 do total) ocorreu em capelas e somente 22,3% (23 do total) na igreja matriz. Das treze restantes (12,7%), algumas aconteceram em oratórios senhoriais (seis ou 5,8%), apenas uma na igreja de Nossa Senhora da Guia[11] e sobre seis (5,8%) não foi indicado o local da cerimônia.

Os 43 casamentos mistos de Livramento se realizaram principalmente na igreja matriz (dezoito) e nas capelas (dezessete). Poucos (três) foram celebrados nos oratórios e três no Convento dos carmelitas e, por fim, em dois o pároco não anotou o local dos enlaces. A respeito dos outros nubentes, os dois forros se casaram na matriz e entre os livres: três também receberam a bênção nupcial na principal igreja da paróquia, dois em capelas e um em oratório.

Entre os cativos de Santa Rita deu-se o mesmo padrão, em 72 matrimônios, uma maioria se casou nas capelas (51,4% ou 37), seguidos dos que tiveram acesso à igreja matriz (33,3% ou 24); no espaço privado do senhor, ou seja, nos oratórios, celebraram-se 13,9% (ou dez) casamentos e apenas um (1,4%) não foi indicado o local. Enfim, nas freguesias rurais é possível

---

11 A justificativa para a realização da cerimônia de João de Luna (viúvo de Rosa da Guia) e Luiza do Carmo na igreja da Guia deve estar vinculada ao fato de ambos terem pertencido ao "Convento de Nossa Senhora da Guia", da ordem dos carmelitas, localizado em Lucena. A celebração ocorreu em 26 de novembro de 1826, por Frei João da Encarnação (LC Livramento, 1814-50, fl. 53, AEPB).

observar que os escravizados se casavam nos espaços privados, capelas e oratórios, dos senhores.

Em relação aos outros trinta enlaces mistos de Santa Rita, uma pequena maioria se realizou nas capelas (onze), número semelhante ocorreu na matriz (dez), um menor número nos oratórios (sete), sobre dois não há dados sobre o local e um se celebrou, provavelmente, na ocasião que religiosos faziam missões pela província.

Na freguesia urbana, Nossa Senhora das Neves, em face dos poucos registros de casamento de casais escravos (apenas sete, de um total de 46), não havia diferença entre os que se casavam na matriz (três casos), nos oratórios (três casos) ou em igreja filial (um caso).

Resta observar onde se realizavam os enlaces mistos. Do total de dezoito (48,6%) cerimônias, os noivos "escolheram" uma capela no meio urbano, constatando-se que a população escrava quando se casava com seus pares ou com os não escravos era nas capelas, ou seja, nos templos privados.

Além disso, para se casar os escravos necessitavam da concordância e licença dos donos. No caso dessas freguesias da Paraíba, há observações no livro de casamento – que podiam ser enviadas ao pároco por escrito em um bilhete de seus donos – como se exemplifica no texto que se segue:

> Aos 26 de setembro de 1862, na capela do Santíssimo Coração de Jesus de Cabedelo, pelas sete horas da noite, feitas as denunciações matrimoniais na forma do estilo, nesta freguesia, donde ambos os nubentes são naturais e moradores sem descobrir impedimento algum tendo *o nubente licença de seu senhor para se casar como tudo consta dos documentos* que ficam em meu poder de minha licença na presença do padre Theodolino Antonio da Silveira Ramos e das testemunhas Pedro Roiz de Mendonça e Luiz da Cunha Camello, se casaram solenemente por palavras *Antonio Garcia,* filho natural de Maria, *escravos* de Manoel Garcia do Amaral, com *Francelina Maria da Conceição,* filha natural de Bárbara Maria da Conceição e

logo receberam as bênçãos nupciais conforme o ritual romano, do que para mandei fazer este assento que por verdade assinou. O vigário Joaquim Antonio Marques". (LC NS das Neves, 1860-69, fls. 17-18, AEPB) (Grifos meus.)

Interessante destacar que a ata do casamento trazia uma síntese das exigências tridentinas, como a identificação do nome dos pais, local de moradia dos noivos, realização das denunciações e o seu resultado. Porém, não há indicação da idade dos nubentes. E considerando a especificidade da sociedade brasileira – acrescentava o pároco, o noivo, um escravo, tinha autorização de seu senhor para contrair matrimônio. Na década seguinte, em 27 de outubro de 1876, outro escravo – Germano da Costa Lima – exibiu licença, por escrito, de sua senhora (Dona Eugênia de Albuquerque Lima) para se casar com uma mulher livre, Guilhermina Maria do Rosário, mostrando, assim, os limites da autonomia escrava, uma vez que os párocos só realizavam o matrimônio com autorização[12] dos donos dos escravos (LC NS das Neves, 1871-79, fl. 130, AEPB).

Os noivos mencionados tinham a condição escrava e apresentaram sobrenomes de seus donos, tendência que predominou nos assentos das freguesias em estudo. Foram poucos os que tiveram sua identificação unicamente pelo prenome. Da mesma forma, quando se tratava de escravo crioulo, os nomes da mãe e/ ou do pai eram mencionados, o que não ocorria com os africanos.

Em conclusão, vale destacar que poucos negros – escravos e não escravos – conseguiram se casar seguindo as orientações cristãs nas três paróquias em estudo. Apesar de contraírem matrimônio principalmente com pessoas do seu grupo social, alguns homens escravos se casaram com pessoas livres ou forras, indicando que os senhores não dominavam totalmente as escolhas

---

12 Andrade (1995, p.247-8), estudando documentos paroquiais em freguesias de Minas Gerais do século XIX, destacou alguns exemplos de envio de "bilhete" do senhor autorizando o casamento de seus escravos.

dos cônjuges. O recasamento, isto é, pessoas viúvas casando em segundas núpcias, também foi encontrado. Essas pessoas costumavam se casar, na zona urbana ou na rural, nas capelas; um segundo local de escolha eram as igrejas matrizes e, em terceiro, os oratórios particulares. Para ampliar as informações sobre o casar entre as pessoas negras no Oitocentos, realizei análise nos assentos batismais, como pode ser conferido no próximo item.

Filiação de pessoas negras: as informações dos registros de batismos

Os registros de batismo permitiram-me observar o tipo de filiação de crianças e de adultos batizados dos distintos grupos sociais e, dessa forma, inferir a frequência de casamentos no interior da população negra nas três freguesias. Os dados dos assentos de batismo mostram que a população negra (escrava e não escrava) era predominantemente de filiação natural, ou seja, comum era se ter a indicação do nome da mãe e, raramente, o do pai. Mas com análise por condição jurídica e por períodos, nas duas metades do século XIX foram detectadas algumas diferenças. Como se apresenta os números absolutos de cada uma das três freguesias na Tabela 3.1, seguida de análise.

Na paróquia de Nossa Senhora das Neves, observando a condição jurídica em dois períodos, a primeira e a segunda metade do século XIX, tem-se o seguinte resumo:

- *Escravos*: do total de 1.351 pessoas sobre as quais há informações de pais, uma ampla maioria era de filiação natural (1.225 ou 90,7%) e uns poucos (126 ou 9,3%) tiveram a indicação do pai e da mãe. Na primeira metade do século XIX, entre 1833-50, foram realizados 41 (ou 3,1%) batizados de crianças legítimas e, nos primeiros vinte anos da segunda metade do século XIX (1851-71), foram 85 (ou 6,2%).

Tabela 3.1: Tipo de filiação da população negra nas freguesias de Nossa Senhora das Neves, Livramento e Santa Rita, por condição jurídica, entre 1814 a 1888

Condição jurídica	Freguesias											
	Nossa Senhora das Neves (2730)				Livramento (779)				Santa Rita (851)			
	Legítima		Natural		Legítima		Natural		Legítima		Natural	
	1833-50	1851-88	1833-50	1851-88	1814-50	1851-84	1814-50	1851-84	1840-50	1851-71	1840-51	1851-71
Escrava	41	85	417	808	84	43	219	101	69	119	165	297
Ingênua	–	29	–	484	–	10	–	49	–	–	–	–
Forra	2	10	24	68	4	–	3	8	–	–	3	5
Livre	210	282	150	120	89	109	33	27	37	78	10	68

Fonte: Livros de Batismos de Nossa Senhora das Neves, de Livramento e Santa Rita, abrangendo os anos de 1814 a 1888.[13]

---

[13] Entre os que não tiveram a indicação da mãe ou do pai, estavam africanos, adultos e pessoas de variadas idades, muitas vezes batizadas em "perigo de morte" e retornavam à Igreja para receber os Santos Óleos (confirmação do batismo), sobre as quais havia somente o nome do senhor e/ou dos padrinhos/testemunhas. Nessa situação foram identificados setenta casos na freguesia de Nossa Senhora das Neves, quarenta em Livramento e dois em Santa Rita.

No tocante aos de filiação natural, temos os seguintes dados: 417 (30,8%) batismos na primeira metade e 808 (59,8%) nos anos referidos da segunda metade do mesmo século. Em suma, houve crescimento de cerimônias batismais de crianças escravas legítimas na segunda metade do século, porém as que tinham filiação natural foram mais expressivas, visto que nessa freguesia urbana era altíssima a taxa de naturalidade de escravos;

- *Ingênuos*: nesse grupo, em todos os batismos realizados após a aprovação da Lei Rio Branco (1871), a situação era semelhante à de bebês escravos, pois eles eram filhos do ventre cativo. Nessa freguesia, eles somavam 513, batizados entre 1871 e 1888. Desse total, apenas 29 (5,6%) foram batizados como legítimos, e a maior parte, 484 (94,4%), como naturais;
- *Forros*: um primeiro dado importante é que as mães de todos (104) os libertos eram mulheres escravas com liberdade para seus bebês. Por esse motivo, os bebês seguem o padrão de filiação dos escravos e ingênuos. Pouquíssimos, como os dos dois grupos mencionados, tinham filiação legítima: doze (11,5%), sendo dois (1,9%) batizados na primeira metade do século XIX e o restante, dez (9,6%), na segunda. Os de filiação natural foram batizados em menor número na primeira metade do século – 24 (23%) –; já na segunda, foi a maioria – 68 (65,4%). Talvez esse aumento de carta de alforria para bebês nascidos escravos na segunda metade do século XIX tenha ocorrido em razão dos debates travados na sociedade em defesa do fim da escravidão;
- *Livre*: esse grupo social apresenta resultados que destoam tanto dos escravos quanto de ingênuos e forros, pois se observa, primeiro, uma forte taxa de legitimidade nos dois períodos analisados num grupo de 762 pessoas: na primeira metade eram 210 (27,5%) pessoas legítimas, que viraram 282 (37%) na segunda. Os naturais, por sua vez, diminuí-

ram – na primeira metade eram 150 (19,6%) e caíram para 120 (15,7%). Os dados indicam que esse grupo cada vez mais tentava se aproximar do padrão das elites, buscando estabelecer relações conjugais sacramentadas pela Igreja.

Na freguesia de Livramento os dados referentes aos anos 1814 a 1884 mostraram o seguinte:

- *Escravos*: de um total de 447 pessoas, os de filiação natural (320 ou 71,5%) predominaram nos dois períodos: foram 219 (49%) na primeira parte do Oitocentos e 101 (22,5%) na segunda, marcando uma diminuição. Entre os de filiação legítima, a maior parte, 84 (18,7%), também foi batizada na primeira metade do século aludido e uma menor quantia na segunda, somente 43 (9,6%). Porém, deve-se considerar que na primeira metade foi computado um maior número de anos, 36 contra vinte na segunda metade, visto que a partir de 1871, os bebês do ventre escravo passaram à condição de ingênuos;
- *Ingênuos*: seguiram a tendência das pessoas escravas; poucas tinham filiação legítima – dez (17% do total de 59) – e uma maioria de naturais, 49 (83%) do total encontrado entre os anos de 1871 e 1884;
- *Forros*: entre os poucos encontrados, quinze seguiram o padrão das crianças da freguesia urbana, ou seja, a maioria tinha filiação natural (onze ou 73,3%), sendo que a maioria das cartas de alforria desses bebês na pia batismal foi obtida na segunda metade do século XIX; oito (53,3%) contra três (20%) na primeira metade. Os outros quatro (26,6%) bebês de filiação legítima foram libertados no primeiro período do século XIX;
- *Livres*: nesse grupo, como ocorreu com as crianças da freguesia da capital, o padrão era ter declarado tanto o nome da mãe quanto do pai. Assim, um número expressivo tinha filiação legítima (76,6%) e uma menor parte natural

(23,3%). Ao longo do século XIX, os números indicam que pretos livres procuravam legitimar suas relações conjugais, pois na primeira metade eram 89 (34,4%), aumentando para 109 (42,2%) na segunda; em contraste, os de filiação natural diminuíram: no primeiro momento eram 33 (12,8%) e no segundo caíram para 27 (10,5%).

Na freguesia de Santa Rita, cujos dados são limitados aos anos de 1840 a 1871, foram obtidos os seguintes resultados:

- *Escravos*: de um total de 651 pessoas escravas, apenas cinco eram adultas, mesmo assim, somente uma não teve a indicação da filiação porque era um africano. Portanto, 650 pessoas batizadas tiveram indicação da filiação; dessas, a maioria teve declarado apenas o nome das mães: foram 462 casos do total de batizados, sendo uma maioria na segunda metade do século XIX (297 ou 45,6%) e um menor número na primeira (165 ou 25,3%). Os de filiação legítima também foram levados, em sua maioria, à pia batismal na segunda metade do Oitocentos: 119 (18,3%) contra 69 (10,6%) na primeira. Vale a ressalva de que os registros dessa freguesia concentravam-se nos anos de 1840 a 1871, sendo que na primeira metade do Oitocentos foram considerados dez anos e, na segunda, os outros vinte, por isso as cerimônias se realizaram sobretudo no segundo período;
- *Forros*: as poucas crianças libertas – como ocorreu nas freguesias de Nossa Senhora das Neves e Livramento – tinham mães escravas, por esse motivo se manteve o padrão de terem filiação natural. Em Santa Rita, os bebês forros eram apenas oito, todos tinham filiação natural, três (37,5%) deles foram batizados na primeira metade e cinco (62,5%) na segunda metade do Oitocentos;
- *Livres*: as pessoas nascidas de mães e pais pretos de condição livre mantiveram o padrão das duas outras freguesias, isto

é, predominava a filiação legítima. Do total de 194, apenas em um não constava a indicação de filiação. As registradas como legítimas eram a maioria 115 (59,6%) contra um menor número de naturais 78 (40,3%). Na primeira metade do século XIX foram realizados 37 (19,2%) batizados das pessoas ditas legítimas e, na segunda, houve aumento para 78 (40,4%). Entre as naturais, no primeiro período do século XIX, foram apenas dez (5,2%) que receberam o primeiro sacramento e, na segunda metade, outras 68 (35,2%).

Com base nesses dados, observei o seguinte: pessoas escravas ou vinculadas à escravidão – ou seja, as forras e as ingênuas – apresentaram taxa de naturalidade extremamente alta, atingindo 3/4. O grupo dos pretos livres tinha uma situação bastante distinta: nas três paróquias, eles sempre dispunham de maior taxa de legitimidade do que os primeiros, e ao longo do tempo esse índice cresceu, mostrando que eles procuraram estabelecer relações conjugais sacramentadas pela Igreja Católica.

Vale destacar que com os assentos de casamento consegui identificar, sobretudo, algumas características do matrimônio escravo, mas muito pouco sobre o de pessoas negras não escravas. Porém, com o uso dos dados batismais foi possível detectar que esses indivíduos vinham investindo na formação de famílias legítimas, revelando que eles valorizavam esse tipo de relação, comum no grupo da elite.

Contudo, entre várias questões sobre a população escravizada, destaco: será que realmente prevalecia o padrão de família monoparental? Ou entre essa população algumas tiveram oportunidade de se casar? Valorizavam essa prática?

Apesar das limitações das fontes, procurei reduzir a escala de observação, passei a investigar alguns engenhos da Zona da Mata da Paraíba e construí algumas histórias dos sujeitos sociais que viveram nas freguesias. Assim, cruzando variados documentos, foi possível desvelar os vínculos parentais sobre essa população, especialmente daqueles que residiam em três importantes engenhos das freguesias rurais em estudo. São eles: Tibiri, Una e Gargaú.

Famílias monoparentais e legítimas nos engenhos Una e Tibiri

O casal Zacarias e Gertrudes, pertencente a Manoel Maria Carneiro da Cunha, residia com seus companheiros de cativeiro, em um dos dois engenhos de seu proprietário. Esse senhor teve participação na vida política da província no início do Império. Ele e mais dois parentes, Manuel Florentino e Joaquim Manuel, foram os fundadores do partido Conservador na Paraíba. Ele atuou por um período na política local, mas quem realmente fez carreira de alcance nacional foram outros parentes, Anísio Salatiel e Silvino Elvídio Carneiro da Cunha (filhos de Manuel Florentino), que chegou a ser presidente de província da Paraíba e de outras e, no fim do Império, recebeu o título de Barão do Abiaí (Mariz, 1987). Vejamos a descrição da área onde estavam edificados os engenhos de Manoel Maria Carneiro da Cunha.

Um indivíduo que chegasse ao vale do rio Paraíba no início do século XIX, na povoação de Santa Rita, avistava, ao longe, uma casa-grande, um casarão comprido e sombrio com um pequeno outeiro com várias portas. Nas proximidades dessa residência estava a senzala, ou "casaria dos escravos", as oficinas e a enfermaria e, mais à direita, "erguia-se muito branca a ermida do solar", cujo orago era Nossa Senhora do Rosário. Todos esses imóveis e instalações faziam parte do Engenho Tibiri – localizado ao norte com o rio Paraíba. Na nascente estavam as terras do Engenho de Santo Amaro, o sítio do padre Mathias Leal de Lemos e o rio Marés. Pelo sul, o rio Mumbaba e no poente as terras do Engenho Santo André (Tavares, 1989, p.277-8).

Seu dono, nas palavras do bisneto, "era homem de poucas falas e risos, olhos severos e perscrutadores, cavaleiro da ordem de Cristo" (Cunha, 1928, p.58-9). O bisneto se referia a Manoel Maria Carneiro da Cunha que, na ocasião de seu falecimento, era dono do mais antigo engenho da Paraíba, cuja propriedade havia sido obtida, por compra, da viúva do senador e brigadeiro Estevão José Carneiro da Cunha e de herdeiros.[14] Carneiro da Cunha possuía outro engenho, o Una, também adquirido por compra e que tinha uma localização privilegiada, pois se limitava com três rios: o Inhobim, o Una e o Paraíba (Tavares, 1989, p.275-80). A casa-grande e a capela também eram construções com uma agradável estética arquitetônica, revelando em suas formas o poder e o prestígio de seus donos (ver figuras 3.2 e 3.3). Segundo as considerações da arquiteta Martins (2005, p.30) e observação de fotos, a casa de residência era um sobrado com fachadas, gradil, portas e janelas apresentando detalhes variados. A capela São Gonçalo pertencia a esse engenho; talvez fosse uma das mais imponentes da Zona da Mata. Acerca da sua forma física, ela é hexagonal, tem ricos detalhes internos e externos – destaque para "sua nave de seis faces com cúpula em forma de abóbada" e deve ter sido construída por volta de 1700, tendo passado no mínimo por duas reformas, em 1906 e 1913 (Martins, 2005, p.47-50). Esse engenho, em 1937, começou a funcionar como usina, de nome São Gonçalo, e desde 2004 pertence ao grupo "Usina São João".

A população escrava desse senhor, identificada em três fontes paroquiais (casamento, batismo e óbito), era composta de um significativo número de casais escravos que haviam recebido os sacramentos cristãos. Em Santa Rita, os casais que contraíram matrimônio eram seis; em Livramento, somavam dezesseis nubentes. Os batizandos eram dezesseis bebês em Santa Rita e seis em Livramento. Nos livros de óbitos das duas freguesias foram

---

14 Os dados sobre a obtenção dos engenhos de Manoel Maria Carneiro da Cunha foram fornecidos por seu filho, Francisco Manoel Carneiro da Cunha, quando se seguem as determinações da Lei de Terras, de 1850, de registrar os imóveis rurais. Por essa época, Manoel Maria já era falecido (Tavares, 1989, p.277-8).

registrados somente três indivíduos adultos (Leandra, em 1828; Joaquim, em 1842; e Felipa, em 1862) pertencentes a Manoel Maria Carneiro da Cunha.

Completando sua população escrava, nos livros de batismos havia cinco casais escravos (dos quais não constam os assentos de casamento) e dois homens (Gregório e José) que se casaram com mulheres escravas viúvas (Paulina e Leandra). Dentre os vários padrinhos, estava um homem (Agostinho) cujo estado conjugal não consegui identificar, embora tenha batizado duas crianças. Totalizavam, portanto, 84 pessoas escravizadas entre os anos de 1823 e 1854. Dessas, 61 (72,6%) eram adultas e 23 (27,3%) crianças.

Nem todos os casais encontrados nos engenhos de Manoel Maria Carneiro da Cunha eram legitimamente casados, mas os nomes da mãe e do pai foram citados em alguns dos batismos de crianças. Isso porque o sacerdote, ao batizar crianças de filiação natural desse senhor, costumava colocar o nome dos progenitores, seguindo as determinações das CPAB (1853), que orientava o pároco a citar os nomes de mães e pais solteiros, caso não houvesse inconvenientes. Outra possibilidade a ser aventada é a de que os casais mantinham relações consensuais estáveis.

Figura 3.2 Casa-grande do Engenho Una.
Fonte: Martins (2005, p.30).

Vejamos os 22 casais de escravos, pertencentes a Manoel Maria Carneiro da Cunha, que seguiram as orientações tridentinas e se casaram na Igreja. Quinze casamentos foram realizados na paróquia de Livramento na década de 1820 e apenas um em 1830 e, em Santa Rita, houve seis celebrações, todas ocorridas na década de 1850. Do total desses matrimônios, a maioria (14 do total de 22) foi celebrada nas capelas dos Engenhos Tibiri, cuja santa devotada era Nossa Senhora do Rosário, e Una, com homenagem a São Gonçalo. Entre os que se casaram fora dos engenhos estavam oito casais que preferiram realizar a cerimônia na Matriz de Livramento, a exemplo do casal formado por Zacarias e Gertrudes. Não se sabe o motivo que os levou a essa preferência, pois no ano anterior primeiro casamento ocorreu na capela de São Gonçalo já havia se realizado (LC Livramento, 1814-50, fl. 61, AEPB).

Seria uma tentativa de não deixar de ser totalmente subjugado pelas decisões senhoriais? Relações de amizade com o pároco, na época Ignácio Joaquim de Santa Anna Cardoso? Será que o proprietário determinou que casamentos só seriam celebrados numa das duas capelas de seus engenhos? Não foi possível tirar nenhuma conclusão, mas observei que, à exceção dessas oito celebrações, na década de 1820, todas as demais aconteceram na capela do Engenho Tibiri ou na do Una.

Os resultados sobre os enlaces de cativos pertencentes a Manoel Maria Carneiro da Cunha mostram que a maioria de seus escravos legitimou a relação na Igreja, mesmo aquelas mães que se tornaram viúvas ou batizaram crianças na condição de solteira, se casando anos depois. Um exemplo disso é Silvana, que levou à pia batismal seu filho natural Albino, porém, quatro anos depois, em 10 de junho de 1851, se casou com Miguel; na ocasião mais três enlaces se realizaram – Paulina (viúva) com José Carneiro; Leandra (viúva) com Marcos; e Geralda com Joaquim (LC Santa Rita, 1846-75, fls. 28-9, AEPB).

A referida Leandra, antes do seu recasamento (em 1851), apareceu no livro de batismo com seu marido anterior, Gregório.

Sete anos antes, em 22 de julho de 1844, ela e o marido levaram à pia batismal suas filhas legítimas Sabina e Paula (LB Santa Rita, 1840-52, fl. 46, AEPB).

Possivelmente, o dono do Engenho Tibiri estimulava e providenciava a presença de sacerdote na capela de seu engenho. A santa de invocação do orago era Nossa Senhora do Rosário, a santa devotada pelos pretos.

Além de batismos dos cativos de Manoel Maria Carneiro da Cunha, a capela era utilizada também pelos vizinhos do proprietário, que aproveitavam para batizar seus filhos e estabelecer (ou fortalecer) laços sociais (políticos e/ou afetivos) com o influente senhor de engenhos.

Figura 3.3 Capela São Gonçalo, Engenho Una.
Fonte: *Revista Turística de Santa Rita*, 2003.

Esse estímulo para que os escravos tivessem acesso aos sacramentos, tanto o do matrimônio quanto o do batismo, é, no mínimo, intrigante. Cuidaria o senhor para que eles vivessem dentro dos preceitos do catolicismo? Talvez essa seja uma questão com diversas respostas, uma vez que no sistema escravista prevalecia, quase sempre, o interesse senhorial. Mas não se pode desconsiderar a influência da Igreja no comportamento dos segmentos sociais do período oitocentista. Todavia, vale ressaltar as altas frequências de cerimônias de batismo nas propriedades de Manoel Carneiro, em que muitas crianças eram batizadas em dupla, de matrimônios de escravos com celebrações coletivas.

Vínculos parentais de escravos no Engenho Gargaú

Um dos principais engenhos do século XIX, construído na Zona da Mata da Paraíba, foi o Gargaú. Muito antes da passagem de seu mais ilustre visitante, Dom Pedro II, em 1859, outros viajantes e administradores já tinham destacado sua existência.

Algumas informações, como as fornecidas por Ramos (2005, p.6), indicam a edificação desse engenho por volta do ano de 1614, tendo como dono Ambrósio Fernandes Brandão (autor de *Diálogos das grandezas do Brasil*, 1618), que o deixou como herança a seus filhos e netos. No período da ocupação dos holandeses, a propriedade ficou abandonada e, conforme Herckmans (1982), passou a um novo senhor, proveniente de seu país de origem, que a renomeou de *La Rasiere*. Segundo Machado (1977, p.264), com a expulsão dos batavos ainda no século XVII, o engenho passou a João Fernandes Vieira (1655-57), que governou a capitania da Paraíba. Entretanto, os estudiosos ainda não conseguiram evidências sobre quem foi seu dono no século seguinte.

É somente a partir do final do período colonial, em 1813, que se obtêm dados a respeito de quem pertencia esse engenho.

De acordo com Ramos (2005, p.8), o imóvel estava em poder do morgado[15] da Vila Nova, cujos documentos mais antigos são datados de 1813. Esse mesmo autor considera que a partir de 1845 o engenho passou a pertencer a Joaquim Gomes da Silveira. Na presente pesquisa, o primeiro assento de batismo na capela do referido engenho é datado de abril de 1817. Porém, as primeiras atas batismais em que escravos aparecem como pertencentes a Gomes da Silveira são datadas de 1832 e o local das celebrações foi na matriz de Livramento.

A primeira cerimônia batismal realizada na capela de Sant'Ana é de 28 de julho de 1844. Portanto, deve ter sido por essa época, no início da década de 1840, que Gomes da Silveira adquiriu o Engenho Gargaú, permanecendo em posse da família até 1892. Mais recentemente, na segunda metade do século XX, esse engenho foi transformado em propriedade de grandes usineiros do estado, da família Ribeiro Coutinho.

Uma das descrições mais antigas foi realizada por Elias Herckmans (1982, p.11), que governou a capitania (1636-39), então ocupada pelos holandeses. Segundo ele, ao "norte da extrema ocidental da ilha de São Bento, entre o rio Gargaú, prolonga-se para o noroeste e um pouco para o ocidente [...] a terra de Gargaú". Nesse local ficava "um engenho de fazer açúcar, que outrora se chamava Gargaú, e que agora tem o nome de La Rasiere, por se chamar assim o seu possuidor, que o comprou". Esse governador notou que a região era coberta de vasta mata, com inúmeras árvores que deveriam fornecer madeira de boa qualidade, por isso registrou ainda que

> em razão da abundância e fertilidade dos bosques dessa capitania moram nelas muitos *roceiros e produtores de farinha e cultores de arroz,*

---

15 Morgado refere-se à lei de sucessão de bens que permitia a vinculação do direito de herança ao primogênito. Evitava-se, dessa forma, a fragmentação do patrimônio familiar, bem como se objetivava assinalar a nobreza de uma família. A sua prática foi pouco difundida na América portuguesa, mas extinguiu-se apenas em 1835. A esse respeito, ver Silva (1998, p.32).

milho e outros frutos da terra; pois aí se diz, como um ditado, que onde há madeira e bosque que crescem bem, igualmente vingará bem a mandioca, isto é, a raiz de que se faz a farinha. (Herckmans, 1982, p.33) (Grifos meus.)

Como observado por Herckmans, as áreas localizadas nas proximidades desse engenho forneciam madeira para abastecer as fornalhas produtoras de açúcar e espaços para o cultivo de produtos de subsistência tanto para pessoas livres quanto para senhores de engenho, que preferiam empregar seus trabalhadores escravizados na produção de açúcar e não no cultivo, por exemplo, da mandioca.

Mais de um século depois, o referido governador da capitania, Luiz da Motta Feo, concluía uma viagem (iniciada em agosto do ano anterior) pelo interior com o objetivo de cumprir determinações de uma carta régia que o mandava percorrer vilas e povoações da Paraíba, com vistas a receber um "donativo real". Em seu relatório fez rápida referência ao Engenho Gargaú, onde pernoitou com os oficiais. Embora Motta Feo, por ocasião de sua passagem pelo engenho, entre os dias 22 e 23 de fevereiro de 1805, não tenha mencionado quem era responsável pelo imóvel (Relatório da viagem, 1804-5, fl. 26-7, IHGB/RJ), existe uma informação do ano de 1802 indicando que sua administração estava nas mãos do padre José de Carvalho, conforme Seixas (1987, p.239).

Cinco décadas depois, em dezembro de 1859, o imperador Dom Pedro II passou pelo Engenho Gargaú e aportou na província da Paraíba. Em sua rápida estada, com uma comitiva de duzentas pessoas, almoçou e recebeu homenagem de seu proprietário, Joaquim Gomes da Silveira. Segundo Almeida (1982, p.98-9), o "Imperador percorreu o engenho e anotou em seu diário dados sobre a produção de açúcar, número de escravos, o estado de conservação da indústria, a qualidade da cana" e descreveu o seu proprietário, Joaquim Gomes da Silveira, como "comandante superior deste município, parece lavrador inteligente".

Menos de um ano depois, o então presidente da província, Luiz Antonio da Silva Nunes (partido Conservador e natural do

Rio Grande do Sul), em viagem realizada entre 17 de setembro de 1860 e 17 de outubro do mesmo ano, relatou com um pouco mais de detalhes sua passagem pelo Engenho Gargaú, quando retornava de Mamanguape. Em suas anotações, publicadas no jornal *O Imparcial* (que circulou de abril de 1860 a abril de 1861), informou que o engenho era de propriedade do "comandante superior dos municípios da capital e Alhandra", que a comitiva havia chegado ao engenho por volta das "oito horas e um quarto da manhã, depois de vencer a distância de dez léguas, e ter sido recebida pelo senhor Comandante Silveira, que hospedou magnificamente sua excelência". O almoço foi realizado na casa-grande, com a presença de Leonardo Antunes Meira Henriques (padre Meira), Francisco Soares da Silva Retumba (engenheiro) e outros. Após a refeição, o presidente Silva Nunes visitou a capela do engenho, descreveu-a como "uma bela igreja, bem ornada e asseada", passou "depois à casa do engenho, onde tudo examinou e tudo lhe foi mostrado pelo digno proprietário". Por volta das "duas horas e meia da tarde foi servido o jantar profuso e lauto. Deixaram a propriedade em companhia de Comandante Silveira" (Seixas, 1985, p.103).

O presidente Silva Nunes se impressionou com a arquitetura da capela do engenho. De fato, quase um século e meio depois, concordo com essa autoridade Imperial, uma vez que esse templo religioso está mais para igreja do que capela. Apesar do abandono em que se encontra, suas formas arquitetônicas causam grande impacto aos olhos dos visitantes. Fico imaginando o que ocorria no Oitocentos, quando a cultura do açúcar dominava a freguesia e aquele que detinha um imóvel para a prática da religiosidade deveria se beneficiar do prestígio entre seus pares e a população das redondezas com pouca (ou sem) posse material. Afinal, além da bela capela-igreja,[16] a casa-grande também contribuía para simbolizar a riqueza de um senhor de engenho e de escravos. Esse

---

16 De acordo com Carvalho (2005, p.45), a capela Sant'Ana tem o estilo arquitetônico barroco/rococó e deve ter sido construída entre o fim do século XVIII e início do XIX.

era o caso de Joaquim Gomes da Silveira que, ao falecer, em 1869, deixou uma fortuna de mais de 144 contos de réis. Embora não tenha conseguido nenhuma imagem da senzala desse Engenho, obtive duas que retratam a casa-grande e a capela, conforme pode ser visualizada as Figuras 3.4 e 3.5.

Figuras 3.4 e 3.5 Lateral e frente da Capela Sant'Ana (Engenho Gargaú).
Fonte: Acervo da autora. Fotografia, 2005.

O dono do Engenho Gargaú possuía mais dois engenhos: o do Meio e o Inhobim.[17] Mas, ao que parece, seu apreço pelo Gargaú era significativo. Apesar de ter morado no Engenho do Meio, entre 1823 e 1833, provavelmente se mudou na década de 1860 para Gargaú. Pelo menos, no ano de 1866, redigiu seu testamento no Gargaú. Por essa época, era viúvo de sua primeira esposa (Antonia Francisca da Conceição), com a qual teve dezessete filhos (Ramos, 2005, p.10), embora em seu testamento tenha citado o nome de oito – os que conseguiram sobreviver

---

17 Para mais detalhes sobre os tamanhos dos três engenhos, consultar Tavares (1989, p.138 e 213-4).

às inúmeras doenças que atingiam as crianças. Nesse engenho, morava a mãe de outros filhos de Gomes da Silveira, tidos com Apolônia Maria da Conceição, que não foi esquecida no testamento. Segundo ele, deixava:

> para as filhas de Apolônia Maria da Conceição, que *mora atualmente neste engenho Gargaú*, e que existirem até a minha morte, a quantia de 4:000$000rs e o casal de escravos Severiano e sua mulher Paschoa; para Apolônia *Maria da Conceição*, a escrava Ignacia Velha, cuja quantia será entregue a meu testamenteiro para que pondo em giro possa com seu produto sustentar os ditos meninos durante a sua maioridade e dar-lhes educação, cujos bens não passarão a mãe dos mesmos meninos e só será herdeiro um do outro em caso de morte de algum deles. (Testamento de Joaquim Gomes da Silveira, 1866, ATJPB) (Grifos meus.)

Quanto aos imóveis desse engenho, Joaquim Gomes da Silveira não deixou de preocupar-se com a (belíssima) capela de Sant'Ana, a qual mencionou duas vezes em seu testamento. Na primeira, "mandou" rezar duas capelas de missas (100 missas) a Senhora Sant'Ana para interceder pela alma dele e, na segunda, deixou a quantia de 200$000 réis para se "encarnar" a imagem da Senhora Sant'Ana no Engenho Gargaú (Testamento de Joaquim Gomes da Silveira, 1866, ATJPB).

Além disso, ele colocou o nome de Ana em três de seus 26 filhos (dezessete com Antonia Francisca da Conceição; quatro com Apolônia Maria da Conceição e cinco com Felismina Francisca de Paula), como forma de homenagear a santa de sua devoção. A mais velha nasceu por volta de 1826,[18] cuja mãe foi a primeira esposa de Joaquim. Duas meninas nascidas de suas relações com

---

18 Ana Gomes da Silveira foi batizada em 28 de março de 1826, na capela de São Gabriel, no Engenho do Meio, tendo como padrinhos Antonio Pereira de Castro Júnior e Dona Tereza de Jesus, conforme LB Livramento, 1814--33, AEPB. Agradeço a iniciativa de Carmelo Nascimento Filho, que teve perspicácia e copiou os assentos de batismo de alguns dos filhos de Joaquim Gomes da Silveira.

outras duas mulheres, Apolônia Maria da Conceição e Felismina Francisca de Paula (falecida em 1866), também receberam o nome de Ana. Os filhos da última, inclusive, foram legitimados e estavam com seus irmãos legítimos do primeiro casamento de Gomes da Silveira no momento da partilha dos bens (Ramos, 2005, p.9-11 e Testamento de Joaquim Gomes da Silveira, 1866). Pediu missas em seu próprio benefício: uma capela (50 missas) pelo seu anjo de guarda e uma para o santo de seu nome. Lembrou de pedir, ainda,

> pelas almas do purgatório, mais outra capela de missas em tenção das pessoas com quem tive negócio; mais outra capela pela alma de minha falecida mulher, mais duas capelas pelas almas dos meus pais, mais uma capela em tenção da alma de minha madrinha e mãe de criação Dona Anna Clara de São José e [por último] uma capela pelas almas de meus falecidos escravos. (Testamento de Joaquim Gomes da Silveira, 1866, ATJPB)

Gomes da Silveira reconheceu ser pai de mais cinco crianças naturais (Taciano, Emília, Isméria, Joana e Ana) com Felismina Francisca de Paula ("mulher branca e solteira" e falecida), as quais são que já se acham "perfichadas" em duas escrituras. Ou seja, Joaquim Gomes da Silveira se casou com Felismina e legitimou seus filhos e filhas para que eles fizessem parte do seu espólio.[19] Mas, talvez como prevenção, destinou "um escravinho" ou "uma escravinha" a cada um dos filhos naturais que teve com Felismina Francisca de Paula. Os filhos legítimos também receberam escravos, recursos pecuniários e/ou imóveis.

Conforme as práticas sociais e religiosas da época escravista, o referido senhor não deixou de alforriar alguns (poucos) escra-

---

19 De acordo com Mattoso (1988b, p.48), um filho "natural somente pode ser legitimado após o casamento válido ou putativo de seus pais, matrimônio posterior à concepção", e os filhos legitimados tinham os mesmos direitos na partilha de herança que os legítimos. Ou seja, considerando tal informação sobre o procedimento para o reconhecimento de filhos naturais, Joaquim Gomes da Silveira deve ter se casado com Felismina Francisca da Paula.

vos, somente quatro escravos foram lembrados, entre eles, três adultos (Mariano, africano; Felicidade, crioula; e Antonio Tobias, pardo), que receberam a "recompensa", como ele mesmo declarou, "pelos bons serviços que me têm prestado", e uma criança, Paula (filha de Baldoína), foi agraciada com a liberdade. Talvez fosse uma forma de "agradecer" à mãe da menina que até 1869 havia parido seis crianças (Testamento de Joaquim Gomes da Silveira, 1866, ATJPB). As outras cinco constavam do seu espólio, quando de sua morte, três anos após a escritura do testamento.

Os outros escravos pertencentes a ele foram conhecidos a partir da análise de outros documentos. Nos registros de casamento (1829, 1830 e 1850) foram identificados sete casamentos (todos celebrados em capelas de engenhos); nos de batismo (1832 a 1870) foram quinze crianças, dez de filiação e cinco de legítima, mais doze pais e mães desses bebês. No inventário (1870) foram avaliados 55 escravos (38 homens e 17 mulheres), e mais dez (oito mulheres e dois homens) tinham sido dados como dotes às filhas mais velhas. Em 1866, fez doação, em testamento, de vinte escravos (doze homens e oito mulheres). Joaquim Gomes da Silveira, durante sua vida, foi dono de cerca de 130 cativos.

Na época da feitura do inventário (1870) e, portanto, de seu falecimento (1869), ele tinha sob sua posse 56 escravos para trabalharem em seus engenhos, dos quais a população escrava masculina compunha-se de 38 indivíduos (52,7%), em sua maioria adultos: eram 29 homens na faixa etária (15 a 40 anos), considerada a mais produtiva. Os meninos eram apenas quatro (faixa de 0 a 14 anos) e cinco estavam no grupo dos mais idosos (acima de 40 anos). Em relação às mulheres, em maior número, eram oito adultas, seis mais jovens e quatro mais idosas. Na população escrava de Gomes da Silveira os crioulos predominavam, pois no inventário apenas dois homens foram identificados como da costa africana.

Assim, tinha-se uma população em idade produtiva e reprodutiva de 67,2%, os mais jovens e o mais velhos tinham o mesmo percentual, 16,4%. Com relação aos indivíduos mais jovens, vale destacar que muitos foram doados, serviram como dote ou contavam no testamento para os filhos de Joaquim Gomes da Silveira. Vários não apareceram na avaliação, somente na partilha; talvez como reclamação de algum herdeiro, pois em 1869 houve uma tentativa de contestação do testamento de Silveira (Autoamento de uma portaria para o fim de proceder ao estado de demência do coronel Joaquim Gomes da Silveira, 1869, ATJPB). Identifiquei na partilha doze escravos que não constaram da avaliação, alguns deles tinham sido concedidos como dotes para as filhas.

As relações parentais mais antigas desses indivíduos cativos são os registros de casamentos: em 1829, Pedro, crioulo, foi casado com Ana, crioula; e Tomás, angola, com Maria, angola, em 1830 (LC Livramento, 1814-50, fls. 62 e 67, AEPB). Depois desses, somente mais cinco uniões se realizaram duas décadas depois, em cerimônia coletiva, com a presença de três casais de nubentes "angola" e os outros de origem não identificada.

Nas décadas de 1830 e 1840, das quinze celebrações de batismo, foi possível identificar quatro casais com matrimônio legitimado pela Igreja, que batizaram cinco bebês na matriz de Livramento (oito dos quinze batizados ocorridos entre 1832 a 1870) ou na capela de Sant'Ana (sete das quinze celebrações, entre 1844 a 1869). Como se observa, nem todas as mães e os pais escravos batizavam seus filhos na capela do senhor. Seria esse um indício da tentativa de manter um mínimo da autonomia, escolhendo o local do batizado de seus bebês?

Os casais legítimos eram os seguintes: Pedro e Ana, pais de Crescência e Luiz;[20] Jerônimo e Firmina, pais de Ciríaco; Cipriano

---

20 O casal Pedro e Ana, na ocasião do batismo de Crescência, em 28 de agosto de 1845, já estava casado há mais de quinze anos, pois o matrimônio deles havia sido celebrado em 16 de novembro de 1829, na Capela de São Gabriel, localizada no Engenho do Meio. O registro de batismo da criança está no LB Livramento, 1831-63, fl. 33, e no LB Livramento, 1831-63, fl. 63, ambos no AEPB.

e Rosa, pais de Jacinto e Marcelino e Maria, pais de Umbelina.[21] Além desses, mais dez mães naturais levaram seus bebês à pia batismal entre os anos de 1832 a 1870, a exemplo de Maria Quitéria, mãe de João (LB Livramento, 1831-63, fl. 12, AEPB), que foi a primeira; e em 1870, coube a Emília levar Paulina para receber a bênção católica (LB Livramento, 1863-74, fl. 98, AEPB). Os escravos desse senhor deveriam viver em diferentes propriedades, visto que ele tinha inúmeros imóveis (ou, como diziam na época, "bens de raiz"). No seu inventário constavam, além dos engenhos mencionados, oito sítios em diferentes municípios e povoações da província (Independência, Ingá, Livramento e Lucena); duas fazendas de gado (Independência e Cuité); várias "partes" de terra (em Pilar, Bananeiras e Independência), parte de um engenho, Peixe,[22] e seis casas de residência (todas na capital da província) e uma de foreiro (Inventário de Joaquim Gomes da Silveira, ATJPB, 1870).

Se comparado ao dono dos engenhos Tibiri e Una, Joaquim Gomes da Silveira parece não ter insistido para que seus escravos vivessem conforme o sacramento do matrimônio católico, visto que foram celebrados pouquíssimos casamentos na capela de Sant'Ana (num período de 21 anos, os registros de casamento trazem somente sete casais de sua propriedade).[23] Porém, como

---

21 Não obtive o registro do casamento dos três casais, mas os batismos das crianças, como o de Ciríaco e Jacinto, estão anotados no LB Livramento, 1831-63, fls. 35 e 49, respectivamente; já o de Umbelina está no LB Livramento, 1843-75, fl. 22, AEPB.
22 Joaquim Gomes da Silveira recebeu parte do Engenho Peixe em 28 de outubro de 1859, quando foi inventariante de sua filha, Francisca Gomes da Silveira, casada com Joaquim de Melo Azedo, cujo espólio somou, após pagamento de dívidas, a quantia de 50:975$372 réis, e que recebeu como pagamento. Além de "uma parte do Engenho Peixe", mais dezessete escravos, duas fazendas e pequenos objetos, conforme Inventário de Joaquim Gomes da Silveira, 1870, fls. 53-63, ATJPB.
23 Mas, destaco que outros casamentos se realizaram na mesma capela, envolvendo pessoas cativas pertencentes a outros senhores, tanto em 1814 como em 1817.

assinalou Schwartz (1988, p.130), o escravizado "não dependia do casamento consagrado pela Igreja, quer para os escravos, quer para os livres". Completou afirmando que "dizer que um casal não era casado e que seus filhos eram ilegítimos não significava que eles não formavam uma unidade familiar, ainda que legalmente pudessem ser incapacitados sob certos aspectos".

Desse modo, os vínculos parentais dos cativos das propriedades de Gomes da Silveira se compuseram, basicamente, de famílias monoparentais. Com a organização de dados dos diferentes documentos, foi possível evidenciar oito famílias formadas por mães e seus filhos e quatro legítimas, que tiveram 24 crianças entre os anos de 1832 e 1876, todas pertencentes a Joaquim Gomes da Silveira e alguns de seus herdeiros.

Das 24 crianças (dezoito naturais e cinco legítimas) nascidas nas propriedades de Gomes da Silveira, o maior número veio ao mundo nas décadas de 1860 (sete) e 1870 (seis), enquanto três nasceram na década de 1850. Antes disso, nos anos de 1830, início da população escrava de seus engenhos, foi identificado apenas um bebê, e na década seguinte nasceram seis. Houve apenas uma menina, Paula (filha de Baldoína), de quem não se obteve a data de nascimento, mas parece ter sido a primogênita da escrava referida, tendo nascido no final dos anos de 1850.

Uma comparação entre as atitudes de dois grandes senhores de escravos da Zona da Mata evidencia estratégias diferentes para manutenção do trabalho escravo em suas propriedades. Enquanto o primeiro sempre buscou estimular o casamento de seus cativos, fosse por questões religiosas ou econômicas, o segundo investiu em ter escravos adultos para trabalho. Mas, com o encarecimento da mão de obra escrava, uma alternativa pode ter sido a reprodução natural, como forma de manter o trabalho nos engenhos. Joaquim da Silveira tinha, inclusive, uma população escrava quase totalmente crioula.

Será que formaram uma comunidade escrava, no sentido de terem vínculos sociais que pudessem amenizar o cotidiano escravo, a exemplo do que ocorria nos Engenhos Tibiri e Una? Num primeiro momento, observando apenas os enlaces, a impressão é que prevaleceram os interesses senhoriais. Contudo, analisando casos individuais, a exemplo de Nicolau e de algumas mães-escravas (que terão suas histórias detalhadas neste capítulo), pode-se adentrar a lógica dos escravos. A luta pessoal de cada indivíduo em busca de uma fresta de autonomia para (re)construírem suas vidas no cativeiro será mostrada.

Outra questão a ser discutida se refere à importância das mulheres escravas para a constituição de famílias nessa parte da Paraíba. Como venho demonstrando, elas geraram inúmeras crianças e criaram estratégias para retirar seus filhos do cativeiro. Muitas, certamente, tiveram de vestir as máscaras do bom comportamento e da humildade para a conquista da liberdade. Enfim, como afirmou Mattos (1998, p.126), o estudo desse grupo social passa, necessariamente, pelas mulheres da senzala; foram elas que tiveram mais condições de estabelecer os vínculos parentais (consanguíneos e espirituais), tanto no espaço do engenho (casa-grande e na senzala) quanto no espaço externo às propriedades onde viviam.

Pelo que se percebe, o estabelecimento de casamentos escravos na Igreja podia sofrer objeções dos proprietários, o que pode ser um dos motivos do baixo número de cerimônias conjugais no âmbito desse grupo social. Mas isso não significa afirmar que os escravos desistiam de realizar o que desejavam (casar-se legalmente ou formar famílias informais) e de galgar um passo rumo à liberdade ou ao mundo dos livres.

Um exemplo da persistência de alguns escravos pode ser o caso de Nicolau, herdado provavelmente em 1870 por Dario Gomes da Silveira, que em 9 de janeiro de 1888, ou seja, poucos meses antes do fim da escravidão, se casou com uma mulher livre, Lúcia Maria de França, na capela de Nossa Senhora do Rosário, em Santa Rita (LC Santa Rita, fl.155, 1877-88, AEPB).

Todos os indícios a respeito de Nicolau me levam a considerar que se tratava da mesma pessoa. Os vestígios sobre sua existência estão no Testamento (1866) e no Inventário (1869), constando que foi avaliado em 1:200$000 réis e herdado por Dario Gomes da Silveira. Na ocasião da partilha, em 1869, se atribuiu a ele 30 anos; na data do casamento (1888), o padre informou 48 anos – sua noiva era uma jovem de 21 anos – e o dono mantinha-se o mesmo Dario Gomes da Silveira. Nicolau, ao ser herdado, deve ter mudado de Livramento para Santa Rita, onde, anos mais tarde, se casou com Lúcia Maria.

Conforme os indícios históricos, esse escravo estava empreendendo esforços para adentrar o universo dos livres. Alguns elementos indicam que ele vinha trilhando esse caminho. Desse modo, não só se casou com mulher livre (como mencionado, eram inúmeros os trâmites burocráticos a serem vencidos), com uma idade que poderia ser considerada de um homem idoso, como incorporou sobrenomes ao seu nome (passou a se chamar Nicolau Miguel dos Anjos) e se casou na capela cuja santa, Nossa Senhora do Rosário, era devota dos negros. Caso ele não obtivesse sucesso em sua jornada pela liberdade, poucos meses após seu matrimônio legalizado na Igreja, se tornaria, para ele próprio, um homem livre, e para outros, um ex-escravo. Afinal, em 13 de maio daquele ano, a escravidão chegou ao fim e ele pôde constituir sua família, livre das amarras do cativeiro. Porém, certamente, teve que carregar o "fardo" de ser um ex-cativo, um homem que tinha sido propriedade de outros.

O caminho da perseverança e da paciência foi o escolhido por Nicolau. Nessa mesma perspectiva, houve casos de escravos dos Gomes da Silveira que buscaram a conquista da liberdade. O cativo João Pereira é um exemplo. Ele escolheu seu dono como guardião da quantia de cem mil réis. Este senhor registrou o ocorrido no seu testamento e declarou que o valor acima deveria ser pago pelo seu testamenteiro. Conforme anotação no inventário do referido Gomes da Silveira, o cativo deve ter recebido suas economias.[24]

Na avaliação dos bens, esse escravo estava com 60 anos e seu valor era de 500$000 réis. Ele detinha somente um quinto do seu valor e não conseguiu comprar sua carta de liberdade, passando a pertencer a Dario Gomes da Silveira. Contudo, se o valor se destinava à compra de sua alforria, ele não teve êxito, pois morreu em 1871. Os inventariantes de Joaquim Gomes da Silveira davam a informação de que João Pereira estava "prestes a falecer", como de fato ocorreu em 26 de maio de 1871.[25]

Na mesma trilha da persistência e de esforço individual foram encontrados casos de pessoas que conseguiram "resgatar" ou ser "resgatados" do cativeiro pelas mães. Dos escravos inventariados somente quatro conseguiram comprar o título de liberdade na ocasião da partilha, evitando serem encaminhados aos herdeiros. Os favorecidos foram duas crianças, uma mulher e um homem adultos. As duas crianças foram os irmãos Pio e Marcos (filhos de Baldoína), citados como participantes de licitação; e os adultos eram Felipe e Inácia. Todos conseguiram obter a alforria por preços acima do que constava na avaliação. No primeiro caso, o escravo Pio, cotado por 200$000 réis, foi alforriado por 330$000; Marcos era estimado em 300$000 réis, mas se exigiu a quantia de 400$000 réis pela sua liberdade; Felipe, pelo qual se pediu o valor de 1:200$000 réis, foi libertado pela quantia de 1:295$000 réis; e, por último, Inácia, de 60 anos, avaliada em 100$000 réis,

---

24 Conforme Testamento de Joaquim Gomes da Silveira, 1866, ATJPB. Na prestação de contas do inventário (fl. 298), em 1871, os inventariantes anotaram que havia sido entregue ao "preto João Pereira a quantia de 100$000 réis que o finado declarou ter dele em seu poder, como prova [o] documento número cinco".

25 De acordo com a Prestação de contas do Inventário de Joaquim Gomes da Silveira, 1871, ATJPB, além desse escravo, anotaram o falecimento de Apoliana e seu filho Manoel (Prestação de contas do Inventário de Joaquim Gomes da Silveira, fl. 295, 1872, ATJPB).

indicada no testamento de Joaquim Gomes da Silveira para ser herdada por Apolônia Maria da Conceição (Testamento de Joaquim Gomes da Silveira, 1866, ATJPB). Todavia, ela conseguiu comprar sua alforria, "em juízo", por quantia bem superior à que foi avaliada: 255$000 réis (Inventário de Joaquim Gomes da Silveira, 1870, ATJPB). Nessa transação de escravos os Gomes da Silveira tiveram um ganho de 480$000 réis.

Ainda sobre a mãe-escrava Baldoína, vale destacar suas ações para retirar outros filhos do cativeiro. Além dos dois meninos – Pio (5 anos) e Marcos (6 anos) – que tiveram o título de liberdade comprado, já fiz algumas referências a Paula, sua filha libertada em testamento. Mas ela teve outros filhos, um total de nove. São eles: Bernarda (10 anos), Josefa (8 anos), Celestina (2 anos) e Luzia (6 meses). Esta última e mais dois meninos (Lúcio, em 1871, e Atanázio, em 1873) nasceram após a morte de Joaquim Gomes da Silveira, pois ao serem batizadas tinham como dono o major João José d'Almeida, casado com uma das herdeiras, Ana Gomes da Silveira (LB Livramento, 1863-74, fls. 109 e 163, AEPB).

Como se pode observar, todos os filhos de Baldoína tinham menos de 15 anos, e quando foram feitos o inventário (1869) e a partilha (1870) estava em vigor a Lei de 1869, que proibia a separação de casal e de pai e/ou mãe de seus filhos até 15 anos de idade, que deveriam ficar junto das mães. Mas não foi o que ocorreu. A escrava Baldoína e duas de suas filhas (Celestina e Luzia) foram herdadas por Ana Gomes da Silveira, enquanto seus outros filhos foram divididos entre mais dois herdeiros de Joaquim Gomes da Silveira. Assim, Pio e Marcos passaram a pertencer a Taciano Gomes da Silveira e Josefa, a Ismênia Gomes da Silveira. Contudo, como mostrei acima, Baldoína ou algum outro parente ou companheiro conseguiu "resgatar" seus dois filhos do cativeiro e os herdeiros receberam o valor do pagamento da licitação. Pelo menos a mãe-escrava conseguiu retirar três dos seus entes da escravidão, legando a seus netos a liberdade.

Interessante observar que após a morte dos proprietários as crianças escravas quase sempre tinham dois destinos: passavam a pertencer aos filhos menores do senhor ou serviriam de dote de casamento para as filhas do senhor, que iniciariam a formação de uma nova unidade doméstica ou produtiva. Possivelmente, na lógica senhorial, o escravinho cresceria com a criança-proprietária e poderia acompanhar a formação da família senhorial, bem como fortalecer os vínculos com os adultos e com as crianças que viessem a nascer.

Outra mãe-escrava, Simplícia, vivenciou a mesma situação de Baldoína, isto é, foi separada de uma filha, Juliana (8 anos), que passou ao poder do herdeiro Jesuíno Gomes da Silveira. Ambas foram mães da maior parte das crianças que nasceram nas propriedades da família Gomes da Silveira. Das 23 crianças nascidas, elas deram à luz treze bebês, ou seja, contribuíram significativamente para a formação de mão de obra escrava, em época que um indivíduo custava um valor avultado. Devem, também, ter sofrido a separação de suas crianças, e devem ter sentido o desalento de não serem donas de seus destinos e nem das vidas de seus filhos. Essa era uma triste realidade, pois nem sempre conseguiam reverter decisões impostas pelo sistema escravista, mesmo que legalmente já existisse a proibição de separação de famílias escravas.

Com a análise da documentação da população escrava pertencente aos Gomes da Silveira, também se desvelaram histórias de outros escravos que buscaram caminhos diferentes para a conquista da liberdade, que não passaram pela negociação. Pelo menos um escolheu o suicídio, e outros, a fuga. O escravo Cândido, de Bento Gomes da Silveira, em 1861, escolheu uma forma trágica e radical para livrar-se do cativeiro: o enforcamento. Recomendava a autoridade policial que se instaurasse uma investigação para se "descobrir as circunstâncias em que ocorreu [tal] crime" (Correspondências a delegados e subdelegados, 1861, fl. 102v, AHPB). Meses depois, o subdelegado de Livramento ao rever o caso considerou adequado "indagar se esse ato de desespero seria motivado por demasiada opressão ou terror empregado pelo dito Silveira, senhor do infeliz escravo" (Correspondências ao governo da Província, 1860-61, fl. 215, AHPB), mas não avançou sobre o motivo do suicídio.

Figura 3.6 Retrato de mulher negra com criança no colo.[26]
Fonte: Vicenzo Pastore, 1910. Acervo Instituto Moreira Sales.

---

26 A fotografia *Mulher negra com criança no colo*, de Vicenzo Pastore, é da década de 1910 e pertence ao acervo fotográfico do Instituto Moreira Salles, conforme Pena (2001).

Entre os escravos fugitivos, pertencentes à família Gomes da Silveira, estavam Marcelino (mencionado no capítulo 2), Pedro, João Mulato e Cosme, que fugiram entre as décadas de 1850 e 1870. Este último fugiu em 11 de julho de 1851, pertencia a Ana Gomes da Silveira e foi preso no norte da província, em Mamanguape (Correspondências expedidas às autoridades policiais, 1851, fl. 158, AHPB). João Mulato fugiu na década de 1870, logo após a conclusão do inventário de Joaquim Gomes da Silveira. Os inventariantes destacaram que o mencionado escravo fugiu antes do "arremate" do inventário e até 1872 continuava desaparecido (Prestação de contas do inventário de Joaquim Gomes da Silveira, 1871, fl. 295, ATJPB). Por fim, Pedro foi preso por furto e abandonado pelo seu novo senhor, Jesuíno Gomes da Silveira, que se recusou a pagar 500$000 réis de gastos com a enfermaria da cadeia pública. Ele faleceu em 1872 de "afecção pulmonar", tinha 34 anos e era originário de Igarassú/PE (Prestação de contas do inventário de Joaquim Gomes da Silveira, 1871, fl. 295, ATJPB e LIVRO de sepultamento da Santa Casa da Misericórdia).

No Engenho Tibiri, dos Carneiro da Cunha, também há notícias de fuga de escravos. Em 1877, quando a propriedade era administrada pelo seu filho Francisco Manoel Carneiro da Cunha, fugiu um escravo pardo chamado Constantino Lopes Dias, com 21 anos, cabelos meio ruivos, que sabia ler e escrever com "alguma perfeição", tinha a profissão de oficial de cigarreiro e era apto para qualquer serviço (*A Opinião*, 1877, NDIHR). Ele preferiu fugir sozinho, diferentemente de uma família de escravos agrícolas composta por Margarida, de 30 anos, crioula, mãe de Manoel (10 anos, fula) e de Timóteo (16 anos, pardo). O senhor (Francisco Manoel Carneiro da Cunha) desses três cativos oferecia uma recompensa para quem os capturasse e os entregasse ao seu curador (*Jornal da Parahyba*, 1874, IHGP).

Neste capítulo procurei recuperar os vínculos parentais de pessoas negras firmados com o matrimônio católico e em outros arranjos familiares, como o monoparental, sobretudo de mães e filhos, conforme Figura 3.6. Com o cruzamento das fontes pude dedicar maior atenção às pessoas escravizadas, sendo possível demonstrar que as famílias constituídas por mulheres e seus filhos eram mais frequentes no interior da população escrava, bem como de que forma essas mulheres criaram estratégias para manter o núcleo familiar unido, quando partilhados por ocasião de abertura de inventários. Muitas mães-escravas não deixaram de lutar para manter o convívio com seus filhos; em alguns casos, conseguiam comprar aqueles que haviam sido gerados e paridos por elas.

4
Batismo e compadrio: o parentesco espiritual de negros

O batismo na legislação tridentina

Na tela *Batismo de um negro*, de F. J. Stober, datada de 1878 (Figura 4.1), são visíveis um padre, uma mulher negra e, ao fundo, algumas imagens esmaecidas de indígenas.[1] O padre, explicitamente de origem europeia, asperge água benta sobre a mulher negra, batizando-a. Os indígenas que aparecem em segundo plano também foram alvo da catequização da Igreja Católica. A imagem mencionada simboliza um dos principais preceitos das ideias e práticas do catolicismo: a administração do sacramento do batismo, visando à "salvação" de almas, não só dos filhos dos cristãos, como dos denominados gentios, pagãos ou infiéis das

---

1 A tela de F. J. Stober (1878) foi copiada do folder de divulgação da exposição "Para nunca esquecer: negras memórias, memória dos negros", realizada no Museu Histórico Nacional (Rio de Janeiro), em homenagem ao 20 de novembro, dia de Zumbi dos Palmares, em 2001, sob coordenação do curador Emanoel Araújo. Há também uma cópia dessa imagem no livro de iconografia do negro no Brasil, de Moura (2000, p.64).

"novas terras", aos quais tal sacramento foi fortemente aplicado como justificação da ocupação dos territórios das populações conquistadas e escravizadas na América portuguesa.

Figura 4.1 Batismo de negro.
Fonte: Stober (1878), em Moura (2000, p. 64).

De fato, a justificativa da escravização de índios e negros como forma de convertê-los ao cristianismo vigorou por séculos. Mudanças na retórica de que negros e indígenas eram pagãos apareceram somente no século XIX, quando a elite brasileira adotou a ideia de hierarquização com base na cor da pele e na inferioridade cultural e, entre os muitos "ilustrados" brasileiros, defendia-se o direito da propriedade privada, no caso, a do indivíduo escravo, que seria um bem inalienável. O poder senhorial manteve-se até a década de 1870, quando o Estado passou a intervir nas relações senhor–escravo.

Muito antes, o batismo era visto como libertador do "pecado original" e teve início quando o catolicismo começou a firmar os fundamentos teológicos, por volta do século IV, prolongando-se por vários anos. Mas os religiosos de Portugal, no século XVI, com a Contrarreforma e a constituição da Companhia de Jesus, adotaram regras ortodoxas como a ética primitiva do catolicismo, revigorando a prática dos sete sacramentos, em combate aos protestantes, que só reconheciam a eucaristia e o batismo, mas com significados diferentes dos propostos pela Igreja Católica. Nesse contexto, também foi estimulado o sacramento da confissão, que passou a ser realizado em confessionários com o sacerdote. A nova conjuntura aproximou o padre do cristão, surgindo como representante divino na Terra e intercessor junto ao "Ser Supremo" em favor das mulheres e dos homens cristãos (Almeida, 1996, p.24).

O batismo gerava rendas aos religiosos. Por exemplo, no século XVIII, para cada indivíduo batizado e embarcado na Costa Ocidental da África, os sacerdotes recebiam a taxa de 300 a 500 réis, para adultos, e de 50 a 100 réis, para crianças e lactentes (Pinto, 1979, p.155; Conrad, 1988, p.51). Na América portuguesa, no início do século XIX, para cada mulher, criança ou homem de condição escrava que fosse batizado, oferecia-se o valor de 320 réis (Neves, 1997, p.299).

Como mencionado, constavam nas CPAB (1853, p.12-3) as normas cristãs, com o objetivo de organizar e orientar a prática do catolicismo. Na concepção católica, o indivíduo conseguia com o batismo o perdão de todos os pecados, inclusive o "pecado original", imputado a todos os descendentes de Adão e Eva, que nasciam em estado de culpa; adquiria-se a condição de ser adotado como "filho de Deus", feito herdeiro da "Glória e do Reino do Céu"; e, por fim, os que eram batizados antes do falecimento ganhavam a salvação eterna.

Entre os sacramentos, o batismo era o primeiro e o mais importante, pois permitia que as pessoas adentrassem o universo cristão e criassem as condições para o recebimento dos outros. Para a realização do batismo havia uma estrutura eclesiástica organizada em todas as capitanias e províncias. Praticamente não havia empecilhos burocráticos, não se exigia que os pais fossem casados e nem se proibia o acesso de filhos naturais e de escravizados ao ritual.

Uma das funções do pároco era celebrar o batismo, porém não se tratava de uma exclusividade sua, pois leigos que "tivesse[m] as coisas necessárias e a intenção de fazê-lo" poderiam realizar a cerimônia batismal num momento de necessidade, em que qualquer pessoa "pagã" estivesse em "perigo de morte" (CPAB, 1853, p.17).

A recomendação era batizar as crianças até oito dias após seu nascimento, na pia batismal da igreja paroquial de onde fossem fregueses ou nas capelas (em que também se exigia uma pia batismal). Aqueles que residiam longe da igreja paroquial também eram batizados nos oratórios privados de engenhos ou das pequenas povoações. Porém, em alguns casos, a cerimônia poderia ser realizada em residências, por pessoa instruída na doutrina cristã. Posteriormente, os responsáveis pela criança ou adulto batizado deveriam procurar o pároco e fornecer os dados e o motivo da realização do batismo fora do templo católico, bem como seria feita a aplicação dos Santos Óleos e do exorcismo. O primeiro consistia numa oração com um óleo benzido na Semana Santa pelo bispo, e o segundo, um ritual no qual o sacerdote esconjurava os maus espíritos. Ambas as práticas eram ministradas exclusivamente pelo pároco. Assim, ao ser batizada, a pessoa adentrava o mundo cristão, passava a ter acesso aos outros sacramentos cristãos e "ganhava" proteção para toda a vida (CPAB, 1853, p.105-7).

A validação do batismo só podia ser feita pelo pároco, em livro encadernado, numerado e assinado no alto de cada folha por um provisor, vigário-geral ou visitador e, no final de cada página, assinaria o pároco ou sacerdote que fizesse o batismo, sob pena de punição. Porém, nem todos os clérigos podiam fazer as atas batismais, apenas o "próprio pároco, ou o cura, ou o substituto". Os livros eclesiásticos deveriam estar "sempre fechados na arca, ou caixões da igreja debaixo de chaves" (CPAB, 1853, p.28-9).

Embora houvesse a orientação de se batizar uma pessoa logo após o nascimento, entre sete e oito dias, a Igreja estipulava um prazo também para o batismo de adultos; todavia, as regras eram outras. Como o adulto já havia ultrapassado a "idade da pureza", deveria, antes de receber o sacramento, ser instruído na fé e constrição ou atrição (arrependimento) dos pecados. A instrução na fé mínima compreendia a oração do credo, os artigos da fé, o padre-nosso, a ave-maria, os mandamentos da lei de Deus e a crença nos mistérios da fé católica. Poderia se usar um intérprete para aqueles que não falavam o português e desejavam se tornar cristãos, principalmente os "escravos" recém-chegados e com mais de 7 anos de idade. A confirmação da vontade de se tornar cristão deveria ser comprovada, conforme as CPAB (1853, p.20), com respostas das seis perguntas abaixo:

> Queres lavar a tua alma com água santa?
> Queres comer o sal de Deus?
> Botas fora de tua alma todos aos teus pecados?
> Não hás de fazer mais pecados?
> Queres ser filho de Deus?
> Botas fora de tua alma o demônio?

Contudo, em razão da alta taxa de mortalidade entre os africanos recém-chegados, os ditos "boçais", que não conheciam a língua portuguesa e não entendiam as perguntas necessárias para aceitar o primeiro sacramento, o próprio organizador das CPAB (1853, p.20) sugeriu a administração do batismo *sub conditione*, para que se salvassem as almas dos provenientes das "terras de infiéis", ainda que "seja muito antes de seu ânimo e vontade".

Essas situações – a primeira, em que o escravo africano, além de responder as questões sobre o desejo de se tornar cristão, deveria conhecer a doutrina cristã básica, e a segunda, na qual se recebia autorização para a administração do rito no "primeiro tempo"– indicam que o batismo dos africanos era mais para o cumprimento das formalidades da lei eclesiástica na tentativa de justificarem moralmente a escravidão dos negros. Parece-me bastante acertada a afirmação do padre Mira (1983, p.142) de que o espírito da cristandade colonial, no que se referia à evangelização do negro, preocupava-se apenas com a sacramentalização, suficiente para a alegada salvação das até então "almas perdidas" de indígenas e negros, sendo pouca a preocupação de ensinar e orientar os preceitos da religião. Mas os populares não deixaram de dar um significado especial ao catolicismo ibérico, a exemplo da relação estabelecida com os santos.

A respeito do valor que "africanos" davam ao catolicismo, há alguns testemunhos de viajantes. Há relatos informando que, no século XIX, o próprio escravo valorizava o sacramento do batismo, a exemplo do comentário de Henry Koster, de que a aceitação dos africanos passava pelo batismo e que estes desejavam tornar-se cristãos porque "seus companheiros [de cativeiro] em cada rixa ou pequenina discussão com eles terminam seus insultos com oprobiosos epítetos, como o nome de pagão" (Koster, 1942, p.392). O viajante Rugendas (1954, p.171-2) também registrou que escravos mais antigos tratavam os "novos [africanos não batizados] com uma espécie de desprezo e como selvagens, até o momento de serem nivelados a eles por esse sacramento". Sobre o apadrinhamento, além de ser visto como um dever de todos os pais, também era muito bem aceito por toda a sociedade. O padrinho de uma criança deveria cumprir seu papel com responsabilidade. Esperava-se que ele sempre ouvisse, aconselhasse e consolasse o afilhado. O viajante concluiu que tais funções não cabiam aos senhores, visto que impunham "número muito grande de restrições a seus direitos e a seu poder". Observou, ainda, que raramente um senhor se tornava padrinho dos escravos. O papel do padrinho também era o de colaborar materialmente com o afilhado. Do protegido sempre se esperava a gratidão pelos atos de seu(s) protetor(es). A base da relação de compadrio era a reciprocidade, as trocas de afeto, de bens materiais ou qualquer outra que beneficiassem as duas partes envolvidas.

As regras para admissão do padrinho e da madrinha eram explícitas: os padrinhos seriam nomeados pelo "pai, ou mãe, ou pessoa a cujo cargo estiver a criança"; no caso do adulto, ele mesmo faria a escolha. No entanto, os futuros compadres e comadres teriam de ser batizados, ter a idade mínima – 12 anos para a madrinha e 14 para o padrinho – e a obrigação de "ensinar a doutrina cristã e os bons costumes". Com a cerimônia estabelecia-se o parentesco espiritual. Esse vínculo impedia a realização de matrimônio do padrinho com afilhada ou da madrinha com afilhado; do padrinho com os pais do afilhado ou da afilhada, mas não entre o padrinho e a madrinha (CPAB, 1853, p.26-7). Apesar da existência de restrições espirituais para a formação de parentesco entre compadres, padrinhos e afilhado, havia a possibilidade de se recorrer à justiça eclesiástica, que tinha como uma de suas funções analisar esses casos (Goldschimit, 2006; Castro Maia, 2006).

A dimensão social do batismo: apadrinhamento e compadrio nas paróquias da Zona da Mata da Paraíba

Os segmentos das populações da Zona da Mata da Paraíba, como do resto do Brasil, não cumpriam as leis eclesiásticas tal qual propostas pelos religiosos e imprimiram novos sentidos à prática religiosa: valorizaram a dimensão social de rito católico, como o batismo que vinculava pessoas de diferentes famílias, estabelecendo a relação de compadrio, cuja principal característica seria a criação de alianças entre duas ou três famílias, com o compromisso de proteção e respeito entre pessoas do mesmo ou de diferentes *status*. Veremos uma análise detalhada desse tipo de parentesco em três freguesias do litoral da Paraíba.

Em 2 de novembro de 1849, os pais de Donata, José Castor da Anunciação e Joana Carneiro d'Araujo, ambos pretos livres, conduziram-na à igreja paroquial de Livramento para ser batizada. Nesse ritual, a criança recebia a lavagem do corpo com água e os santos óleos, aplicados pelo pároco, e laços sociais entre as duas famílias seriam estabelecidos, pois passaria a receber por toda a vida a proteção de seu padrinho, Manoel Vidal de Negreiros, um dono de escravo, e de sua madrinha, Rosa Maria da Conceição, uma mulher livre (LB Livramento, 1831-63, fl. 76, AEPB). Era a primeira vez que o casal se dirigia ao templo católico para batizar uma filha. Nas duas décadas seguintes levaram mais sete vezes crianças à pia batismal, na mesma matriz, escolhendo, preferencialmente, um homem e uma mulher de condições livres para os apadrinharem.[2] A única exceção ocorreu com Vicente, que ao ser batizado teve como protetor apenas o padrinho, Alexandrino Carneiro de Araújo, possivelmente um parente de sua mãe, visto que ambos tinham sobrenomes idênticos (LB Livramento, 1831-63, fl. 129. AEPB).

O batismo possibilitava o estabelecimento de duas relações: de um lado, Donata ganhava protetores espirituais; de outro, seus

---

2 Seguem as informações do batismo dos outros filhos do casal referido, José Castor e Joana Carneiro, conforme atas batismais: os padrinhos de Antonia foram André Pereira de Araújo e Marina Maria da Conceição, batizada em 21/11/1858; Vicente teve apenas o padrinho Alexandrino Carneiro d'Araujo, em 22/04/1860; Luiza foi batizada em 01/04/1861 por Manoel Izídio de Souza e Maria Sabina; os padrinhos de Firmino foram José Carlos Gomes Alves e Ramira Maria da Conceição, em 24/08/1862, todos no LB Livramento 1831-63, fls. 114, 129, 137 e 147. As outras duas crianças, Bernardino, batizado por Miguel dos Anjos e Felícia Maria da Conceição e Josefa, que recebeu como protetores Manoel Marques da Silva e Alexandrina Francisca das Neves, no LB Livramento, 1843-75, fl. 85. Uma última, Francelino, batizado por Carlos Coelho d'Alvarenga e Ignês Maria da Anunciação, e os dois anteriormente mencionados, tiveram o batismo celebrado na matriz de Nossa Senhora das Neves, 1843-75, fl. 90, todos no AEPB.

pais estabeleciam alianças com seu padrinho e sua madrinha, haja vista o compadrio ter uma "dimensão social fora da estrutura da Igreja. Podia ser usado para reforçar laços de parentesco já existentes, ou solidificar relações com pessoas de classe social semelhante, ou estabelecer laços verticais entre indivíduos socialmente desiguais" (Schwartz, 2001, p.266). Essas alianças constituíam "redes sociais" importantes para todos os que estavam envolvidos, fosse entre os mais pobres ou entre os mais ricos (Nadalin, 1994).

Dessa forma, as pessoas livres se inseriam na vida religiosa e social pelo batismo. O mesmo se dava com as escravizadas. Tanto é que o compadre do casal de pretos livres José Castor e Joana Carneiro, Manoel Vidal de Negreiros, era dono de, no mínimo, catorze escravos. Na documentação pesquisada, identifiquei dois casais pertencentes a Vidal de Negreiros: Antonio, casado com Luísa, e José com Tomásia – esses tiveram dez filhos e filhas.[3] Essas crianças foram batizadas na Matriz de Livramento, entre os anos de 1850 e 1868, porém nenhuma delas foi batizada pelo referido proprietário. Geralmente, nas três freguesias pesquisadas, mães e pais escravos tendiam a eleger como padrinhos e madrinhas de seus filhos outras pessoas livres e, raramente, tornaram-se compadres de seus próprios senhores.

No que se refere ao apadrinhamento de escravos pelos senhores, há uma pertinente observação de Koster (1942, p.415): "nunca ouvi falar que um amo no Brasil fosse padrinho, e creio que tal não pode acontecer. É tal a ligação entre as duas pessoas, presas por esse liame, que o senhor não poderia mandar o escravo para o castigo". Chega a ser exagero do autor a afirmação de que senhores nunca batizavam os seus escravos, pois em algumas ocasiões, quando uma criança escrava estava em "perigo de morte" ou no caso de adulto recém-chegado, eles poderiam ser batizados pelos senhores, como foi detectado nos livros paroquiais da Zona

---

3 Sobre os escravos de Manoel Vidal de Negreiros, ver os LB Livramento, 1831-63, fls. 86, 104, 117, 139 e 148, LB Livramento, 1843-74, fl. 61 e LB Livramento, 1863-74, fl. 2, 5, 24, 72 e 125, todos no AEPB.

da Mata da Paraíba. Mas a pesquisa nos assentos dessa região mostra também que foi pouco frequente a presença de senhores e de senhoras apadrinhando pessoas escravizadas. Mães e pais das crianças escravas preferiam estabelecer parentesco espiritual com pessoas livres que não fossem seus proprietários. Essa tendência tem sido detectada em diferentes locais do Brasil, seja no período colonial seja no imperial, como ocorreu nas três freguesias em estudo, e abordaremos com mais detalhes.

A esse respeito, os três casais mencionados – um de livres e dois de escravos – ilustram como se davam as relações de apadrinhamento no contexto da escravidão em Livramento. De um lado, havia pessoas livres com ascendência africana e, de outro, os escravizados que procuravam estabelecer alianças com grupos sociais notadamente com mais prestígio social em relação a suas origens. As pessoas classificadas como pretas (livres e forras) muitas vezes estavam interessadas em se fixar no universo dos livres, talvez buscassem meios de sobrevivência; já os escravizados empenhavam-se na construção de possibilidades futuras de conquista da liberdade ou mesmo na criação de situações favoráveis para sobrevivência na sua condição, vista por seus contemporâneos como a mais desprestigiada. Dessa maneira, os dois segmentos procuravam, a partir do compadrio, mudanças em suas vidas.

Uma informação importante refere-se ao local procurado pelas pessoas negras para batizarem seus filhos. Os dados dos assentos de batismos das três freguesias pesquisadas revelam diferenças, visto que somente na capital a maioria das cerimônias acontecia nas igrejas paroquiais (87,6% se realizaram na matriz e 12,4% em capelas e oratórios); nas freguesias rurais se obteve o seguinte resultado: Livramento com 67,9% de celebrações em capelas e oratórios e 32,1% na igreja matriz; Santa Rita com 56,6% nas capelas e oratórios e 43,4% na igreja matriz. Enfim, nas três freguesias, em templos diferentes, cumpriam-se as orientações das CPAB (1853) de facilitar o sacramento do batismo para grande número de pessoas, possibilitando a entrada dos indivíduos no universo cristão.

Parentesco espiritual e batismo de pretos escravizados e de livres em Livramento (1814-84)

O batismo de crianças, mulheres e homens africanos em Livramento

Na igreja matriz de Livramento, os livros de batismo consultados abrangem setenta anos do Oitocentos (1814-84), dos quais foram selecionados 819 assentos de pessoas adultas e crianças batizadas no período e que tinham diferentes estatutos jurídicos, a saber: escravizadas, que eram 487 (448 crioulos e 39 africanos) e 332 não escravizadas, entre as últimas estavam ingênuas (59), forras (quinze) e pretos livres (258). As análises permitiram estabelecer alguns padrões de compadrio, sobretudo de escravos e de livres. Ver Figura 4.2.

Primeiro, serão destacados aspectos do batismo da população escrava de origem africana de Livramento, cujas cerimônias aconteceram entre 1815 e 1841. Essas pessoas representavam 8,7% (ou 39) do total de batizados, sendo uma maioria de adultos (33 africanos) e uma minoria com menos de 15 anos. Aqueles que tinham menos de 15 anos foram identificados como seis jovens "gentios d'Cabinda", três deles, João, Camilo e Elias, com 13 anos; uma com 14 anos (Ludgero); uma com 11 anos (Delfina) e um bebê (Antonio).

Os escravos que chegavam da África eram, geralmente, "convertidos" ao catolicismo em cerimônias coletivas, a exemplo do que ocorreu com os escravos de Amaro Gomes Coutinho (líder da "Revolução de 1817"). Esse senhor batizou trinta africanos em apenas três celebrações (com um único padrinho e sem madrinha), em uma foram sete "gentios de Cabinda", na segunda, catorze "gentios de Angola" e uma última mais nove pessoas identificadas também como "gentios de Angola". Somente um, o escravo Felipe (Angola), teve a cerimônia individual (LB Livramento 1814-33, fls. 8 e 27, AEPB).

Figura 4.2: Matriz Nossa Senhora do Livramento.
Fonte: Acervo da autora. Fotografia, 2005.

Das pessoas africanas batizadas, em dois casos o padrinho era o próprio senhor. Uma era Maria, de 20 anos e da Costa da Mina, seu dono-padrinho era Manoel José Fernandes; e a última africana batizada na paróquia de Livramento foi Joaquina (preta d'Costa), apadrinhada por seu senhor Antonio Paiva da Cunha

Mamede e esposa, Maria Antonia das Neves (LB Livramento 1814-33, fl. 97; e LB Livramento 1843-75, fl. 55, AEPB). Essas duas mulheres foram exceções entre as pessoas de origem africana que se batizaram em Livramento e receberam a "proteção" de seus donos.

As celebrações de batismo de crianças, mulheres e homens africanos indicam que os senhores buscavam cumprir as exigências eclesiásticas, pois entre essas pessoas a maioria foi sacramentada em batismo coletivo, tendo sido designados homens livres para seus padrinhos, com raras presenças de madrinhas. Isso não impediu que, ao longo do tempo, esses africanos criassem laços de parentesco com a população escrava e livre, como ocorreu na propriedade de Carneiro da Cunha, tema que, posteriormente, será detalhado.

Batismo de crianças crioulas da freguesia de Livramento

Com o intuito de traçar um perfil das crianças batizadas em Livramento, vejamos suas condições jurídicas e os tipos de filiação, bem como se essas duas características influenciaram no tipo de apadrinhamento/compadrio estabelecido nessa paróquia.

Relembrando os resultados da análise realizada no capítulo 3 sobre os tipos de filiação de 779 crianças negras, entre as quais estavam as escravizadas (447 crioulas), as ingênuas (59) e as forras com maior taxa de naturalidade. Entre os bebês escravos, 71,6% eram filhos naturais, apenas 28,4% eram legítimos; os ingênuos, que tinham a menor taxa de legitimidade, eram 83% de naturais e 17% de legítimos; os forros, apesar da pouca expressão numérica, eram 73,4% de naturais contra 26,6% de legítimos. Entre os bebês livres (258) foi encontrada maior taxa de legitimidade: os primeiros respondiam por 76,7%, contra 23,3% de naturais.

Vale destacar a forte presença feminina nos diferentes grupos sociais, poucas crianças não tiveram a indicação do nome das mães. As mães cativas tiveram bebês de diferentes condições jurídicas: escravas, nas quais elas figuravam em mais de 93% das atas batismais; forras e ingênuas, em que elas foram citadas em quase todos os batismos. Já mães livres aparecem em mais de 91% dos registros das crianças desse grupo social. Ao passo que os pais foram bem menos representativos, sobretudo no grupo dos escravos, pois eles foram nomeados em apenas 30% das cerimônias, sendo a maior presença observada no grupo dos bebês livres (58,5%) e a menor no grupo dos escravos (21,9%), dos forros (20%) e dos ingênuos (15,25%). Da mesma forma que as mães, os homens negros tiveram filhos livres, escravos, ingênuos e forros, pois até 1871 a definição jurídica da criança passava pela condição da mãe.

A análise da população infantil em Livramento mostra que as mães dos bebês vinculados ao mundo da escravidão eram, em sua maioria, solteiras. Entre os livres, a maior parte das crianças nasceu em famílias classificadas como legítimas. Evidenciam-se portanto dois padrões de filiação: *família monoparental*, para as crianças escravas, forras e ingênuas, e *família legítima*, para as livres. Será que a filiação e o sexo exerceram influências na escolha do apadrinhamento das crianças?

Com intenção de buscar respostas, elaborei a Tabela 4.1, que mostra uma forte valorização da figura do padrinho, uma vez que entre todas as crianças dos quatro segmentos sociais, pouquíssimas deixaram de ter um homem participando do ritual de entrada no catolicismo. De maneira geral, os resultados mostram que a maioria das mães e dos pais (casados ou solteiros) de Livramento não deixou de escolher um padrinho para seus filhos, cujo percentual esteve acima dos 98% para os escravos e os livres. Os ingênuos e forros, de filiação legítima e natural, também tiveram um padrinho.

Entre as crianças sem a menção de padrinhos, não houve significativa diferença por filiação, pois entre os bebês escravos legítimos foram menos de 1% (três casos) e os naturais pouco mais de 1% (cinco casos). Os livres seguiram o mesmo padrão, menos de 1% tanto para crianças legítimas quanto para naturais.

Tabela 4.1: Padrinhos e madrinhas de crianças batizadas, segundo filiação e condição jurídica, Livramento (1814-84)

Tipo de filiação	Escrava	Livre	Forra	Ingênua
LEGÍTIMA (L)	127 – 28,4%	198 – 76,7%	04 – 26,6%	10 – 16,9%
Com padrinho	124 27,7%	196 75,9%	04 (26,6%)	10 (16,9%)
Sem padrinho	03 0,7%	02 0,8%	–	–
Com madrinha	87 19,5%	122 47,2%	02 (13,3%)	07 (11,8%)
Sem madrinha	40 8,9%	76 29,5%	02 (13,3%)	03 (5,1%)
NATURAL (N)	320 - 71,6%	60 – 23,3%	11 – 73,3%	49 – 83,1%
Com padrinho	315 70,5%	58 22,5%	11 (73,3%)	49 (83,1%)
Sem padrinho	05 1,1%	02 0,8%	–	–
Com madrinha	166 37,1%	41 15,9%	09 (60%)	37 (62,7%)
Sem madrinha	154 34,5%	19 7,4%	02 (13,3%)	12 (20,4%)
TOTAL (L+N)	447 100%	258 100%	15 (100%)	59 (100%)

Fonte: Livros de Batismo de Livramento, 1814-88, AEPB.

Contudo, mais expressiva foi a ausência das madrinhas, visto que elas participaram em menor número de batismos, tanto de bebês escravos quanto de não escravos. Elas deixaram de participar de 43,4% do total dos batismos de bebês escravos; de 36,9% dos livres; de 26,6% dos forros e 25,5% dos ingênuos. Mas essa ausência variava conforme a filiação das crianças escravas. Dessa forma, com exceção dos bebês livres, as crianças de filiação natural dos outros grupos sociais tiveram uma maior ausência das madrinhas, que variou de 20,4% entre os ingênuos, passando para 34,4% entre os escravos e diminuindo para 13,3% entre os forros. Nas de filiação legítima, a ausência foi bem menor, 8,9% entre os escravos, 13,3% entre forros e entre 5,1% entre os ingênuos. Os livres apresentaram maior ausência entre os legítimos (29,5%) do que entre os naturais (7,4%), mas mesmo com esse significativo percentual o grupo teve uma forte presença de madrinhas: elas participaram de 63,1% dos batizados (47,2% de legítimos e 15,9% de naturais).

Enfim, os dados revelam que a presença masculina foi muito mais frequente nos batizados dos quatro grupos sociais do que a feminina. As madrinhas participaram com mais frequência dos batismos das crianças de filiação legítima do que natural, entre os três grupos explicitamente vinculados à escravidão como os escravos, os ingênuos e os forros.

A baixa participação de madrinhas nos batismos de crianças escravas pode estar associada às dificuldades de mães escravas em estabelecer alianças com as outras mulheres no momento do primeiro sacramento católico, quando se assumia o compromisso espiritual e social de proteger e apoiar, ao longo da vida, as crianças. O impedimento também poderia ser em virtude de residirem numa freguesia rural, na qual os limites da condição de escrava e a possibilidade de conviver com outras pessoas eram menores, reduzindo o estabelecimento de redes sociais com outras mulheres. A respeito das relações com os homens, pode-se aventar que, em razão de os escravos estarem fortemente ligados ao mundo do trabalho, teriam mais chances de estabelecer contato com homens e convidá-los para apadrinhar seus bebês.

Mas, afinal, quem eram os protetores e as protetoras das crianças batizadas em Livramento? Que tipo de estatuto jurídico eles possuíam? Eles tinham prestígio social? Uma primeira informação relevante se refere ao estatuto jurídico do padrinho e da madrinha: todos os segmentos sociais de negros preferiram aqueles que tinham o estatuto jurídico de livre e, entre os menos desejados, estavam os de condição escrava ou forra, como se pode observar na Tabela 4.2.

Os protetores do sexo masculino estavam assim distribuídos:

- as crianças escravas tiveram mais de 95% de padrinhos livres, pouco mais de 2% de padrinhos escravos e as restantes, 2,7%, não tiveram um padrinho;

- as crianças forras tiveram 93,3% de padrinhos livres, um único caso (6,7%) de padrinho escravo;
- as crianças ingênuas tiveram 94,9% de padrinhos livres, dois casos de padrinhos escravos (3,4%) e um único caso (1,7%) de padrinho forro; e
- as crianças livres tiveram 99,2% de padrinhos livres, um único caso (o que corresponde a 0,4%) de padrinho forro e apenas uma criança não teve a indicação de padrinho (0,4%).

Tabela 4.2: Condição jurídica dos padrinhos e das madrinhas de crianças batizadas, segundo condição jurídica, Livramento (1814-84)

C. j. do padrinho e da madrinha	Condição jurídica das crianças			
	Escrava	Livre	Forra	Ingênua
Padrinho livre	425 95%	256 99,2%	14 93,3%	56 94,9%
Padrinho forro	–	1 0,4%	–	–
Padrinho escravo	10 2,3%	-	1 6,7%	2 3,4%
Sem padrinho	10 2,3%	1 0,4%	–	–
Santo	2 0,4%	–	–	1 1,7
Total	447 (100%)	258 (100%)	15 (100%)	59 (100%)
Madrinha livre	240 53,7%	162 62,8%	9 60%	30 50,8%
Madrinha forra	–	–	–	–
Madrinha escrava	8 1,8%	1 0,4%	–	2 3,4%
Santa	5 1,1%	–	2 13,3%	12 20,4%
Sem madrinha	194 43,4%	95 36,8%	4 26,6%	15 25,4%
Total	447 (100%)	258 (100%)	15 (100%)	59 (100%)

Fonte: Livros de Batismo de Livramento, 1814-88, AEPB.

Tratando da proteção feminina, como se esperava, o quadro é bastante diverso, pois elas não participaram, em média, de mais de 33% dos batizados das crianças negras. Todavia, os grupos foram atingidos de modo diferente, como se pode verificar:

- entre as crianças escravas houve um percentual bastante significativo de batismos sem a presença das madrinhas (43,4%), mesmo assim, elas participaram de 56,6% das celebrações. Por comparação, nos grupos das crianças não escravas, elas contaram com maior participação das madrinhas nos batizados: entre as livres, elas estiveram em 63,2% das celebrações e ausentes em 36,8%; entre as forras a presença foi maior, mais de 73%, e ausência de 26,6%; e entre as ingênuas, a indicação de madrinha, também, superou os 70%, ou seja, 74,6% de presença contra 25,4% de ausência;
- as madrinhas de condição livre foram maioria entre todos os grupos sociais, assim elas participaram de 53,7% dos batismos dos bebês escravos; 62,8% dos livres, 60% dos forros e 50,8% dos ingênuos; e
- entre as últimas estavam as madrinhas escravas que foram escolhidas, em pouquíssimos casos, pelas mães ou pelos pais das crianças escravas, em 1,8% dos casos; em 3,4% das ingênuas e um único caso (0,4%) das livres, mas por nenhuma forra.

Apesar da pouca expressividade entre as escolhidas como protetoras das crianças negras estava a madrinha devocional, sobretudo entre as crianças vinculadas ao universo da escravidão, como as que herdaram a condição de escravas, em 1,1% dos casos; das forras, em 13,3%, e das ingênuas, em 20,4%. Os pais das crianças livres não elegeram nenhuma santa como protetora de suas crianças. Procurariam as mães das crianças ingênuas compensar a dificuldade de conseguir uma madrinha humana colocando seus bebês sob a proteção de um homem livre e de uma santa? Para uma ajuda material haveria a possibilidade de contar com o padrinho e espiritualmente poderiam recorrer à madrinha-santa.

Comparando a condição social dos pares de padrinho, constatei que mães e pais de todos os segmentos sociais (escravos, ingênuos, forros e livres) elegeram homens e as mulheres livres para apadrinhar suas crianças.

As diferentes combinações mostram dois padrões: padrinhos acompanhados de madrinhas e padrinhos sozinhos. O primeiro caso parece ter sido o preferido pelos grupos sociais. No entanto, nem todos conseguiram concretizar esse modelo, tendo mais êxito os livres e os forros, que em mais de 60% dos casos tiveram um casal para proteger seus filhos. Os grupos de escravos e ingênuos tiveram mais dificuldade, apesar de terem chegado em torno dos 50%.

Na falta de um casal, a segunda alternativa dos pais e mães foi escolher um homem livre para ser o compadre e o protetor da criança. Esse padrão foi mais encontrado no grupo dos escravos (42,4%), mas os outros grupos não deixaram de ter um homem como protetor de suas crianças: 36,4% dos pais e mães dos bebês livres, 26,6% dos forros e 27,1% dos ingênuos.

A expressiva presença de pessoas livres como protetores espirituais deve estar relacionada à busca de aliados para a sobrevivência na sociedade escravista. Nesse sentido, os homens eram os mais prestigiados na sociedade brasileira, visto que podiam deter posses de bens, títulos honoríficos e participar da vida política. Em segundo, estavam as mulheres livres, com um nível menor de reconhecimento social, em comparação aos homens brancos, com bens, mas em situação socialmente acima das pessoas negras e que poderiam contribuir para amenizar as dificuldades tanto de pessoas escravas como de livres ou libertas na sociedade escravista.

Poucos pais e mães escolheram um homem ou uma mulher de condição escrava para apadrinhar seus filhos, provavelmente porque se pudessem oferecer ajuda material seria de menor monta, pois estavam na mesma condição social. Porém, em alguns casos, eles poderiam fornecer apoio psicológico ou mesmo se responsabilizar pela educação de crianças, no caso de ausência da mãe.

As crianças indicadas sem padrinho e/ou madrinha no momento do batismo faziam parte do grupo que recebeu o sacramento, geralmente em casa, por leigos, pois estavam em "perigo de morte". Aquelas que se recuperaram e foram levadas ao templo católico receberam os "santos óleos", sob o olhar de um protetor ou uma protetora.

Por fim, os resultados sobre o apadrinhamento em Livramento indicam uma forte preferência pelo estabelecimento de relações verticais, em que as crianças e seus pais e mães (escravos e não escravos) passavam a fazer parte da rede social de mulheres e homens livres. Mas o que poderia ser barganhado entre eles? Poderia haver troca de solidariedade, auxílio e proteção em um grupo social com indivíduos da mesma condição social?

Certamente, uma das expectativas das mães escravas, ao escolherem como padrinho um homem livre, seria a de conseguir a liberdade de seu bebê. No entanto, nessa freguesia apenas 3,3% (quinze) das crianças batizadas conseguiram receber a alforria do padrinho.[4] Um exemplo é João, filho legítimo de Eufrásia Maria da Conceição e de Manoel Lino do Nascimento, todos pertencentes a Cosma Francisca de Oliveira que, no momento da cerimônia (28 de julho de 1845), solicitou ao pároco lançar na ata batismal que João seria "forro, desde já gozando de sua liberdade como se tivesse nascido de ventre livre, do que tudo fazia a pedido do seu sobrinho Rosendo Francisco de Oliveira", que era o padrinho de João (LB Livramento, 1831-63, fl. 100, AEPB).

---

4 Schwartz (2001, p.205), em estudo sobre o Recôncavo Baiano, no período colonial (1684-1745), encontrou um baixo percentual de padrinhos (2,2%) oferecendo carta de alforria aos afilhados.

Entre os padrinhos dos quatro grupos sociais de Livramento, somente 29 dispunham de referência de prestígio social, como o de tenente-coronel, capitão, senhor de engenho e doutor, e 33 mulheres ostentavam o título de donas. Ambos batizaram, sobretudo, crianças negras livres: eles estiveram em vinte batismos e elas em dezenove. Mas isso não inviabilizaria a ajuda ao longo da vida de uma mulher ou de um homem escravo. Por exemplo: nas relações cotidianas com os donos, seria possível evitar um castigo ou mesmo receber presentes em ocasiões especiais e, se a mãe morresse, nos primeiros anos de vida da criança era obrigação da madrinha ou dos padrinhos cuidar da criança (Stein, 1985, p.185).

Apesar da preferência por relações verticais, não era escolhida uma pessoa qualquer para batizar um filho. Mães ou pais escravos raramente escolheram senhores e/ou senhoras como padrinhos ou madrinhas. Nessa freguesia, nem mesmo os parentes de senhores costumavam batizar tais bebês. Uma única exceção se deu com a família de políticos liberais Toscano de Brito, na qual a menina Sabina, filha natural de Marta, ambas pertencentes ao "doutor" Felizardo Toscano de Brito, foi batizada em 11 de setembro de 1868 pelo casal Carolino do Rego Toscano de Brito e Dona Francisca Januária de Carvalho (LB Livramento, 1863--74, fl. 72, AEPB). Mesmo entre as crianças ingênuas, filhas de ventre escravo, somente dois casos foram registrados de parente de senhor apadrinhando crianças com alguma vinculação ao cativeiro. A tese do estudo precursor sobre apadrinhamento e compadrio no Brasil, de autoria de Gudeman e Schwartz (1988),[5]

---

5 A ausência de senhores batizando crianças escravas tem sido encontrada em diferentes localidades do Brasil escravista. Gudeman e Schwartz (1988), em estudo pioneiro sobre o Recôncavo Baiano, não identificaram pessoas escravas sendo apadrinhadas por senhores. Anos depois, Schwartz (2001, p.284) analisou o batismo de escravos no Paraná, num longo período – 1680 a 1888 – e também encontrou uma baixíssima relação de compadrio entre os dois grupos: apenas nove senhores como padrinhos de escravos, num total de 1092 cerimônias.

parece ser acertada também para a freguesia de Livramento, com apenas dois casos (0,4%) registrados de mulheres africanas batizadas pelos proprietários. Eles destacaram que "senhores não se tornavam padrinhos dos próprios escravos e só raramente os parentes do senhor exerciam esse papel". Afirmavam os autores que batismo e escravidão eram instituições incompatíveis, contraditórias, em que se opõem, ao menos no nível do discurso, amizade, fraternidade e dominação.[6]

O grupo mais indesejado por todos os segmentos era o de escravos. Mulheres e homens escravizados apadrinharam poucas crianças, uma maioria que tinha o mesmo estatuto jurídico. Mas, algumas vezes, casais escravos que estabeleceram vínculos espirituais com pessoas livres não deixavam de atender ao pedido de uma pessoa escrava para proteger uma criança da mesma condição social, como ocorreu com uma família escrava legítima, composta por Francisco e Paula (pertencente a Francisco Gomes da Silveira), pais de quatro crianças, todas batizadas por padrinhos e madrinhas livres, sendo batizados três na década de 1860 e um na de 1870. Porém, o casal escravo se tornou parente espiritual de Bernardina, ao batizar sua filha Tereza. Mãe e filha pertenciam a Joaquim Peixoto da Silveira e o batismo se realizou na capela Coração de Jesus, em 18 de janeiro de 1868 (LB Livramento, 1863-74, fl. 64, AEPB). O fato de Bernardina ter escolhido firmar parentesco espiritual com o casal Francisco e Paula pode estar vinculado ao interesse dela em ter alguma garantia de, no caso de sua ausência (venda ou morte), assim, sua filha poderia ser acolhida pelos padrinhos.

Esse é um exemplo da complexidade das relações numa sociedade escravista, especialmente numa freguesia rural em que os

---

[6] Entre os inúmeros estudos, destaco o de Lugão Rios (1990), que analisou o município de Paraíba do Sul e, entre os anos de 1872 e 1888, encontrou apenas 0,32% de senhores apadrinhando seus escravos. No estudo abordando os períodos colonial e imperial (1730 a 1850), em São João Del-Rei (MG), Brügger (2002, p.322) identificou apenas 1,08% de padrinhos-senhores.

proprietários de cativos detinham uma baixa posse individual de escravos (estudos revelam que apenas 17% dos senhores de engenhos da Paraíba dispunham de mais de 25 escravizados e 75% possuíam menos de 21), dificultando as possibilidades de alianças entre escravos. Todavia, isso não impediu as redes de sociabilidades entre mulheres e homens cativos (Galliza, 1979, p.75).

Parentesco espiritual e batismo de pretos livres e de escravizados de Santa Rita

No ano de 1835, seis cerimônias de batismo de crianças escravas foram realizadas na capela de São Gonçalo, no Engenho Una, de propriedade do senhor Manoel Maria Carneiro da Cunha, referido no capítulo anterior. Os pais das crianças, em sua maioria, eram casados na igreja, e uma das poucas exceções era Florinda. Nas décadas seguintes, a partir de setembro de 1840 até janeiro de 1854, mais 26 crianças que pertenciam a esse mesmo senhor foram batizadas em outro engenho de sua propriedade, o Tibiri. Mantinha-se nesses dois engenhos a característica de mulheres e homens escravos terem famílias nucleares com uma maioria legalizada na igreja: num total de dezessete famílias, doze eram legítimas; entre as cinco naturais, dois casais, apesar de solteiros, foram indicados como pais de crianças e uma das mulheres, Silvana – mãe natural, que batizou uma criança como solteira –, "regularizou" sua vida conjugal com o pai de seu filho ou com um outro parceiro. Ela batizou seu filho natural, Albino, em 3 de outubro de 1847, e se casou com Miguel em 10 de junho de 1851. Essa tendência de regularizar a relação conjugal ocorreu com outros escravos pertencentes ao referido proprietário; porém, vale a ressalva de que tal caracterização não ocorreu com a maior parte das pessoas escravizadas de Santa Rita, pois, como se verá adiante, as crianças nascidas de ventre escravo geralmente tinham declarado o nome das mães e raramente o dos pais.

Figura 4.3: Matriz de Santa Rita.
Fonte: Revista Turística de Santa Rita (2003).

Os assentos de batismos da população negra de Santa Rita nos mostram uma configuração social em que predominava o grupo de escravos (652), seguido dos livres (194) e uns poucos forros (sete).[7] A respeito do primeiro grupo, as crianças escravas

---

7 Em pesquisa recente nos livros de batismos que constavam as crianças ingênuas, identifiquei 108 bebês ingênuos, mas eles não constam dessa análise.

eram 647 (99,2%) e apenas cinco (0,8%) eram adultos, existia um relativo equilíbrio sexual visto que 51,4% eram meninos e 48,6% meninas. Como ocorreu em Livramento, havia um alto percentual de filiação natural (71%) e pouco mais de 29% de legítimos. Da mesma forma, estavam as sete crianças forras (cinco meninas e dois meninos), que receberam a liberdade de forma esporádica, dois na década de 1840, três na de 1860 e dois no início da década de 1870. Para uma visão atual da igreja matriz de Santa Rita, ver Figura 4.3.

Em menor número estava o grupo de crianças livres: do total de 194, a ampla maioria era de bebês (98,9% ou 192) e apenas dois eram adultos (1,1%). Com relação ao sexo, os meninos foram encontrados em maior número (65,1%) do que as meninas (34,9%). A maioria dessas crianças teve a indicação de um pai e de uma mãe, pois foram identificadas 59,9% com filiação legítima e 40,1% de natural.

Os resultados da análise sobre a filiação das crianças negras de Santa Rita repetem a mesma caracterização das famílias de Livramento: a *monoparental*, para crianças escravas e forras, e a *legítima*, para as livres. Será que os pretos livres de Santa Rita, como os de Livramento, buscavam se integrar na sociedade local, a partir dos valores da sociedade escravista, cujo casamento no religioso parecia ser bastante valorizado?

Tratando da presença feminina nas famílias negras em Santa Rita, as mães foram frequentemente identificadas, solteiras ou casadas, da mesma forma como ocorreu na freguesia de Livramento. Assim, a maior parte das crianças negras – livres e escravas – teve a indicação das mães nas atas batismais. A presença delas esteve acima de 99% entre todos os bebês negros, escravos, livres e forros.

Os pais, ao contrário, aparecem com menor frequência. Eles foram indicados em 35,6% dos batizados. A ausência mais marcante ocorre no grupo das crianças escravas (27,7% do total de 647) e das forras, essas eram todas de filiação natural. Já no grupo das livres, sua presença foi mais marcante: foram citados em 62,5% do total de 192 batizados. Há que se considerar que esses percentuais das mães e dos pais são superestimados, uma vez que ambos poderiam ter sido pai de mais de uma criança, como ocorreu com o casal escravo Ambrósio e Isidoria. Eles foram pais de seis crianças, entre os anos de 1843 e 1850, e com o casal misto Manoel Higino da Natividade (livre) e Bonifácia (escrava), pais de duas crianças, uma batizada em 1855 e outra em 1862.

Vejamos como se deu o apadrinhamento em Santa Rita, considerando a filiação e condição jurídica das pessoas negras.

Tabela 4.3: Padrinhos e madrinhas de crianças batizadas segundo filiação e condição jurídica de Santa Rita (1840-71)

Tipo de filiação	Escrava	Livre	Forra
LEGÍTIMA	187 – 28,8%	115 – 59,9%	
Com padrinho	179 27,6%	113 58,8%	–
Sem padrinho	08 1,2%	02 1,1%	–
Com madrinha	122 18,8%	71 36,9%	–
Sem madrinha	65 10,0%	44 23,0%	–
NATURAL	461 – 71,2%	77 – 40,1%	
Com padrinho	448 69,1	71 36,9%	8 100%
Sem padrinho	13 2,1%	6 3,2%	–
Com madrinha	300 46,3%	40 20,8%	5 62,5%
Sem madrinha	161* 24,9%	37 19,3%	3 37,5%
TOTAL (L+N)	647 100%	192 100%	8 100%

Fonte: Livros de Batismo de Santa Rita, 1840-71, AEPB.

Os dados da Tabela 4.3 possibilitam destacar que os padrinhos foram escolhidos tanto por mães/pais escravos quanto por não escravos, sendo que o percentual da presença do protetor masculino esteve acima de 95%, somando-se os registros de crianças de filiação legítima e de filiação natural. Mas a maior ausência de homens como protetores ocorreu no grupo das crianças escravas de filiação natural. Eles não participaram de 2,1% de tais celebrações e de 1,2% das batizadas como legítimas. No grupo dos livres ocorreu o mesmo padrão das crianças escravas, ou seja, as de filiação natural tiveram menor indicação de padrinhos (3,2%) e os de filiação legítima maior proteção do sexo masculino, visto que somente 1,1% foi batizado sem padrinhos. É possível afirmar que essa ausência de padrinhos, tanto no grupo dos escravos quanto no dos livres, era pouco expressiva.

Como era de se esperar, a presença de mulheres como protetoras não foi tão significativa nos dois grupos. Entre as escravas, elas não foram escolhidas para 34,9% dos batizados (10% das legítimas e 24,9% das naturais); no grupo dos livres, a ausência de madrinha se manteve alta, 42,3% (23% das legítimas e 19,3% das naturais); e entre as forras, todas de filiação natural, 62,5% delas tiveram uma madrinha como protetora e 37,5% apenas o padrinho como pai espiritual.

Percebe-se, como em Livramento, que as mulheres eram preteridas como protetoras, tanto por pessoas escravas quanto por não escravas. No livro de batismo de Santa Rita é possível observar a pouca valorização da mulher livre. Em alguns casos, o pároco omitia o nome da madrinha, "identificava-a" como "mulher do padrinho" (a exemplo do Agostinho Luis de França, que batizou uma criança, em 21 de setembro de 1847), ou "irmã do padrinho" (como se deu em 13 de dezembro de 1870), ou "mãe do padrinho" (batizado por André Luiz de França, em 11 de maio de 1866).

Mas que tipos de combinação faziam mães e pais de bebês negros de Santa Rita ao escolherem os protetores de seus filhos?

Vejamos, considerando a condição jurídica do apadrinhamento de todas as crianças negras de Santa Rita:

- houve grande preferência pela combinação de padrinhos e de madrinhas livres. No grupo das escravas, o percentual atingiu 44,2%; no das livres foi de 54,6% e 50% no das forras. Em segundo lugar estavam os homens livres sem madrinha, que chegaram à cifra de 30% no grupo das crianças escravas, 39,5% no grupo das livres e 50% das forras. Como se observa, o protetor masculino de condição livre figurou como o predileto em todos os três grupos sociais, respondendo pelo apadrinhamento de 100% dos bebês forros, 94,1% dos livres e 74,2% dos escravos;

- o segundo grupo de padrinhos a ser escolhido foi o de escravos, embora eles se encontrassem em menor número comparados aos livres. Eles foram responsáveis pelos batizados de bebês escravos em 17,6% dos casos e em 2,5% de mães/pais livres. Na combinação de protetoras e protetores escravos, prevaleceu a reunião de padrinhos e madrinhas escravos (64% ou 73 dos 114 casos); em seguida, os homens escravos foram os únicos protetores (24,5%, 28 dos 114 casos); e, em último, eles se reuniram com mulheres livres (11,5%, treze dos 114 casos); pouquíssimas mulheres escravas foram escolhidas, houve apenas cinco casos (2,6%) de crianças livres batizada por elas, em três dessas celebrações elas estavam em companhia de homens escravos e em duas, na de livres. Essas mulheres foram encontradas com mais frequência como madrinhas de crianças escravas, em companhia de homens também cativos (11,3% de todos os batizados). A combinação delas com homens livres foi bem menor: 4,5% de todos os batismos, e como única protetora em três celebrações batismais de bebês escravos. Em pior situação estavam as mulheres forras, pois somente uma batizou uma criança livre e nenhuma escrava;

- a madrinha devocional foi bastante reduzida: apenas duas crianças escravas (0,2%) tiveram a proteção de uma Santa. Na linha de escolha de madrinha ou padrinho que desobedecia as orientações da CPAB (1853), houve duas crianças (uma escrava e uma livre) batizadas por dois homens e sem

madrinha e nove bebês escravos receberam apenas mulheres (0,5% de escravas e 0,9% de livres) como protetoras;
- a ausência de um protetor ou protetora se deu apenas em poucos casos de crianças escravas (1,8% do total de 647) e de livres (1% do total de 192). Tratava-se dos batismos realizados por necessidade, quando as crianças corriam "perigo de morte".

Em Santa Rita, embora tenha prevalecido uma grande predileção por padrinhos e madrinhas livres, observa-se uma maior participação de homens e mulheres cativos nas celebrações de bebês negros (livres e escravos). Procurando entender esse aumento da presença escrava nos batizados, fiz uma amostra de 37 casos de padrinhos escravos de Santa Rita, conseguindo informação a respeito do proprietário de 32 deles. O resultado indicou que 40,6% deles pertencia ao mesmo senhor e 45,9% a diferentes senhores. Ou seja, a maioria dos padrinhos era de diversas propriedades ou residências; o que nos indica duas possibilidades. A primeira é a de que nos anos iniciais da segunda metade do século XIX havia uma maior circulação dos escravos por Santa Rita, uma freguesia rural, mas também um espaço de desenvolvimento de comércio; e a segunda, de que a existência de um significativo número de engenhos aumentava o "mercado" de padrinhos e madrinhas, tanto por haver relações de amizade e política entre os senhores quanto por existirem relações dos escravos com outros parceiros de cativeiro pertencentes a parentes de seus donos.

Nesse sentido, destaco dois exemplos da amostra referida, na qual se verifica que as relações políticas entre proprietários de escravos possibilitaram a formação de alianças entre os cativos de diferentes unidades produtivas e também a formação de redes sociais entre escravos e pessoas livres. No primeiro exemplo, os pais escravos José e Luzia (pertencentes a Manoel Maria Carneiro da Cunha) se tornaram protetores da menina Cláudia (provável órfã), de propriedade de Pedro Cardoso Vieira;[8] a cerimônia aconteceu em 1842 na capela de Nossa Senhora do Rosário, do Engenho Tibiri (como mencionado anteriormente, pertencente aos Carneiros da Cunha). Um segundo batismo, ocorrido duas décadas depois, o padrinho era escravo e a madrinha, livre: Firmino (escravo de Claudino do Rego Barros) e Joana Josefina da Anunciação (mulher livre) batizaram um menino de condição livre, Francisco, filho natural de Idalina, uma preta livre (LB Santa Rita, 1852-64, fl.39, AEPB).

Analisando as relações de escravos de Manoel Maria Carneiro da Cunha é possível perceber que, apesar da preferência de padrinho livre para seus filhos e filhas, quando houve condições esse grupo social de cativos procurou estabelecer parentesco não só consanguíneo, mas também espiritual. Nesse sentido, seguem alguns exemplos do compadrio firmado por/entre escravos e escravas residentes no Engenho Tibiri com moradores e não moradores nas propriedades de Manoel Maria Carneiro da Cunha. Assim, no que se refere à vinculação biológica de dez casais que se tornaram pais e mães de vinte crianças, os compadres escolhidos foram, em sua maioria, madrinhas e padrinhos escravos, totalizando 80% de vínculos espirituais entre eles, sendo incorporados no grupo doze padrinhos e sete madrinhas da mesma condição que os pais das crianças. Destaco dois exemplos: o primeiro envolvendo um casal que foi seguidamente requisitado para apadrinhar as crianças escravas e aparece nos registros entre as décadas de 1840 e 1850.

Trata-se do já mencionado casal Zacarias e Gertrudes, que batizou cinco crianças – três de filiação legítima e duas de filiação natural. Os dois se tornaram protetores de três bebês (Maria, Lúcia e Ângela) e as outras duas (Jovina e Albino) foram batizadas apenas por Zacarias (LB Santa Rita, 1840-52, fls. 87, 138,

---

8 Pai do liberal Manoel Pedro Cardoso Vieira, mencionado no segundo capítulo. Ao que parece, ele tinha relações com Manoel Maria Carneiro da Cunha, pois, além de Cláudia, em 1842, outra escrava foi batizada no Engenho Tibiri, conforme LB Santa Rita, 1840-52, fl. 11, AEPB.

75, AEPB e LB Santa Rita, 1852-64, fl. 24, AEPB). De qualquer maneira, o casal se tornou compadre de cinco pessoas (dois casais e uma mãe natural), e Zacarias de mais três pessoas (um casal e uma mãe natural). Esse mesmo casal, ao escolher os protetores de seus filhos (Estevão e Thessalônica), fez também a opção de se vincular a pessoas escravas. Assim, Estevão teve como padrinho Manoel (escravo de Pedro Cardoso Vieira) e Agostinho (escravo de Manoel Maria Carneiro da Cunha) apadrinhou Thessalônica (LB Santa Rita, 1840-52, fls. 1 e 24, AEPB).

O segundo exemplo refere-se ao próprio Agostinho, sobre cuja condição civil não se tem informação. Ele se vinculou a dois casais; além do já comentado, batizou também Cesário, filho do casal Luiza e Antonio. Se ele fosse solteiro, naquela época, pode-se afirmar que de solidão não deve ter perecido, afinal, ele estabeleceu parentesco espiritual com quatro adultos e duas crianças, com quem poderia se distrair nas horas vagas e contar, provavelmente, em momentos de dificuldades (LB Santa Rita, 1840-52, fl. 44, AEPB).

Desse mesmo senhor, Carneiro da Cunha, houve quatro casais escravos e pais de seis crianças que preferiram escolher como compadres pessoas livres – um homem ou uma mulher. Nessa situação esteve Paulina, que foi casada duas vezes e teve duas filhas: Veneranda, cujo padrinho foi Manoel Remígio e a madrinha Feliciana da Graça; e Felizarda, que teve somente o protetor do sexo masculino, Joaquim José do Espírito Santo (LB Santa Rita, 1840-52, fls. 24, , 33, 46 e 56, AEPB).

Contudo, não deixaram de estabelecer parentesco espiritual com seus parceiros de escravidão. O casal Leandra e Gregório, apesar de terem duas filhas (Sabina e Paula) batizadas apenas por uma mulher livre, não deixou de atender ao pedido de Gonçala e Mateus, tornando-se protetores de Nicolau. Leandra, ao se tornar viúva, se casou com Marcos e, quatro anos depois, batizou o menino Eugênio, irmão de Nicolau. Dessa forma, Gonçala e Mateus, me parece, fortaleciam a aliança espiritual e a relação de amizade com Leandra, bem como aprovavam o seu novo casamento (LB Santa Rita, 1840-52, fls. 86 e 138, AEPB).

Dois anos antes, em 4 de dezembro de 1842, Paulina, então casada com João, levou sua filha Veneranda para ser batizada. Passados quatro anos, Paulina retornava à capela de Nossa Senhora do Rosário para que sua outra filha, Felizarda, fosse também abençoada. Nesse mesmo dia foram batizadas, ainda, Rosa – a filha de outro casal escravo (Cândida e Inácio) do mesmo proprietário – e uma criança branca, chamada Ana, que teve como padrinhos o dono do Engenho Tibiri e sua filha, Maria Francisca Carneiro da Cunha, cuja celebração foi realizada pelo vigário José Gonçalves Ourique Vasconcelos.[9]

Vizinhos de Manuel Maria Carneiro da Cunha tinham por hábito se dirigir ao Engenho Tibiri para a administração do primeiro sacramento em seus filhos e filhas, a exemplo do que ocorreu em 20 de abril de 1846, quando três crianças foram batizadas – duas escravas e uma livre – o próprio dono da propriedade participou das cerimônias e apadrinhou uma das crianças. Isso fortalecia o laço social com quem poderia talvez se tornar seu correligionário. No ano de 1859, quando Francisco Manoel Carneiro da Cunha já havia herdado os dois engenhos de seu pai, um casal de negros livres, Joaquina de Sales e Joaquim Manoel Ferreira, dirigiu-se à capela do Engenho Tibiri para o batismo de Maria, que teve como protetores o novo proprietário e Júlia Rosa Carneiro da Cunha (LB Santa Rita, 1840-52, fl. 56, AEPB e LB Santa Rita, 1852-56, fl. 4, AEPB).

Vale salientar que das seis crianças batizadas como forras em Santa Rita, apenas uma recebeu a alforria de seu dono. A

---

9 Ver registro, na íntegra, de criança livre com indicação da cor e dos padrinhos: "Ana, branca, filha legítima de Francisco Aranha da Franca e Dona Maria Cândida de Aragão, moradores em São Bento, foi batizada por mim com os santos óleos na capela do Tibiri, aos 20 de abril de 1846, foram padrinhos Manuel Maria Carneiro da Cunha, e sua filha, solteira Dona Maria Francisca Carneiro da Cunha". Vigário José Gonçalves Ourique Vasconcelos, conforme LB Santa Rita, 1840-52, fl. 56, AEPB.

agraciada foi Benedita, filha natural de Jovina, cujo dono era Joaquim Fernandes de Araújo, e foi batizada em 3 de fevereiro de 1871 (LB Santa Rita, 1869-71, fl. 147, AEPB).

Além dessas crianças, ao cruzar os assentos batismais com as cartas de alforrias, encontrei um casal de escravos (Miquelina e João) que, dois anos após a realização do batismo de uma filha, conseguiu comprar a carta de liberdade dela, Maria, pela quantia de 100 mil réis. Metade do valor foi entregue aos senhores, em espécie (teriam recebido ajuda dos padrinhos livres?), a outra foi paga com o trabalho e (provável) submissão aos senhores, pois, conforme deixou anotado o casal proprietário (Francisco Leal de Menezes e Teresa de Jesus Leal), se perdoava os cinquenta mil réis, por "esmola", por ter criado e ter amor à criança, assim como pelos "bons serviços da mãe" (LB Santa Rita, 1840-52, fl. 21, AEPB e Livro de Notas, 1841-46, fl. 76, IHGP).

As mulheres e os homens escravizados de Santa Rita, que viveram entre as décadas de 1840 e 1870, além das relações verticais com as pessoas livres, procuraram estabelecer alianças espirituais entre eles. Essas alianças foram evidenciadas nas relações de compadrio da população escrava de Manoel Carneiro da Cunha. Um aspecto facilitador das alianças horizontais deve estar relacionado ao significativo número de escravos pertencentes a um mesmo dono ou família, o que possibilitava a formação de redes sociais entre os cativos.

Parentesco espiritual e batismo de pretos livres e escravizados de Nossa Senhora das Neves

Batismo de mulheres e homens africanos

Vejamos como se deu a formação de redes sociais dos indivíduos africanos que residiram na capital da Paraíba. Nos livros de batismos da paróquia de Nossa Senhora das Neves foram encontradas 49 pessoas oriundas da África Atlântica e batizadas, todas adultas, entre os anos de 1833 a 1862. Elas chegaram à capitania/província da Paraíba da seguinte forma: na década de 1830 foram doze africanos (seis homens e seis mulheres) que se batizaram na paróquia da capital; na década seguinte, foram quinze (três homens e doze mulheres); na de 1850, vinte (dezenove homens e uma mulher), e na de 1860, duas mulheres.

A respeito do apadrinhamento desses escravos africanos, destaco que, mesmo apresentando arranjos mais complexos do que ocorreu em Livramento, predominou a presença de homens livres (51%) como padrinhos desses cativos e a participação de mulheres (53%) nas cerimônias. Mas, nessa paróquia, foram identificados padrinhos escravos (36,7%) e forros (12,3%), assim como madrinhas também com diferentes condições jurídicas: as livres participaram de um maior número de batismo (14,3%), seguidas das escravas, as forras (8,1%) e as devocionais (12,3% para cada uma), as santas eram Nossa Senhora das Neves (três), Nossa Senhora da Conceição (duas) e Nossa Senhora do Rosário (uma).

Além da presença de madrinhas devocionais como protetoras de mulheres e homens africanos, identifiquei a presença de forros estrangeiros, como Marcelina da Costa Cirne, da Costa da Mina, que, acompanhada de três homens livres (dois crioulos), participou de três celebrações envolvendo dois homens ("mina") e uma mulher ("angola"). Outra madrinha forra, Maria Joaquina, classificada como "gentio", tornou-se protetora de uma mulher "mina". Esses quatro batizados aconteceram na década de 1830.

Tais arranjos sugerem que a chegada desses escravos africanos, numa paróquia urbana com grande número de pessoas, deve ter possibilitado que os recém-chegados da África estabelecessem alianças com outros parceiros do cativeiro (foram dezoito casos de padrinhos escravos e seis de madrinhas escravas) e em uns poucos casos (duas madrinhas forras, com uma delas participando de três celebrações) contaram com a proteção de mulheres, se não do seu grupo étnico-racial, ao menos do seu continente de origem.

Batismo de crianças crioulas da freguesia de Nossa Senhora das Neves

Na capital da Paraíba houve semelhança com as freguesias rurais, no que diz respeito às mães dos grupos de crianças escravas e não escravas. Nesse último, 100% teve o nome das mães identificado; no primeiro, 95%. Os pais aparecem em apenas 22,3% de todos os batizados. Em se tratando de crianças escravas, a ausência do nome do pai é bastante significativa, pois eles foram indicados em 9,1% dos batizados. Os dois grupos de crianças vinculadas ao ventre escravo – as forras e as ingênuas – mantiveram o mesmo padrão na declaração dos genitores: entre as primeiras, somente 13,4% teve o nome do pai registrado na ata batismal e as segundas, em menor proporção, 4,6%. A maior presença de pais foi no grupo dos pretos livres, 61,3%.

Em relação à condição jurídica das mães, a maioria, 1.963, era escrava. Elas tiveram tanto filhos escravos (68,6%) quanto ingênuos (26,1%) e forros (5,3%). As mães forras, conforme norma jurídica da época, tiveram todos os seus filhos livres. O mesmo se deu com as pretas livres. Os pais, como as mães escravas, tiveram filhos de diferentes estatutos sociais. Assim, de 162 pais escravos, 112 (69,1%) tiveram filhos de igual condição; dezesseis (9,9%) ingênuos; onze (6,8%) forros e 23 (14,2%) livres.

Os pais de condição forra e livre seguiram o mesmo padrão do genitor escravo: dos 140 pais forros, 96,4% (135) tiveram filhos livres; 2,8% (quatro) eram escravos e 0,7% (um) forro. No grupo de pais livres, havia um total de 323 homens. Desses, 308 (95,3%) foram genitores de bebês escravos; oito (2,4%) ingênuos, cinco (1,5%) escravos e dois (0,6%) forros.

Como ilustração de famílias mistas, nas quais pais e filhos tinham diferentes condições jurídicas, destaco dois exemplos. Em 1851, o caso de Marciano (livre), filho legítimo de mãe forra, Josefa Maria da Conceição, e de pai escravo, Jerônimo do Espírito Santo, cujo dono era Francisco de Assis Pereira Rocha. Outro caso ocorreu em 1872, com Francisco (ingênuo), batizado com quatro meses de idade, filho legítimo de mãe escrava, Luiza (pertencente a Álvaro de Menezes), e pai livre, João Francisco de Bulhões (LB NS das Neves, 1850-57, fl. 19, AEPB e LB NS das Neves, 1871-88, fl. 2, AEPB).

Figura 4.4 Matriz Nossa Senhora das Neves.
Fonte: Acervo da autora. Fotografia, 2005.

Os integrantes dessas e outras famílias negras elegiam os compadres e comadres que formariam suas redes sociais. Que tipo de padrinho e/ou madrinha as mães escravas e, eventualmente, os pais escolhiam para seus bebês? Quem eram os escolhidos pelos pais/mães pretos livres para apadrinharem suas crianças?

Como ocorreu em Livramento e Santa Rita, a população negra da capital dos quatro segmentos sociais (escravo, livre, forro e ingênuo) e com diferentes tipos de filiação (legítima e natural) escolheu, sobretudo, os homens como protetores de seus filhos. Eles deixaram de participar em pouquíssimas celebrações, no caso do grupo dos escravos estiveram ausentes de apenas 2,5% dos batizados de bebês de filiação natural e participaram de todos os batismos das crianças legítimas. Em se tratando da proteção feminina, a ausência delas foi mais significativa (45,3% de todos os batizados das crianças escravas), sendo que as crianças de filiação natural foram mais atingidas, 42,7%, do que as legítimas, 2,6%. O mesmo padrão se deu com as crianças forras: 100% da presença de padrinhos, ou seja, todas elas, independentemente do tipo de filiação, tiveram um homem como protetor; já as mulheres não participaram de mais de 34% das cerimônias (1,9% das legítimas e 32,7% das naturais). As crianças livres quase atingiram a marca de 30% sem madrinha; porém, a ausência era mais equilibrada no que se refere ao tipo de filiação (16,9% das legítimas e 12,9% das naturais) e os homens, como se esperava, tiveram baixa ausência, apenas 2,1% entre as legítimas e 0,7% das naturais. Algumas diferenças foram observadas no grupo dos ingênuos, em que a maioria teve a participação tanto de padrinhos como de madrinhas. No caso da proteção masculina, somente quatro (0,8%) crianças naturais não tiveram padrinho; no caso da feminina, a ausência foi de 6,6%, sendo 0,3% de crianças legítimas e 6,3% de naturais. Como será que as mães escravas conseguiram madrinhas para seus filhos ingênuos? O fato de elas viverem numa freguesia urbana pode ter contribuído para que elas superassem obstáculos que as mães das freguesias rurais não conseguiram ultrapassar? Veremos mais adiante, quando as protetoras femininas de tais crianças aparecerem. Para uma visão da atual catedral da Paraíba, ver Figura 4.4.

Para conhecer a condição jurídica dos padrinhos e das madrinhas das crianças negras foi organizada a Tabela 4.4.

A preferência na escolha de protetores das crianças negras era um padrinho livre, como já foi dito. Esse protetor foi escolhido pelos progenitores das quatro camadas sociais, cujo percentual variou de 80,7% entre as crianças escravas a mais de 95% entre as não escravas (livres, forros e ingênuos). Em segundo lugar estavam os padrinhos escravos que foram escolhidos pelas mães das crianças escravas (15,55%), apesar de terem sido protetores das não escravas, a proporção foi bem menor: no grupo das ingênuas, 3,7%, nas forras, 2,9% e 1,8% nas livres. Um padrinho que apareceu em menor percentual foi o forro, participando de poucos batismos e somente no grupo dos bebês escravos (catorze casos) e dos livres (dois casos). O padrinho devocional, como nas outras paróquias, teve inexpressiva presença (somente três casos – dois bebês escravos e um livre). O mesmo não ocorreu com a madrinha devocional que, especialmente nessa freguesia, teve muita importância no grupo dos ingênuos.

Tabela 4.4: Padrinhos e madrinhas de crianças batizadas, segundo filiação e condição jurídica, de Nossa Senhora das Neves (1833-88)

Tipo de filiação	Escrava	Livre	Forra	Ingênuos
LEGÍTIMA	126 – 9,2%	491 – 64,7%	12 – 11,5%	29 – 5,65%
Com padrinho	126 9,2%	475 62,6%	12 11,5%	29 5,65%
Sem padrinho	–	16 2,1%	–	–
Com madrinha	90 6,6%	363 47,8%	10 9,6%	27 5,3%
Sem madrinha	36 2,6%	128 16,9%	02 1,9%	02 0,3%
NATURAL	1246 – 90,8%	268 – 35,3%	92 – 88,5%	484 – 94,4%
Com padrinho	1212 88,3%	263 34,6%	92 88,5%	480 93,6%
Sem padrinho	34 2,5%	05 0,7%	–	04 0,8%
Com madrinha	660 48,1%	170 22,4%	58 55,8%	452 88,1%
Sem madrinha	586 42,7%	98 12,9%	34 32,7%	32 6,3%
TOTAL (L+N)	1372 100%	759 100%	104 100%	513 100%

Fonte: Livros de Batismo de Nossa Senhora das Neves, 1833-88, AEPB.

De maneira geral, no que se refere à condição jurídica das madrinhas, tem-se as seguintes características: primeiro, a significativa ausência delas no batismo de bebês escravos (42,7%), forros (34,6%) e livres (28,5%). A única exceção ocorreu com os ingênuos (6,6%), mas não porque as mães deles tiveram a presença de uma mulher como protetora de seus bebês, mas suas madrinhas eram santas, indicadas em quase 60% dos batizados dessas crianças. Ao que parece, as mães escravas, como as das outras freguesias, tinham dificuldades de estabelecer redes sociais com mulheres livres e, como alternativa, em épocas de muitas epidemias (febre amarela, cólera, varíola), apelaram a Nossa Senhora para proteger suas crianças. As mães das outras crianças também indicaram a madrinha devocional, em menor proporção: 28,4% das escravas, 26% das forras e 16,1% das livres. Ver Tabela 4.5.

Com relação às madrinhas humanas, as de condição livre estiveram mais representadas nos batizados de crianças livres (54,7%), forras (39,5%), ingênuas (32,6%) e, por último, as escravas (22,2%). Os expressivos quase 33% de madrinhas livres entre as crianças ingênuas reforçam os indícios de que mães escravas enfrentavam obstáculos para entrar nas redes de mulheres livres. Parece-me que a primeira tentativa era conseguir uma madrinha humana; não tendo êxito, o passo seguinte seria indicar a santa. Incomum era escolher madrinha forra para batizar as crianças negras, os únicos oito casos envolviam crianças escravas.

Cruzando as informações a fim de conhecer as combinações de estatuto jurídico dos protetores das crianças negras, encontra-se o seguinte esquema: de forma semelhante ao que ocorreu nas freguesias rurais, as mães e os pais negros da paróquia de Nossa Senhora das Neves deram, majoritariamente, preferência aos padrinhos e às madrinhas livres. Mas, vejamos com mais detalhes as combinações:

Tabela 4.5: Condição jurídica dos padrinhos e das madrinhas de crianças negras batizadas na freguesia de Nossa Senhora das Neves (1833-88)

	Escrava	Livre	Forra	Ingênua
Padrinho livre	1108 80,7%	721 95,0%	101 97,1%	490 95,5%
Padrinho forro	14 1,0%	2 0,3%	–	–
Padrinho escravo	213 15,6	14 1,9%	3 2,9%	19 3,7%
Sem padrinho	35 2,6%	21 2,7%	–	4 0,8%
Santo	02 0,1%	01 0,1%	–	–
Total	**1372** 100%	759 (100%)	104 (100%)	513 (100%)
Madrinha livre	305 22,2%	418 55,0%	41 39,4%	166 32,4%
Madrinha forra	8 0,6%	–	–	–
Madrinha escrava	88 6,4%	3 0,4%	–	10 1,9%
Santa	385 28,1%	122 16,1%	27 26,0%	303 59,1%
Sem madrinha	586 42,7%	216 28,5%	36 34,6%	34 6,6%
Total	1372 (100%)	759 (100%)	104 (100%)	513 (100%)

Fonte: Livros de Batismo Nossa Senhora das Neves (1833-88), AEPB.

- no grupo dos escravos, os homens livres foram protetores em 78,8% dos batizados, prevalecendo como único protetor em mais de 56% das celebrações. As madrinhas não participaram de muitos batismos, 31,6%, e as santas foram escolhidas como madrinha em 24,7% das vezes. Os arranjos envolvendo homens livres com mulheres livres foram de 20,2%, mas pouquíssimos se juntaram às escravas (2%) e às forras (0,2%). Os homens escravos foram padrinhos de poucas crianças, como em Livramento. Contudo, em Santa Rita há uma presença mais expressiva deles, visto que batizaram 16% de bebês cativos. Os homens forros foram escolhidos apenas pelos pais de crianças escravas, mesmo assim participaram de 1,4% dos batizados, em companhia de mulheres de diferente condição jurídica (1,2%) e também das devocionais (0,2%);

- no grupo dos livres, os arranjos foram em menor número, mas manteve-se a forte presença de homens livres apadrinhando as crianças negras. Da mesma forma como ocorrereu com os bebês escravos da capital, eles podiam ser o único padrinho (25%) ou se juntar às mulheres livres (54,3%), às santas (15,3%) e, em menor proporção, às escravas (0,5%). Os padrinhos escravos (1,7%) só apareceram mais que os forros (0,3%) e o padrinho devocional, sobre o qual houve somente um caso;
- no grupo dos forros, os homens livres batizaram 97% dos bebês, apresentando o mais alto percentual entre as quatro camadas sociais em que figuram como único protetor, pois as madrinhas estiveram ausentes em 32,6%; as mulheres livres estiveram junto deles em 39,4% das celebrações e as santas em 25%. Apesar de ter sido pouco comum a presença de padrinho escravo (3%), nenhuma mulher escrava ou forra passou a ser protetora dessas crianças; enfim, os pais das crianças que alcançaram a condição de forra procuraram estabelecer, na maioria das vezes, alianças verticais;
- no grupo dos ingênuos, as combinações mostram que os padrinhos livres figuraram em mais de 95% das celebrações, eles estiveram, em maior percentual, em companhia das madrinhas devocionais (56,3%), seguidas de mulheres livres (32,2%) e de umas poucas escravas (1,4%). Somente 5,6% das crianças tiveram apenas o protetor livre. Os padrinhos escravos tiveram participação em 3,7% dos

batismos: eles também se juntaram às mulheres escravas (0,4%) e livres (0,4%), mas o mais comum foi o arranjo com as santas (2,5%);
- foram raros os casos de crianças negras batizadas sem protetor algum (2% entre as crianças escravas, 2,8% entre as livres e 0,4% entre as ingênuas). Também houve poucos casos em que as mulheres ou santas foram escolhidas como únicas protetoras, mas somente entre as escravas (menos de 0,5%) e ingênuas (0,4%). Teria sido essa uma estratégia criada pelas mães escravas para que seus filhos não adentrassem o mundo dos livres desprovidos de proteção?

Enfim, como as análises das evidências históricas mostram, as redes sociais formadas pelas pessoas negras, em sua maioria, eram verticais, pois os pais e mães de bebês escravos, forros e ingênuos buscaram indivíduos com *status* superior. Os livres também priorizaram as pessoas que tinham a mesma condição que eles e, quando possível, seus compadres eram aqueles com algum título de distinção. Apesar de poucos casos, as mães escravas escolheram também homens e mulheres escravos para apadrinharem seus filhos, como em Santa Rita, dando indícios de que não havia total recusa em se tornar compadre de pessoas com a mesma condição, talvez fossem as imposições do cativeiro que impediam a rede social de cativos ser mais ampla. Mas a proteção preferida era de se ter uma pessoa livre – padrinho ou madrinha – como uma tentativa de obter a liberdade dos infantes.

A combinação de homem livre com santa foi muito escolhida pelas mães escravas de filhos ingênuos. Como a escolha de madrinha devocional passou a ser crescente a partir da década de 1850, período de início das epidemias que atingiram toda a província, uma hipótese a ser levantada se relaciona ao desejo das mães em obterem o auxílio e a proteção divina de uma santa. Das santas, Nossa Senhora das Neves era das mais populares entre as pessoas negras – das 501 crianças sob a sua proteção estavam: duzentos bebês escravos; 69 livres; treze forros e 219 ingênuos. Em seguida, encontramos Nossa Senhora (93 casos) e Nossa Senhora do Bom Parto, com 54 casos. A santa de devoção dos negros, Nossa Senhora do Rosário, ocupou o quinto lugar, com 51 casos.

Por fim, a pesquisa nas três freguesias da Zona da Mata leva-me a afirmar que as famílias monoparentais se formaram com mais frequência nos grupos dos escravos, de forros e ingênuos; no grupo dos livres predominavam as famílias legítimas, que procuravam com o batismo firmar alianças com pessoas livres.

Quanto ao significado do batismo, posso destacar que era importante para as pessoas negras escravas e não escravas: todas buscavam auxílio para obter meios de sobrevivência e mudanças na condição social. Para a população escrava, marcadamente crioula e residindo em unidades produtivas com pequeno número de cativos, a preferência de alianças verticais indica um empenho de ampliação de redes sociais com as pessoas livres. Isso provavelmente para superar a condição escrava ou tendo em vista a baixa frequência de alforria de crianças na pia batismal nas três paróquias, uma vez que com as escolhas dos padrinhos e das madrinhas a população negra tinha "necessidade, num mundo hostil, de criar laços morais com pessoas de recursos, para proteger-se a si aos filhos" (Slenes, 1997, p.271). Para aqueles que viviam no cativeiro, era uma tentativa de conquistar condições menos adversas e aos que eram negros e livres numa sociedade escravista, era o desejo de obter condição de sobrevivência ou de mobilidade social.

Entre a população escrava que também buscava se beneficiar das alianças com os livres, diferentes sentidos foram dados ao batismo, originalmente um ato religioso. Um deles, como demonstrado, permitia a criação de laços entre pessoas e, às vezes, envolvia famílias. Outro se refere ao uso de compadrio temporário para enfrentar a política de domínio da classe senhorial. Segundo Vidal, essa vinculação ocorria no seguinte caso: o escravo que decidia fugir temporariamente de seu senhor, muitas vezes recorria a outro indivíduo aliado de seu dono e solicitava um apadrinhamento para retornar à propriedade sem sofrer punição. Esse padrinho representava uma aliança, realizada pela necessidade do escravo fujão não se estabelecia na Igreja. Vidal (1988, p.136) anotou que

> feliz de quem tinha por si o amparo de uma *carta de padrinho*, que de ordinário começava assim: "Compadre, releve desta vez o castigo". Estava salvo aquele que lograsse uma providência dessa. É conhecido o adágio de que "felizardo do fugido que contasse com a carta de padrinho". (Grifos meus)

Pode-se considerar a carta de padrinho uma estratégia criada para a sobrevivência no cativeiro, afinal, as interdições sociais eram variadas. Todavia, os indivíduos cativos não deixaram de lançar mão de diferentes maneiras de burlar as normas, como o batismo e o compadrio, não deixando de dar um sentido político a suas ações cotidianas.[10]

Mesmo a escolha de um padrinho ou madrinha livre, com bens materiais ou algum prestígio social, poderia estar vinculada à necessidade de obter meios de sobrevivência. Nesse sentido, a consolidação de alianças de compadrio com donos de terra – recebendo proteção e oferecendo lealdade – poderia ser fundamental para o acesso à terra. Ao agregado, frequentemente um trabalhador agrícola pobre, livre, e numa província como a Paraíba, na qual a população negra crescia a cada década do Oitocentos, muitos deveriam ser de ascendência africana. O dono da terra concedia o direito de desenvolver cultura de subsistência (mandioca, milho e outros) em algum pedaço da grande propriedade. Em troca, os agregados ofereciam sua aliança em momentos de conflitos políticos entre a elite e lealdade nas disputas eleitorais (Graham, 1999, p.38).

---

10 Para mais detalhes, ver Gomes (2003, p.47-59) e Mattoso (1988, p.133).

Dessa forma, para escravizados e pretos livres, ao elaborarem estratégias de vida e sobrevivência num mundo marcadamente hierárquico, o batismo e o compadrio poderiam significar um passo em direção à liberdade ou mesmo formas de minimizar as agruras do cativeiro e a sobrevivência.

Talvez os pretos livres buscassem ascensão social ou respeito ao fazerem questão de sacramentar suas uniões matrimoniais. Essa poderia ser uma maneira de facilitar o acesso, por exemplo, à terra, uma vez que, ao se aproximarem dos valores e das práticas sociais da classe senhorial, poderiam se beneficiar de seus favores. Do contrário, os indisciplinados e pouco afeitos ao trabalho poderiam ter dificuldades na vida cotidiana e corriam risco de ser confundidos com indivíduos escravos e presos, passando por constrangimentos e arbitrariedades, como ocorreu com inúmeras pessoas negras da Paraíba. As restrições eram de diferentes tipos, desde a circulação no interior da sociedade escravista até a limitada participação na vida política.

Com as evidências históricas é possível visualizar uma imagem nas três freguesias da Paraíba, na qual escravizados e pretos livres, mesmo inseridos no universo do trabalho (para os primeiros, compulsório, para os segundos, quase sempre, na condição de dependente) não deixaram de construir sociabilidades, a partir do batismo e compadrio, em que novas práticas sociais foram ajustadas ao código do europeu católico, que lhes permitiram sobreviver da melhor forma possível, se juntando aos livres (pobres e não tão pobres), aos libertos e a outros negros de variados matizes na (re)criação de lugares sociais na ordem escravista, e graças a sua capacidade de "adaptação criativa" conseguiram manter-se fisicamente e (re)inventar-se culturalmente, no território da Paraíba e em todo Brasil.

5
Entre a escravidão e a liberdade: conquistas e mobilidade social

Embora um dos objetivos deste trabalho seja recuperar as experiências de "pretos livres", escravizados e forros/libertos da Zona da Mata da Paraíba, este último segmento social tem se mostrado o mais difícil de estudar, principalmente pela parca documentação encontrada. Tenho contado com evidências fragmentadas como os registros paroquiais, referências em inventários e testamentos, cartas de alforria, como as lavradas em cartório, abarcando apenas alguns anos das décadas de 1840 e de 1860. Por fim, sobre a fase final da escravidão, há dados genéricos na documentação do Fundo de Emancipação (1872) e nos jornais da época. As informações obtidas nem sempre permitem um amplo tratamento estatístico. Contudo, o cruzamento de dados possibilita desvendar algumas frestas sobre a população liberta, como se mostrará com as histórias de mulheres e homens, escravos e ex-escravos que viveram na Paraíba oitocentista.

Ao desvelar as histórias dessa gente negra ex-escrava em nosso país, recuperei alguns aspectos da falta de conformidade da situação, pois uma das características de "ser escravo no Brasil" era exatamente contar com a possibilidade de se tornar uma pessoa liberta. A conquista dessa liberdade era árdua e tinha de ser obtida, muitas vezes, nas relações cotidianas "através de sutis adaptações". Isso porque na sociedade em que o escravo vivia não existia a

> igualdade, [e esta era] muito pouca, mesmo para o homem livre. O escravo [teve que] abrir nela um lugar próprio, graças ao seu "jeito", ao seu dom de fazer as coisas, à conquista de um equilíbrio, habilidade para sobreviver, aceitação respeitosa de si próprio e dos outros. Para o escravo, o jeito [era] a adaptação ou a inadaptação assumidas, a astúcia que o faz viver, a esperteza nascida da experiência e forjada na adversidade, que vai marcar toda a vida brasileira, tanto a dos homens escravos como a dos homens libertados e ainda a dos homens livres. (Mattoso, 1988, p.175)

O que relato a seguir são algumas histórias dessa gente que fez intenso uso de astúcia para conquistar a liberdade e sobreviver numa sociedade escravista como a paraibana, que se de um lado tinha como particularidade a política de alforria, de outro não deixou de usá-la como controle social e marca da violência do sistema.

Mulheres e homens libertos na Paraíba oitocentista: legislação e modos de se obter a liberdade

Num dia de agosto de 1844, o tabelião Joaquim Rodrigues Segismundo lançou no Livro de Notas o "título de liberdade" de Joana (mulata) e suas filhas, Camila e Teresa (ambas menores), conferido pelo proprietário Domingos José Gonçalves Chaves, que as libertava

> pelos *bons serviços da primeira*, e amor de criação de todas, de livre vontade alforriava-as *gratuitamente*, por não ter herdeiros legítimos

[e quando] o mesmo se findasse poderá a dita escrava ir para onde bem lhe convier. Para isso revogava qualquer disposição ao contrário [...]. (LN – 1841-46, fl. 82, IHGP) (Grifos meus)

Em 20 de julho de 1858, quem compareceu ao cartório foi Juliana. Ela solicitou do tabelião o lançamento em notas de sua carta de alforria. Juliana, filha da cativa Luiza, era parda, tinha 23 anos e pertencia à órfã Ana Tertula Pinho, que, por sua vez, a herdara de seu pai, Antonio Soares de Pinho. A carta foi obtida após uma audiência da qual participou a viúva Cândida Irineia d'Ascensão, mãe e tutora de Ana, com o juiz de órfãos que autorizou que a escrava mencionada ficasse

> inteiramente liberta, como se ventre livre nascera, pois mui espontaneamente, sem constrangimento algum lhe concedo plena liberdade sem condição pelo preço de 1:000$000 de réis, porque foi ela judicialmente avaliada e ontem se recolheu ao depósito público por despacho do mesmo juízo, pelo que pode ela de hoje em diante gozar absolutamente de sua liberdade, sem que eu e menos pessoa alguma a possa jamais [levá-la, de novo] à escravidão. (LN – 1856-61, fl. 93, IHGP)

Numa primeira leitura dos fragmentos da carta de alforria de Juliana poder-se-ia afirmar que ela obteve a liberdade graças aos "seus serviços", termo associado aos de condição escrava, conforme consta nos documentos. Em se tratando de mulher ou homem escravizado, os esforços seriam redobrados para adquirir uma renda extra e acumular recursos pecuniários para a compra de sua própria liberdade ou de pessoa da sua família. Estas economias poderiam ser usadas em momentos de redefinição da posse escrava, ocorrida, geralmente, após o falecimento do senhor e transmissão de herança, dos quais mulheres e homens escravizados eram os "bens" mais valiosos e ambicionados pelos herdeiros. Na perspectiva dos cativos era um dos piores momentos da vida, porque era comum ocorrer a separação de integrantes da família e dos companheiros de cativeiro.

Certamente, Juliana já vinha se preparando para tal situação, pois comprou a sua alforria pelo valor de mercado – um conto de réis. Pagou uma quantia significativamente alta[1] na década de 1850 para as pessoas pobres e, principalmente, para uma mulher escrava que enfrentava vários limites – o de locomoção, por exemplo – estabelecidos pelo sistema, mas que puderam, muitas vezes, ser superados.

Nos fragmentos da carta que libertou Joana e suas filhas, é possível perceber que elas receberam a liberdade graças à bondade do senhor em conferi-la, espontaneamente, àquelas por quem ele tinha grande apreço e gratidão pela lealdade dispensada – sobretudo de Joana, uma pessoa adulta que sempre estivera sob o poder de seu dono. Nem um discurso nem outro está totalmente correto ou errado. Além da imbricação de ambos, outras motivações foram alegadas pelos senhores do Oitocentos que alforriaram seus escravos.

Mas não há como negar que os "libertadores" oitocentistas, ao escreverem ou pronunciarem aos escreventes o conteúdo da carta, deixaram testemunhos reveladores de seus valores e representações da época em que viveram, bem como histórias de mulheres e homens escravizados e de seus donos, que expressaram um modo de viver coletivo, comportamentos e atitudes individuais. Assim, os "títulos de liberdade" se configuram como um dos registros históricos que permitem recuperar tanto as estratégias das mulheres e homens escravos para a conquista da liberdade quanto algumas das atitudes da elite que viveu no Brasil no século XIX.

As cartas de alforria de Joana e suas filhas e a de Juliana têm em comum o fato de evidenciarem, no que diz respeito às inten-

---

1 O valor de 1:000$000 réis era suficiente para comprar uma fazenda de gado nas proximidades da capital, *Inventário de Josefa Antonia de Albuquerque Maranhão* (1855). O objetivo de mostrar os preços dos imóveis acima é apenas para que o(a) leitor(a) possa fazer uma rápida equivalência do preço de uma pessoa escrava na segunda metade do Oitocentos, na Paraíba.

ções de se libertar os escravos na Paraíba: no primeiro caso, a conferida pelo senhor e, no segundo, a obtida pela compra. As cartas de alforria concedidas podiam ser de dois tipos: gratuita condicionada, requerendo do(a) escravo(a) o cumprimento da imposição do(a) senhor(a); e gratuita sem ônus, permitindo ao escravo usufruir imediatamente da liberdade. As cartas obtidas pela compra também podiam ter restrições ou não, pois alforriar foi, por séculos, uma prerrogativa exclusiva do senhor (Galliza, 1979, p.139; Paiva, 1995, p.109). Gertrudes Maria, mencionada no segundo capítulo, na década de 1820, adquiriu sua carta de alforria condicionada – apesar de ter realizado o pagamento de 100 mil réis pelo título, só estaria totalmente forra após a morte do senhor e da senhora. Mesmo para manter essa restritiva liberdade, necessitou ir aos tribunais, enquanto Juliana ilustra uma situação de quem conseguiu comprar a carta de liberdade e, em seguida, passou a "viver sobre si", conforme se dizia na época.

As duas cartas mencionadas, de Joana e de Juliana, fazem parte de um conjunto documental organizado a partir de pesquisa em dois Livros de Notas: um, de 1841 a 1846, e outro, de 1856 a 1861, em que foram examinadas 106 cartas de alforrias nas quais se libertaram 126 crianças, mulheres e homens escravos. Essa série possibilita conhecer alguns aspectos da relação senhor-escravo na Paraíba oitocentista, especialmente no período em que se extinguiu o tráfico transatlântico. Outras fontes, como os livros de batismo e ações judiciais, foram utilizadas para complementar as informações sobre as pessoas escravas e seus proprietários.

Vejamos as características das cartas de alforria encontradas nos dois Livros de Notas da Paraíba, visando construir um perfil das crianças, mulheres e homens escravos que se libertaram e passaram a engrossar o contingente da população negra não escrava no século XIX na capital e nos municípios/vilas da Paraíba.

As cartas de alforria na Paraíba fornecem as seguintes informações: a) dados como nome, cor ou origem, idade, (eventualmente) filiação, proprietário; b) o motivo pelo qual se alforriava o indivíduo; o tipo de alforria: se onerosa ou gratuita ou a combinação de ambas, com ou sem ônus; c) como a carta foi obtida pelo cativo, se por compra, doação, herança ou outras formas; d) data em que se concedeu a alforria e a do seu registro em cartório no Livro de Notas, e nomes das testemunhas.

Infelizmente, as cartas não declaravam o ofício dos escravos. De qualquer maneira, com a leitura de mais de uma centena de títulos de alforria, percebe-se as estratégias de mulheres e homens escravizados para conquistarem a liberdade, recuperando trajetórias para se livrarem efetivamente do cativeiro e mostrando "a pungente realidade de uma prática capaz de suscitar esperanças e ilusões nos homens e mulheres que palmilharam um caminho minado de armadilhas: o da liberdade" (Mattoso, 1988, p.181).

Quem eram as pessoas escravizadas que conseguiam obter o "título de liberdade" na província da Paraíba nas décadas de 1840 e 1860?

Esse foi um período marcado por transformações na manutenção do trabalho forçado. As mudanças significativas que merecem ser comentadas são as referentes ao fim do tráfico externo (1850) e a intensificação do tráfico interprovincial, que se caracterizou pelo aumento dos deslocamentos de mulheres e homens cativos, do então norte do Império, em direção às lavouras de café no Centro-Sul do país. Essa nova modalidade do tráfico culminou com o aumento do preço do escravo e para os seus donos, o aumento do "capital vivo", ou seja, das pessoas cativas. Assim, no caso de os senhores enfrentarem alguma crise econômica, seus escravos poderiam ser comercializados e ainda se beneficiar do nascimento de crianças em suas senzalas, que se tornavam valiosas no mercado e como mão de obra em suas propriedades e residências urbanas e rurais. Mesmo após a Lei Rio Branco, as crianças ditas ingênuas continuaram como potencial mão de obra que poderia ser utilizada por tais proprietários.

Todavia, se o foco se deslocar para as mulheres e homens escravizados, pode-se afirmar que o cenário econômico, após--1850, refletiu-se de forma sombria em suas vidas, pois cresceu imensamente a possibilidade de serem enviados para as regiões produtoras de café e separados de seus familiares, gerando muito sofrimento tanto para os que partiam quanto para os que ficavam, a exemplo da referida triste história de Maria "Jaracaca".

A supervalorização da mão de obra escrava, nas décadas de 1850-70, foi um dos motivos que levaram estudiosos da escravidão do Brasil a afirmar que senhores/senhoras concediam alforrias apenas às mulheres e aos homens escravizados idosos e doentes, como forma de se "livrar" dessas pessoas que não prestavam para ser exploradas no trabalho no meio rural ou no urbano (Gorender, 1992; Medeiros, 1999).[2]

Contudo, os estudos recentes, resultantes de pesquisas empíricas, têm mostrado um novo perfil de pessoas alforriadas: mulheres e homens cativos em idade produtiva, principalmente os que residiam nas cidades e desenvolviam "funções urbanas" como quitandeira, barbeiro, artista, lavadeira entre outras. Dentre os alforriados, segundo o sexo e a idade, os que tiveram mais êxito na conquista da alforria foram as mulheres e as crianças. Quanto à origem de nascimento, os denominados "crioulos" eram os mais beneficiados. As razões para se conferir alforria às mulheres e às crianças passavam, segundo vários autores, pelas relações de afetividade estabelecidas no espaço doméstico com crianças nascidas e criadas em casa senhorial.

Por sua vez, as mulheres e os homens cativos nascidos na Paraíba – os crioulos – tinham uma proximidade cultural (língua, religião) com os proprietários. Apresentavam-se, então, com grande potencial de receberem uma promessa de liberdade. E,

---

[2] No capítulo XVI (Lei da população escrava) do livro O *escravismo colonial*, Gorender (1992) afirmou que a alforria era um instrumento para os senhores se livrarem dos escravos "imprestáveis".

conforme a historiografia tem mostrado, as mulheres e homens escravizados, sobretudo do meio urbano, os especializados em algum "ofício" e que viviam do "ganho", após muito sacrifício, tinham mais condições de acumular pecúlio e comprar a alforria.[3]

Com a análise da documentação sobre a Paraíba oitocentista, foi possível traçar um perfil das pessoas que conquistaram ou tiveram a promessa de liberdade. Das 126 pessoas alforriadas, as mulheres predominaram entre as mais beneficiadas; porém, a diferença em relação aos homens foi pouco significativa. Elas conseguiram 53,2% (68 de 126) das alforrias, enquanto eles, 46,8% (58 de 126). Os adultos foram mais beneficiados que as crianças, que obtiveram 39,7% (50 de 126) das alforrias, enquanto eles e os mais velhos (os com mais de 50 anos) ficaram, respectivamente, com 55,6% (70 de 126) e 4,7% (6 de 126).

Nas cartas de alforria – 95,2% (120 de 126) – em que foi declarada a cor/origem de mulheres e homens alforriados, aqueles que nasceram no Brasil, os ditos crioulos aparecem em maior porcentagem: foram 86,5% (103 de 120) e apenas 8,7% (7 de 120) de africanos. Entre os crioulos, aparecem diferentes classificações de cor, revelando que os "menos escuros" se libertavam em maior número. Assim, nessa categoria, estavam os mulatos, pardos e cabras, que somaram 61,8% dos alforriados contra 38,2% dos que podiam ser considerados "mais escuros", ou seja, os pretos.

Dessa forma, quem detinha mais potencial para obtenção de alforrias na Paraíba, entre as décadas de 1840 e 1860, eram as mulheres adultas e pardas. Uma das justificativas era que, além de um menor preço no mercado, se comparadas com os homens, a proximidade com senhores ou senhoras deve ter

---

[3] Dentre os muitos estudos que abordam a temática da alforria e o comportamento de pessoas libertas, destaco alguns: Carneiro da Cunha (1985), Schwartz (1987), Mattoso (1988), Oliveira (1988), Bellini (1988), Lara (1988), Verger (1992), Eisenberg (1995), Paiva (1995 e 2001), Xavier (1996), Karasch (2000), Faria (2000 e 2001), Russell-Wood (2004) e Sampaio (2005).

facilitado o desenvolvimento de relações de afetividade, assim como as mulheres escravas que viviam nas cidades tiveram mais oportunidade de formar pecúlio.

Do total das alforrias, a maioria foi conferida pelo senhor ou senhora, foram 74% contra 26% das que foram compradas pelas mulheres e homens escravos. As cartas proporcionadas pelos senhores e pelas senhoras continham cláusulas evitando o imediato usufruto da liberdade pelo escravizado. As exigências mais frequentes, presentes em 96% das cartas, foram de que os escravos, homens e mulheres, deveriam "servir o senhor até a morte". Nem mesmo comprando a liberdade havia garantia de que os escravos se livrariam desta imposição senhorial, conforme registro de uma senhora que recebeu 800 mil réis pela alforria de Serafino, um homem pardo de 40 anos de idade, filho de mãe liberta, que pertencera a Feliciano José Henriques (pai do padre Leonardo Antunes Meira Henriques). Portanto, apesar de estar sendo explorado há quatro décadas pelos Henriques e ter conseguido obter a quantia exigida, teria de manter-se junto aos donos. Mas, ao que parece, ele não desistia de conquistar efetivamente sua liberdade, pois em 28 de novembro de 1860 ele se dirigiu ao cartório para registrar sua carta, documento que continha a promessa de liberdade no futuro (LN-1856-61, fl. 162, IHGP).

Entre as crianças que receberam liberdade, 50% das cartas eram sem restrição alguma. A outra metade teria de cumprir alguma cláusula, o que se pode considerar um alto percentual, tendo em vista seu menor valor comercial e a baixa expectativa de vida dos infantes, pois muitos morriam antes de completar um ano de idade.

Uma das questões mais investigadas no estudo de alforria tem sido a motivação dos proprietários para libertarem ou prometerem carta de alforria para alguns de seus escravos. Certos estudiosos destacaram as influências econômicas na concessão (Stuart Schwartz e Kátia Mattoso); outros, como um "sistema de conveniências paternalistas", que contribuía para a manutenção da escravidão, visto que estimulava o bom comportamento para concorrer a uma carta de liberdade (Manuela Carneiro da Cunha); ou mesmo como resultado das relações senhor e escravo, por este último ter conquistado a afeição de seu dono ou sua dona, como afirma Bellini (1988), mostrando as complexidades e ambiguidades das relações escravistas que vigoravam no Brasil.

Especialmente sobre a Paraíba, a partir de análise dos textos das cartas de alforria, foi possível observar que os motivos que levavam um senhor ou senhora a prometer a liberdade a algum escravo, e a efetivar este ato com o registro em cartório, eram dos mais variados, como o "amor a Deus", porém, a maioria passava por questões subjetivas que envolviam o "amor" pelo libertando, especialmente quando se tratava de crianças residentes em suas casas. Maria, "crioulinha" de dois anos, foi alforriada pelos seus senhores – Francisco Leal de Menezes e esposa Teresa de Jesus Leal – após o pagamento da quantia de 50 mil réis. Eles não deixaram de registrar o valor estimado da criança, o dobro; contudo, por amor de tê-la criado e pelos bons serviços de sua mãe, o casal perdoava a outra metade "por esmola" e a "forrava para sempre" (LN – 1841-46, fl. 76, IHGP).

No caso de adulto, costumava-se alegar que se forrava em virtude dos "bons serviços prestados" e pela "obediência" ou "lealdade" do seu cativo, a exemplo do que ocorreu na década de 1840, quando o tabelião público foi procurado pelo preto Manoel Angola, com cerca de 65 anos, para registrar a alforria concedida pelo "seu patrono o negociante britânico Carlos Holmes, [que] pelos bons serviços o forrava gratuitamente, sem ônus ou pensão alguma" (LN – 1841-46, fl. 61, IHGP). Duas décadas depois, em 1860, Ventura (preto), com cerca de 60 anos, após 22 anos de trabalho ao seu dono, Flaviano José Rabelo, comprou a sua liberdade pelo preço de 200$000 réis. Mesmo assim, o senhor informou que o forrava pelos "bons serviços", sem condição alguma e poderia, daquele dia em diante, gozar de sua liberdade (LN – 1856-61, fl. 55, IHGP).

Como se observa, combinações de motivos tendiam a estimular o senhor ou a senhora a alforriarem trabalhadores cativos. Costumava-se incluir dois ou três fatores. Nesse sentido, escravos domésticos, por estarem mais próximos dos senhores, tinham mais condições de estabelecer uma relação que os colocaria como beneficiários de uma carta do que os trabalhadores do Engenho.

Mulheres, pelas funções exercidas – amas-de-leite, mucamas etc. – ou mesmo por serem vulneráveis aos ataques sexuais de seus senhores ou parentes e, por isso, se tornarem mães de filhos naturais, chegavam a ser libertadas pelo pai-senhor, como ocorreu com Inácia, filha de Antonio Vidal da Silva (LN – 1841-46, fls.16-17, IHGP) e outras três crianças – Delfina, Mequilina e Felinto –, filhas de Francisco Porfírio de Freitas (LN – 1841-46, fls. 52, 54-5, IHGP). Esses pais-senhores justificavam a doação da carta de alforria para "descarrego da sua consciência" devido à "fragilidade humana" (Antonio Vidal da Silva) e pelos bons serviços da mãe das crianças (Francisco Porfírio de Freitas).

A justificativa de alforriar "por amor a Deus" também era comum nas cartas, revelando alguns dos valores religiosos do século XIX, um dos quais se caracterizava pela caridade cristã como caminho para a salvação da alma. Não se quer negar a existência de afetividade dos senhores com os escravos, mas ao "concederem" a alforria buscavam, também, expurgar seus pecados, mostrar que tinham nobres sentimentos cristãos (piedade, gratidão, cuidados com os mais necessitados), o que poderia valorizar socialmente sua imagem e assegurar, como muitos acreditavam e desejavam, um lugar no (suposto) reino celeste (Lebrun, 1991). Além disso, considero pertinente a consideração de Eisenberg a respeito do valor pago pelos escravos para obtenção da liberdade. Segundo o autor "a alforria nunca foi gratuita. Mesmo sem ter de pagar dinheiro ou prestar serviços para receber a alforria, o indivíduo durante sua vida de escravo já entregava valores para o senhor, sem que tivesse havido uma contrapartida de valores iguais entregues ao escravo" (Eisenberg, 1989, p.297).

Dois testamentos, três libertos: diversidade no universo de ex-escravos

Situações reveladoras das ambiguidades e complexidades do sistema escravista na Cidade da Parahyba estavam não só nos discursos de senhores e senhoras, mas também nas práticas sociais de mulheres e homens ex-escravos. Como destaquei anteriormente, Domingos José Gonçalves Chave deu mostras das atitudes senhoriais quando num trecho da carta de alforria conferida a Joana e às filhas admitiu que as escravas mereciam a liberdade sem restrição por conta dos bons trabalhos prestados. Noutro trecho, indicava que o processo de alforria se concretizaria somente após sua morte. Considero importante também destacar o comportamento de três pessoas negras forras que deixaram testamentos, os únicos encontrados por mim.

Quitéria Pereira de Souza, "africana", nascida na Costa da Mina, de onde viera para a Cidade da Parahyba com "idade menor de 8 anos", sem nunca conhecer seu pai e sua mãe. Ela foi casada com José Pereira de Souza, falecido, não teve filhos e, por isso, não tinha herdeiro(a) legítimo(a) e nem colateral. Não há nenhum dado sobre como e quando obteve a sua alforria, mas pela informação de que ela havia chegado com menos de 8 anos, pode-se inferir que, em 1842 (data de seu testamento), ela estava na faixa etária de 30 a 40 anos (LN – 1841-46, fls. 18-20, IHGP).

Essa ex-escrava se tornou proprietária de quatro escravos que tinham laços familiares entre eles: Gonçala, "cabra", com mais de 50 anos; mãe de Maria, de 34 anos e também "cabra"; e avó de Mariano, de 6 anos, e de Christiano, de 10 anos, ambos "filhos naturais" e designados como "mulatinhos". Esses "bens" arrolados somavam, aproximadamente, dois contos de réis,[4] e a

---

4 Embora Quitéria Pereira de Souza não tenha declarado o montante de seus "bens", observando as hipotecas na província da Paraíba, obtêm-se o valor de dois contos de réis com base nos escravos comercializados no mesmo período e na mesma faixa etária. Assim, constam nos Livros de Nota os

testadora ainda registrou ser dona de Umbelina, uma mulatinha de 14 anos, porém ela havia sido libertada "desde de um ano de idade, como carta de liberdade que mand[ou] passar". Contudo, analisando o documento, se descobre que Quitéria havia hipotecado Umbelina a Francisco José Ávila Bittencourt, em 10 de fevereiro de 1834, e no registro do testamento reafirmou a revogação da hipoteca, pois "esse tenente deixou de cumprir o ônus de suprir minhas precisões". Provavelmente, a liberdade de Umbelina foi condicionada à obrigação de acompanhar e obedecer à dona enquanto ela vivesse, como foi muito comum no Brasil oitocentista.

A luta na justiça para revogação da hipoteca de Umbelina, conforme Quitéria indicou, caberia a dois homens advogados para serem os seus testamenteiros: Francisco Peixoto Flores e Januário Domingues de Oliveira. Para cumprir a última vontade de Quitéria, e "dar inteiro cumprimento", deveriam até mesmo sustentar "judicialmente suas disposições à custa de minha fazenda". Quitéria informava que, além da perda de Umbelina, outros quatro escravos de sua propriedade estavam sob a posse de Bittencourt desde 1842; que, para sua subsistência, tivera que "andar por casas alheias, para não perecer a fome". Quitéria informou, ainda, que com a hipoteca de todos os seus quatro escravos e da forra Umbelina, recebera menos de 100 mil réis (LN-1841-46, fls. 19-20, IHGP).

Apesar das precárias condições materiais em que vivia, Quitéria não deixou de registrar as suas últimas exigências de cunho religioso: uma missa de corpo presente; uma capela de missa (50 missas) pela sua alma e uma sepultura na capela de Nossa

---

seguintes escravos: Olegário, de 6 anos, em 1845, avaliado em 200 mil réis (LN-1841-46, fls. 104-105); Pedro, de 12 anos, em 1856, avaliado pela quantia de 800 mil réis (LN-1856-61, fl. 22); Maria Antonia, 50 anos, em 1859, pela quantia de 500 mil réis (LN-1856-61, fls. 119-120) e Eleutéria, de 35 anos, em 1860, pela quantia de 800 mil réis (LN-1856-61, fls. 157--158), todos no acervo do IHGP.

Senhora do Rosário. Por fim, anotou que depois de "cumpridas as suas determinações, instituía por sua universal herdeira a menina Ana, filha natural de Antonia de Figueiredo e do falecido capitão Luiz José de Figueiredo".

A análise do testamento de Quitéria nos mostra alguns aspectos adotados por uma ex-escrava que conseguiu a liberdade. Primeiro, ela incorporou ao seu nome um sobrenome, cuja escolha foi pelo de seu esposo, José Pereira de Souza. Como outras pessoas libertas, ela adquiriu escravos, pelo que se aventou no testamento, para suprir sua sobrevivência.

Outros dois "pretos forros", Francisco Gangá e Cosma Corrêa, que deixaram testamento na década de 1840, externaram também o desejo de serem enterrados no interior da igreja de Nossa Senhora do Rosário, ter o acompanhamento dos irmãos e irmãs dessa mesma associação de negros e a celebração de seis missas em nome de suas almas. Deixaram a seguinte observação: a quem morresse por último, caberia a função de organizar os funerais e promover as missas.

O casal testador foi mais sucinto do que Quitéria, apenas deixou anotado a anulação de outro testamento feito em 1838, mas não explicitou o motivo de tal ato (LN, 1841-46, fls. 65-6, IHGP). Esse mesmo casal arrolou como bens doze casas (nove de telhas e três de palhas), terrenos, imóveis localizados em distintos locais da área central e subúrbios da capital (Tambiá, Jaguaribe e nas ruas da Alagoa e Palha), e instituíram como testamenteiro e herdeiro universal o negociante britânico Carlos Holmes, determinando que ele herdaria a "meação do cônjuge que primeiro morrer"; e se Holmes morresse, seus herdeiros receberiam a herança. O segundo testamenteiro indicado foi João José Inocêncio Poggi, um renomado servidor público da província.

Enfim, nota-se um grande esforço do casal de pretos forros em deixar os bens a Carlos Holmes. Mas o que os teria levado a essa insistência e mesmo à anulação de outro testamento? Será que o casal não estabeleceu nenhum outro vínculo de parentesco ou amizade com os seus parceiros de escravidão ou mesmo no universo de pessoas libertas? Apenas os homens livres como Holmes e Poggi tiveram alguma importância em suas vidas e mereceram a indicação de testamenteiros? São questões de difícil resposta, mas há algumas evidências que mostram que Francisco Gangá e Cosma Maria estabeleceram relações com pessoas escravas, forras e livres.

No livro de batismo da freguesia de Nossa Senhora das Neves, entre os anos de 1839 a 1847, Francisco Gangá apadrinhou quatro pessoas (duas adultas e duas crianças),[5] com três madrinhas diferentes – uma delas, sua esposa Cosma Maria, e mais duas, Antonia Corrêa, de condição livre, e Miquelina, forra.[6] Esta última participou com Gangá de duas cerimônias de batismo. Os afilhados de Gangá e as mulheres citadas foram Rosa, 40 anos, e Paulina, 15 anos, além de duas crianças (Luiz e Manoel). Assim, ele tornou-se compadre de duas mulheres adultas, de escravas e livres e também de crianças e adultos, não sendo por falta de vínculos espirituais ou de amizade que Francisco não legou seus bens a seus afilhados ou outra pessoa de sua relação.

Mais uma suposição para a escolha do negociante Holmes como legatário é que teria sido algum acordo financeiro firmado

---

5 Conforme livros de batismo da freguesia de Nossa Senhora das Neves, os afilhados de Francisco Gangá foram: Rosa, escrava de 40 anos (1833-41, fl. 109); o escravinho Luiz (1833-41, fl. 168), o livre Manoel (1833-41, fl. 130) e a escrava Paulina (1846-50, fl. 74), todos os assentos no AEPB.

6 LB Nossa Senhora das Neves, 1833-41, fl. 109, AEPB, Miquelina aparece duas vezes no livro, com diferentes identificações: em 25 de outubro de 1838, há registro de que era uma preta forra; mais adiante, em 24 de janeiro de 1841 (fl. 168), no mesmo livro e anotações feitas pelo mesmo padre, foi dada como preta livre e, além do nome, se lhe acrescentou o sobrenome (Miquelina Maria da Conceição). O mesmo ocorreu com Francisco Gangá: apenas na primeira ata batismal (1838) foi considerado preto forro; em duas, foi designado como preto livre e em uma não recebeu nenhum atributo. Todas essas anotações foram registradas por um único vigário, Manoel Lourenço de Almeida.

no momento de um eventual empréstimo para a construção das casas, aspecto que justificaria a anulação do testamento de 1838.

Algumas atitudes das três pessoas forras que registraram em testamento o desejo de serem enterradas no interior de uma igreja e terem missas celebradas em benefício de suas almas se assemelhavam às deixadas por brancos livres no período.

Contudo, o que chama mais a atenção são os "bens" possuídos por Quitéria, uma ex-escrava que se tornou dona de outra escrava. A historiografia recente da escravidão tem revelado inúmeros exemplos, por todo o Brasil, de libertos na mesma situação.[7] Houve alguns que enriqueceram traficando indivíduos da África e comercializando-os nas províncias brasileiras. Esse aspecto da sociedade escravista revela não só a complexidade do sistema (e, portanto, dos seres humanos), como também desvela a maneira pela qual esse comportamento impregnou os vários sujeitos sociais. Mesmo aqueles que viveram a experiência do cativeiro, ao se libertarem, acreditavam que o reconhecimento social e o poder de um indivíduo passavam pela posse de outra pessoa.

A esse respeito existe o emblemático depoimento do africano Mahommah Gardo Baquaqua,[8] um representante da diáspora imposta a milhares de pessoas deportadas para o Novo Mundo, que viveu a triste experiência de ser escravo na África e na América (Pernambuco), assim como viajou por várias partes desse continente (Estados Unidos, São Domingos e Canadá). Em 1854, como ativista abolicionista, publicou, em parceria com Samuel

---

[7] Koster (1942, p.482) informou que conviveu com "mulatos" que pertenceram à "escravaria e depois possuíram escravos" na cidade do Recife. Alguns estudos têm mostrado a posse de escravo por ex-cativos ver: Luna e Costa (1979); Verger (1992), Paiva (1995), Barickman (1999) e Faria (2000).

[8] Fragmentos da biografia de Mahommah G. Baquaqua foram publicados na *Revista Brasileira de História* (1988, p.269-84), que teve Sílvia Lara como apresentadora do texto, e na *Afro-Ásia* (n. 27, Salvador, 2002, p.9-39), pelo africanista Paul Lovejoy, que tem se dedicado, mais recentemente, a construir a biografia de Baquaqua. Há ainda versão em português (1997) do livro de Baquaqua, produzido em co-parceria com S. Moore e lançado em 1854.

Moore, um texto no qual expôs sua experiência. Acerca da posse de escravos por negros, ele a presenciou no Rio de Janeiro, local para onde foi enviado após passagem por Recife:

> permaneci [no Rio de Janeiro] duas semanas até ser vendido novamente. Havia lá um *homem de cor que queria me comprar* mas, por uma ou outra razão, não fechou o negócio. Menciono esse fato apenas para ilustrar que a *posse de escravos se origina no poder*, e qualquer um que dispõe dos meios para comprar seu semelhante com o vil metal pode se tornar um senhor de escravos, *não importa qual seja a sua cor*, seu credo ou sua nacionalidade; e que o homem negro escravizaria seus semelhantes tão prontamente quanto homem branco, tivesse ele o poder. (Destaques meus)

De possuído a possuidor, esse foi o caminho traçado por alguns libertos em busca de aceitação social. Todavia, pouquíssimos, como relatou Verger (1992), conseguiram agregar ascensão econômica e respeito social que os levasse a ocupar cargos públicos, pois eram numerosas as restrições sociais que dificultavam a mobilidade e "integração" de mulheres e homens negros e mulatos libertos, durante todo o período que perdurou o sistema escravista (Faria, 2001; Verger, 1992). Não só os forros ou as forras eram atingidos pelas práticas discriminatórias, mas também os homens e mulheres livres de ascendência africana eram objeto de "preconceito oficial e particular e de atos visíveis e dissimulados de discriminação", conforme apontou Russell-Wood (2005, p.107).

É importante salientar que pesquisas recentes mostram outras facetas de mulheres e homens ex-escravos, a exemplo do estudo de Faria (2001, p.311), baseado em testamentos de mulheres e homens libertos (africanos e crioulos) do Rio de Janeiro/RJ e São João Del-Rei/MG. Para a autora, além do prestígio social, um dos motivos de forros adquirirem escravos era ampliarem a mão de obra auxiliar para suas atividades econômicas, normalmente manuais. A historiadora Faria detectou ainda que, a despeito de as mulheres forras terem menor fortuna do que as pessoas livres, proporcionalmente, elas alforriavam mais os seus cativos do que as últimas. Geralmente, mulheres e homens escravizados constituíam os seus "bens" mais valiosos, porém, costumavam conceder gratuitamente o título de liberdade para as crianças, filhas de suas escravas. Muitas delas, em razão dos fortes laços afetivos com as "sinhás pretas", após a concessão de alforria, continuavam a conviver com as ex-donas. Isso porque, além das relações de trabalho baseadas na escravidão, formavam essas mulheres (escravas e ex-escravas) arranjos sociais com os quais tentavam amenizar o vácuo familiar criado com o tráfico, pois muitas das testadoras tinham origem na Costa da África e não constituíram famílias no Brasil e eram solteiras, elegendo crianças, mulheres e homens negros (africanos e crioulos) que faziam parte de suas relações para compor a "família escolhida" por elas. Mas, sem dúvida, independentemente da "qualidade" social do senhor ou da senhora, ser escravo não devia dignificar nenhum ser humano.

Histórias de liberdade: mulheres escravas e suas redes sociais

A interessante história de Juliana, citada no início desse capítulo, que comprou sua carta de alforria, mostra o empenho de uma mulher escrava em obter sua liberdade. É também uma história que se aproxima das trajetórias de outras tantas mulheres que viveram a situação de escravizadas e criaram estratégias para se livrar do cativeiro. Entretanto, a conquista de um novo estatuto jurídico, ou seja, a troca da condição de escrava pela de liberta, não significava apenas mudança social, mas novos desafios que deveriam ser enfrentados no cotidiano, uma vez que a sociedade escravista dispunha de leis e práticas sociais que interditavam a mobilidade econômica do grupo de libertos. Há também aqueles que conseguiram romper as imposições legais e viveram com dignidade na sociedade escravista.

Para recuperar fragmentos das histórias de Juliana, utilizei a "ligação nominativa" de fontes, uma metodologia na qual o nome de um indivíduo serve como fio condutor na investigação, em séries documentais distintas, permitindo reconstituir parte de sua vida. Dessa forma, a partir do nome de Juliana e de seus donos, encontrados no registro de batismo, houve um cruzamento com o banco de dados de cartas de alforria, sendo possível acompanhar algumas de suas ações para a conquista da liberdade.[9] No caso desta pesquisa, disponho de bancos de dados de batismo, casamento e óbito, que me permitiram investigar as relações sociais da população negra da área litorânea da Paraíba oitocentista e recuperar alguns aspectos da vida familiar de Juliana.

Luiza, uma escrava "mulata", era sua mãe e a levou para ser batizada em 19 de julho de 1835. Seu padrinho foi um homem livre, José Bento Labes, e não teve madrinha. Em 1838, foi a vez de sua irmã Margarida receber a benção da Igreja Católica. Todas as três pertenciam a Antonio Soares de Pinho.

Passadas quase duas décadas, em 1853, quem retornou à igreja de Nossa Senhora das Neves foi Margarida, que havia se casado com Manoel Francisco Ramos e batizava sua filha legítima, a liberta Joana. Formava, então, uma família nuclear, sendo que, com a morte de Antonio Soares de Pinho, o casal passou a pertencer aos seus herdeiros – esposa e filhos.

Juliana, como sua irmã, também procriou, mas ao contrário dela, não estabeleceu uma relação reconhecida pela Igreja. Assim, sua filha, chamada Maria, foi batizada como "filha natural" em 19 de fevereiro de 1855 e tinha a condição de escrava, como pregava a legislação da época. Teve como padrinhos o padre João do Rego Moura e Dona Ana Sidoneia Pinho. Nessa época, mãe

---

9 Essa técnica tem sido muito adotada por historiadores da família escrava, a exemplo do que fez Robert Slenes (1999), um dos seus principais estudiosos desse tema no Brasil.

e filha aparecem como propriedade de Dona Cândida Irineia d'Assunção, indicando a divisão da herança na família Soares de Pinho.[10] Quase três décadas depois, em 1883, o sacerdote João do Rego Moura e compadre de Juliana, incorporando o espírito de contestação da escravidão, tornou-se um dos fundadores da "sociedade abolicionista" na capital. Esta se chamava *Emancipadora Parahybana*, que logo criou o jornal *Emancipador*. O abolicionista José do Patrocínio, em passagem pelo Ceará, aproveitou e ampliou sua viagem à capital da Paraíba e, em 25 de fevereiro de 1883, assistiu à criação de tal órgão com suas festividades, discursos e entrega de dez cartas de alforria a mulheres e homens escravos (Medeiros, 1988, p.49).

Ainda não há evidências históricas para afirmar se Juliana e a criança conviveram com o pai, ou mesmo se ele era escravo ou livre. Entretanto, em 10 de maio de 1857, Juliana voltou à igreja matriz e batizou seu filho Cassiano, de condição forra – sua carta de alforria foi redigida no ano seguinte, 1858 –, sendo escolhido para padrinho José Gonçalves dos Reis, sem madrinha. Dessa forma, Juliana, aos 22 anos de idade, era escrava, parda e mãe de duas crianças (um menino liberto e uma menina escrava), ambos com a mesma cor da mãe. A respeito dos vínculos parentais, pode-se afirmar que Juliana tinha conhecido sua mãe e teve uma irmã, que lhe deu um cunhado (de condição escrava) e uma sobrinha (liberta). Temos uma situação em que uma família escrava do tipo monoparental aumentou para sete pessoas, dentre elas duas crianças que conseguiram obter a liberdade. Provavelmente, houve um grande esforço dos pais e da avó em livrar da escravidão a terceira geração da família.

---

10 Na década de 1850, Juliana e seus filhos apareceram ora como propriedade de Dona Cândida Irineia d'Assunção (esposa de Antonio Soares de Pinho), ora como da filha do mesmo senhor falecido, Ana Sidoneia Pinho. Possivelmente, tratava-se do período de transmissão de herança, pois na década de 1860 se confirmou a nova proprietária de Maria: a filha do senhor falecido, Ana Pinho, que aparece também como Ana Tertula Pinho na documentação do ATJPB.

As evidências sobre Juliana e seus parentes nos mostram também a ampliação dos vínculos parentais no período de duas décadas, tanto biológicos (filhos, netos e sobrinhos) quanto de afinidades (cunhado) e espirituais (compadres e comadres). Tais relações devem ter aumentado a possibilidade de suporte material às mulheres e aos homens escravizados na conquista de sua liberdade.

Pelas atitudes de Juliana, ela vinha trabalhando ou criando alguma alternativa também para conquistar sua própria alforria. Confirmando essa afirmação, um ano após o batizado de seu filho Cassiano, em 16 de julho de 1858, o padre Leonardo Antunes Meira Henriques redigiu o título de sua liberdade, e quatro dias depois o tabelião fez o registro no Livro de Notas.

Duas últimas informações sobre a liberta Juliana nos dão conta da compra da manumissão de sua filha, em 1863, pela quantia de 800 mil réis. Num trecho no livro de distribuição do Fórum, há o seguinte registro: "Ana Tertula de Pinho passou carta de liberdade a favor de sua escravinha Maria, 9 anos, filha da parda Juliana, pelo valor de 800$000" (Livro de distribuição 1861 a 1865, fl. 22, ATJPB).

Dois anos antes, em 1861, Luiza, a mãe de Juliana, também conseguiu obter carta de liberdade. Ela estava, naquela época, com cerca de 50 anos e pertencia a Joaquim Soares de Pinho, que a recebera de herança no inventário de seu pai, o citado Antonio Soares de Pinho. O valor estimado de Luiza era de 700 mil réis. Após negociar, ela pagou metade do valor, pois Joaquim "perdoou" a outra parte em razão dos "bons serviços" prestados pela escravizada e a libertou pela quantia de 350 mil réis, que ele recebeu em moeda legal e corrente, passando a carta de liberdade, "sem condição alguma", em 2 de março de 1861, que em 8 de abril de 1861 foi registrada em cartório (LN – 1856-61, fl. 164, IHGP).

Enfim, Juliana era uma mulher solteira que teve êxito na compra de sua liberdade. Deve ter conseguido economizar fazendo serviços extras ou, talvez, tenha contado com o apoio de alguém, como seu companheiro ou de parentes espirituais, a exemplo do compadre João Moura (vigário), dono de cerca de sete escravos. Compete, ainda, destacar que Juliana viveu num período em que se intensificou o tráfico interprovincial e os preços dos escravos atingiram o maior valor. Mesmo assim, ela conseguiu superar as dificuldades materiais e comprar sua carta de alforria; obteve também a de sua filha, Maria, mediante compra. Sobre o menino Cassiano não há dados acerca de sua liberdade, mas ao ser batizado tornou-se forro. Tratava-se de uma mulher em idade produtiva, em dupla acepção, tanto para conceber filhos quanto para desenvolver atividades que dariam lucros aos seus donos, porém, ela e sua família conseguiram adentrar o mundo dos livres (LN – 1856-61, fl. 93, IHGP).

As fontes utilizadas para a obtenção dos dados sobre a vida de Juliana, infelizmente, não informam atividade produtiva exercida por ela. Isso poderia nos explicitar como ela conseguiu os recursos para a compra de sua carta de alforria. Contudo, todos os batismos envolvendo mulheres cativas da família Soares de Pinho, realizados entre 1835 a 1869, aconteceram na matriz Nossa Senhora das Neves, na capital, informação que leva a acreditar que residiam na cidade. Juliana poderia ser uma escrava doméstica ou "de ganho". Como se sabe, essas mulheres tinham certa autonomia para circular pelas ruas e desenvolver o pequeno comércio. Muitas conseguiram formar pecúlios e superar a condição escrava.

Existe outra extraordinária história de vida: a da alforriada Gertrudes Maria. Nascida e moradora da Cidade da Parahyba, no início do Oitocentos conseguiu comprar sua carta de alforria sob a condição de acompanhar os donos, Carlos José da Costa e Maria Antonia de Mello, até a morte. Porém, eles contraíram algumas dívidas e não puderam efetuar o pagamento. A saída encontrada por seus credores foi solicitar à justiça a venda de Gertrudes em praça pública para que, assim, se quitassem os débitos. Mas, para conservar sua liberdade, mesmo parcial, Gertrudes não teve dúvida, recorreu a advogados para defender seus "direitos" e travou uma longa batalha judicial, de 1828 a 1842, argumentando com a apresentação da carta de alforria e de testemunhas de sua relação pessoal, buscando o reconhecimento de sua alforria sob condição.

Muitos dos que testemunharam em defesa de Gertrudes poderiam ter sido seus clientes, com quem mantinha amizades e laços estabelecidos em suas andanças pelas ruas da capital, pois Gertrudes Maria era quitandeira. Em 1826, ela tinha cerca de 30 anos, era solteira e conseguira comprar sua carta de alforria sob condição

> de que a dita escrava nos há de acompanhar durante as nossas vidas, prestando-me todos os serviços; e isso para que a *forremos por cem mil réis* valendo esta escrava duzentos mil réis pelo amor que lhe temos, pelos *bons serviços* que sempre nos tem prestado, e sendo que essa dita escrava falte *à condição* que lhe pomos de nos acompanhar como já dissemos a tornaremos cativa. (Apelação Cível de Gertrudes Maria, fl.24, ATJPB) (Grifos meus)

Como o leitor pode observar, Gertrudes Maria valia 200 mil réis; no entanto, pagou 50% do valor. A segunda parte da quantia seria quitada com serviços e o acompanhamento aos donos. Os donos ressaltavam que premiavam os bons serviços prestados por Gertrudes, dando mostras de que a concessão de alforria não era um "prêmio" para todos que viveram a experiência da escravidão. Na verdade, Graham (1997) salientou, a prática de alforriar no Brasil funcionava como um eficiente controle da população escrava.

Não se pode deixar de destacar que, se para a classe dominante o ato de alforriar se prestava a controlar os escravizados, estes utilizaram tal política para se beneficiar dessa brecha do sistema. Assim, Gertrudes Maria, antes da contestação do seu título de liberdade, parece ter-se portado de forma exemplar, próxima do padrão de escrava idealizada pelos senhores, ou seja, pacífica, ordeira e trabalhadora. Porém, quando se viu ameaçada de perder sua parcial liberdade, não hesitou em acionar pessoas com condições de auxiliá-la na Justiça. Foram quase quinze anos de idas e vindas aos tribunais. Para tanto, foi representada por advogados, como exigia a legislação da época, porque escravizados ou alforriados não tinham direito de interpor ação judicial, menos ainda contra os senhores.

O processo foi iniciado em 8 de julho de 1828, quando os dois credores de seu dono – Frei João da Encarnação e José Francisco das Neves – entraram com uma "petição de embargo" com vigor de penhora contra Carlos José da Costa, requerendo que Gertrudes fosse vendida para pagar dívidas no valor de 176$190 réis ao religioso e 17$000 réis a José F. Neves (Apelação Cível de Gertrudes Maria, fl. 23, ATJPB). Um valor nada desprezível para a época, especialmente o devido ao religioso, pois chegava a representar mais de dois terços do preço médio de uma escrava, que andava por volta de 270 mil réis na década de 1830 (Mattoso, 1988, p.96).

No período – 1828 a 1842 – em que durou a ação contra Gertrudes, nas primeiras instâncias, houve três advogados. As mudanças indicam que ela não dispunha de recursos para efetuar o pagamento. O primeiro a ser constituído seu advogado e procurador foi Luis Nogueira Moraes, substituído, em pouco tempo, por José Lucas de Souza Rangel, que também deixou o caso. Por fim, em 1830, um representante da elite paraibana – Francisco de Assis Pereira Rocha – assumiu o caso e a defendeu até a década de 1840. Esse advogado exerceu importantes cargos como a presidência da província (equivalente nos dias atuais à função de governador), foi chefe de Polícia (1860)[11] e era dono de escravos (Apelação Cível de Gertrudes Maria, fls. 24 e 73, ATJPB).

---

11 Como chefe de polícia, Francisco de Assis Pereira Rocha exerceu, na condição de interino, no período de 16 de março a 9 de dezembro de 1842 e, como efetivo, de 16 de novembro de 1843 a 26 de abril de 1844. Mais três vezes como interino: de 22 de outubro a 15 de dezembro de 1859, de 15 de abril a 16 de julho de 1860 e de 17 de agosto a 8 de novembro de 1860, ver quadro dos chefes de polícia, efetivos e interinos que tem tido a província da Paraíba (1888), depositado na BN/RJ.

A principal argumentação do advogado de Frei João e José das Neves era de que o "papel de liberdade que junta a embargante [era] falso, e dolosamente feito muito depois de se haver efetuado embargo em vigor de penhora na pessoa da embargante". Enfim, o objetivo da argumentação passava pela tentativa de provar ser Gertrudes uma "legítima escrava"; assim, ela poderia ser apreendida e vendida para quitação da dívida. Alegavam ainda que Carlos José da Costa, em 1827, fizera uma escritura de hipoteca, conferindo o direito dos credores recorrerem à justiça para quitação da dívida. Foram esses os dois pontos destacados ao longo do processo pelos credores (Apelação Cível de Gertrudes Maria, fls. 26, 29 e 30, ATJPB).

O advogado de Gertrudes, por sua vez, conseguiu o depoimento de sete pessoas favoráveis a sua cliente. Uma delas afirmou que ela havia adquirido sua alforria por 100$000 réis, quantia exigida por seus senhores. Destacaram também o fato de Carlos José da Costa já estar desacreditado na praça por ser "perdulário que, casando com Maria Antonia", recebeu treze escravos, mais ouro, prata e muitas dádivas, porém tudo "perdeu, estragou e destruiu com vadiações" e, em 1827, abandonou a esposa e mudou-se para Alagoas. Maria Antonia, sem amparo e pobre, diziam os depoentes, passou a mendigar pelas ruas da capital paraibana. O que parece um exagero, pois Gertrudes deveria ser a responsável pela subsistência de sua dona (Apelação Cível de Gertrudes Maria, fls. 58 e 70, ATJPB).

Constavam na defesa do advogado Pereira Rocha informações sobre os esforços de Gertrudes para adquirir recursos, usados para o pagamento de seu título de liberdade. Dizia ele: resultavam das "custas de suores, sacrifício e muitas fadigas [ela conseguiu formar pecúlio] para obter sua manumissão, e se ver isenta do sempre abominável cativeiro" (Apelação Cível de Gertrudes Maria, fl. 87, ATJPB). Mesmo nos depoimentos favoráveis aos credores, uma testemunha fez comentários mostrando que esses estavam firmemente decididos a receber o valor devido pelos seus patronos e, previamente, haviam feito contato com um possível comprador de Gertrudes. Afirmou um depoente favorável aos credores que

> a dita escrava [o] último arrimo [de Maria Antonia] visto que seu marido Carlos José da Costa se achava endividado e que seus credores tinham todos a mira na referida escrava, e que sucedendo, que eles credores vencessem o dito seu marido, ainda lhe restava o meio de a fazer vendida para que já havia falado a Francisco de Amorim. (Apelação Cível de Gertrudes Maria, fl. 58, ATJPB)

Como se percebe, havia diversos interesses envolvendo essa demanda jurídica. De um lado, a proprietária de uma escrava com dificuldades financeiras, tentando salvar a cativa que havia alforriado sob condição e que, naquele momento, parecia ser sua única esperança para suprir as necessidades de sobrevivência. De outro, os credores tentando receber uma dívida, pouco preocupados se teriam de disputar com uma mulher negra que se dizia forra. Por fim, a própria libertanda que, provavelmente, depois de inúmeras conversas e ações para convencer seus senhores, conseguindo deles o compromisso de a libertarem após a morte dos donos, via que eles não haviam cumprido a parte do acordo e, como o título não havia sido registrado em cartório, era contestado judicialmente.

Quando finalmente se julgou a questão – em 20 de abril de 1831 –, o Juiz de Fora, Inácio de Sousa Gouveia, deu ganho de causa aos credores de Carlos José da Costa, por considerar a carta de liberdade "título nulo, inútil e reprovado". Sendo assim, poderia ser colocado em "vigor o arresto" contra Gertrudes, cabendo a ela, ainda, o pagamento das custas do processo (Apelação Cível Gertrudes Maria, ATJPB, fl. 106).

A publicação da sentença ocorreu quase três meses depois (em 3 de julho de 1831). Quatro dias após o julgamento, o curador de Gertrudes entrou com a Apelação:[12] o processo deveria

---

12 Recurso que se interpõe das decisões terminativas de processo jurídico, a fim de os tribunais reexaminarem e julgarem de novo questões decididas na instância inferior.

ser enviado para um julgamento por órgão superior da Justiça, a Ouvidoria-Geral da Comarca, na província da Paraíba. Houve, então, duas outras audiências públicas, numa das quais não compareceram nem o procurador dos credores nem os próprios credores. Entretanto, o advogado Francisco de Assis fez uma apelação, ou seja, entrou com recurso solicitando um novo julgamento, a ser feito por instância superior. Isso significava que não seria mais julgado em território da província, mas no Tribunal da Relação, localizado à época em Recife.

Mas, conforme informações contidas na Ação Cível, soube-se que esse processo ficou desativado. Somente dez anos depois, em 1841, José Francisco das Neves solicitou a reabertura da ação judicial, que foi acatada pelas autoridades. Em seguida, Gertrudes Maria e seus dois filhos foram presos. Segundo o autor da denúncia, o mencionado Francisco das Neves, seu depositário,[13] José Bernardino de França, nomeado em 1828, a deixou "viver à rédea solta", e "concubinada com um índio com quem morava de [...] portas adentro, e de quem tem hoje duas crias" (Apelação Cível Gertrudes Maria, fl. 120, ATJPB).

Tal atitude deve ter surpreendido Gertrudes e seu companheiro, uma vez que durante mais de dez anos nada havia sido comentado sobre a ação de embargo. Contudo, ela solicitou um novo depositário, Modesto Honorato Victor (tenente), pedido que foi aceito em 1º de dezembro de 1841 e assim ela foi libertada da prisão. Rapidamente, entrou em contato com o seu antigo advogado, Francisco de Assis Pereira Rocha, que retomou a ação. A primeira audiência deu-se em 20 de abril de 1842, à qual compareceu apenas o advogado Francisco Ignácio Peixoto Flores, novo defensor dos interesses de José Francisco das Neves, que entrou

---

13 Quando uma ação judicial envolvia um escravo (ou escrava), este deixava de ficar sob a guarda de seus senhores, passando a terceiros. Realizava-se um "contrato de depósito", no qual o *depositário* ficava responsável por guardar o "bem", mas deveria, posteriormente, ser restituído, em Grinberg (1994, p.22).

com uma "Ação em Juízo" para prosseguir, na tentativa de vender Gertrudes em praça pública e finalmente receber sua dívida com juros (Apelação Cível Gertrudes Maria, fl. 12-23, ATJPB). Porém, o advogado Pereira Rocha requereu a continuidade da causa no órgão superior, isto é, no "Juízo Superior da Relação do Distrito", em Recife, e os autos foram para lá enviados em 30 de maio de 1842. Esta é a última informação do caso Gertrudes Maria (Apelação Cível Gertrudes Maria, fl. 122, ATJPB).

Mesmo sem saber qual o resultado da apelação, a história protagonizada por Gertrudes permite a visualização de fragmentos da relação entre uma libertanda e um senhor na Cidade da Paraíba, no início do século XIX, que envolvia várias pessoas da localidade, dentre elas, um religioso. Permite igualmente vislumbrar aspectos das relações escravistas, a percepção e ação de liberdade de uma alforriada sob condição e de pessoas que também vivenciaram tal situação.

Mais amplamente, o conjunto de documentos analisados permitiu reconstruir aspectos dessas relações entre escravos e seus senhores ocorridas no século XIX.

Busquei responder se a alforria obtida era concessão ou conquista das pessoas escravizadas. Os dados revelaram que a maioria das alforrias foi concedida gratuitamente; no entanto, os proprietários impuseram várias condições para que essas pessoas se tornassem de fato libertas, levando-as a trabalhar por muitos anos. Além disso, quando o senhor (ou senhora) afirmava não haver recebido nenhum valor, o fato de ter explorado homens e mulheres já o colocava na condição de pagador. Mas essa interpretação não era possível naquela época, em que o normal era uma pessoa ser possuidora de outra e se beneficiar da exploração de seu trabalho.

Afinal, a liberdade de mulheres e homens escravizados se originou do amor declarado pelo senhor ou dos seus próprios esforços? Na verdade, não há uma resposta objetiva e única, porque, embora a alforria fosse uma prerrogativa do senhor, o estímulo para conferir a liberdade foi resultante da ação estratégica do escravizado em mostrar-se – de forma teatral ou não – sujeito ao domínio senhorial e passar por "obediente", "leal", amável", "fiel" e prestador de "bons serviços". Enfim, as relações entre senhores e escravos foram moldadas no cotidiano, quando mulheres e homens escravizados mostraram capacidade de adaptação e modificação de sua condição. Se nessas estratégias os indivíduos escravizados não se colocaram explicitamente contra o sistema, suas ações, muitas vezes individuais, evidenciaram um dos caminhos adotados para negarem sua propalada desumanização, bem como manifestarem resistência ao sistema escravista.

Enquanto os escravizados ansiavam pela liberdade, os senhores e senhoras utilizavam artimanhas – como a promessa de concederem liberdade somente após a morte – para serem mais bem servidos pelo escravo, e esse aparente comportamento de sujeição conformista ao longo da vida o tornaria merecedor da concessão de liberdade.[14] Todavia, as "estratégias pragmáticas" de muitos escravizados possibilitaram desfechos nem sempre previstos por seus senhores, a exemplo de Juliana, Gertrudes, Nicolau, Perpétua, Ventura, Simeão, Luiza, entre outros, que buscaram meios de abreviar a escravidão ao efetuar a compra de sua alforria, transformando em realidade a almejada liberdade. Uma imensa maioria, porém, teve de se curvar às imposições senhoriais e ao sistema escravista, convivendo com o temor de falecer antes de seu senhor e não poder jamais usufruir a condição de liberto. Mas, em virtude desses esforços e sacrifícios, muitos conseguiram transmitir aos seus filhos e descendentes a desejada liberdade.

---

14 A respeito da prática de alforriar como controle social, ver Graham (1997) e Souza (1999).

Considerações finais

Embora a reconstituição total do passado histórico nos escape e dele só possamos nos aproximar por meio de fragmentos em forma de documentos e registros de memórias, o exercício aqui foi de estudar a população negra na Paraíba oitocentista, mostrando, sempre que as evidências permitiram, as feições, falas e presença de tais indivíduos, bem como analisando os diversos ângulos e discursos para extrair o maior número de possibilidades interpretativas e discuti-las com base numa "leitura" do passado, instigada pelas questões do presente (Gaddis, 2003, p.155).

Questões que no início do século XXI se caracterizam por acirramentos de diversos sujeitos sociais que se propõem a rediscutir as relações étnico-raciais para enfrentar as imensas desigualdades socioeconômicas que separam negros e brancos do Brasil. Nesse contexto contemporâneo da história do Brasil, de uma perspectiva nacional, ele pode ser caracterizado, politicamente, como período pós-governos militares e de redemocratização do país e, socialmente, pela luta em defesa da ampliação de direitos sociais. Em âmbito mundial, o país enfrenta com todas as outras nações do mundo inúmeras mudanças imprimidas pela internacionalização da economia, denominada globalização, que se caracteriza pela crescente transnacionalização das relações econômicas, sociais, políticas e culturais, rompendo fronteiras por decisões políticas e avanço da informatização, que possibilitam a integração em escala planetária, ou seja, as transformações envolvem todas as dimensões da existência humana.

Sem adentrar a complexidade e as contradições do processo de globalização, saliento que na contemporaneidade a sociedade civil brasileira organizada na defesa da ampliação da cidadania está convencida da existência da grande concentração de renda nas mãos de uma minoria e a ampla maioria da população imersa na pobreza, cujas mudanças passam por reformas em todos os setores.

Em se tratando da população negra, após quase três décadas de movimentos sociais, as questões "raciais" e sociais emergem e passam a ser discutidas com mais visibilidade, discursos de setores não hegemônicos ganham espaço na sociedade e procuram fazer prevalecer seus argumentos em defesa de reformas sociais que contemplem não só as diferenças de classe, mas também as étnico-raciais, visando minimizar as desigualdades socioeconômicas mais recentes impostas pelo projeto neoliberal. Visam também corrigir as injustiças sociais e "raciais" acumuladas ao longo de mais de cinco séculos, cometidas contra a maior parte da população brasileira (Santos, 2001).

Nesse contexto, procurei recuperar as memórias e histórias de crianças, mulheres e homens negros, escravos e não escravos, crioulos e africanos, observando como eles enfrentaram os problemas de sua época e enfocando as relações de parentesco consanguíneo e espiritual. Para tanto, fiz uso de fundamentos teóricos e metodológicos da História, pois ela permite "organizar o mosaico disperso e fragmentário das reminiscências e dar-lhes uma inteligibilidade", com o intuito de "promover e estimular a expansão da memória dos povos e grupos sociais equivocadamente chamados 'sem história'..." (Silveira, 1996, p.16), entre os quais estão os africanos e seus descendentes que foram, frequentemente, vitimizados, silenciados ou vistos apenas como seres passivos da história.

Entre as metodologias de pesquisa utilizadas nos diferentes capítulos, fiz uso da micro-história com o objetivo de "enxergar" mais de perto a ação dos indivíduos no interior de grandes sistemas normativos que os envolviam, perscrutando como se moviam entre as contradições do sistema social da época, quais estratégias desenvolveram nas negociações e inventividade nas relações cotidianas e nas práticas sociais, enfim, procurei observar os personagens históricos (Levi, 1992). Utilizei também documentos visuais de pessoas negras, de engenhos, templos religiosos, mapas, com o objetivo de (re)construir algumas situações e clima da época, uma vez que, embora tenham passado por um "filtro cultural" na ocasião de sua produção, não deixam de ser "memória visual do mundo físico e natural, da vida individual e social" de um período. Afinal, os registros de imagens são testemunhos do "incontestável avanço dos ponteiros do relógio: é pois o documento que retém a imagem fugidia de um instante da vida que flui ininterruptamente" (Kossoy, 1989, p.101).

No início da pesquisa, o objetivo era examinar as relações familiares (consanguíneas e espirituais) no Oitocentos; porém, antes de adentrar esse espaço, foi necessário investigar aspectos sobre a presença da população negra no território da Paraíba. Assim, a pesquisa resultou na elaboração do segundo capítulo, no qual a partir de mapas populacionais do século XVIII pude recuar no tempo e observar a configuração das populações escrava e não escrava. Isso permitiu um melhor acompanhamento da evolução da população escrava ao longo do século XIX, mostrando o crescimento numérico de mulheres e homens negros livres/forros e da população escrava até pelo menos a década de 1850, sendo que esse aumento de escravizados se mostrou insuficiente para dar suporte à economia canavieira e algodoeira no século XIX, as quais exigiam cada vez mais "braços". A pesquisa nas fontes paroquiais contribuiu para a formulação da hipótese de que os senhores de escravos da Paraíba podem ter utilizado como estratégia a reprodução endógena de escravos no enfrentamento dos inúmeros problemas para obter trabalhadores e para minimizar as variadas crises econômicas e políticas do Oitocentos.

De um lado, senhores buscavam modos de explorar e prolongar o sistema escravista, de outro, mulheres e homens escravizados procuravam lutar com as armas de que dispunham – como a inteligência e a astúcia – para modificar as regras impostas e os limites que tinham em razão da sua condição escrava. Os pretos livres também não deixaram de dar novos sentidos às regras sociais cunhadas pela elite e buscaram construir oportunidades para sua sobrevivência na sociedade escravista. Os escravizados, por sua vez, com o sacramento do batismo, estabeleceram relações de compadrio com pessoas livres, com o intento de conseguir a liberdade; em último caso, os escravizados buscaram criar condições e sociabilidades para sobreviver no cativeiro, mas quase nunca abandonando a ideia de se livrarem das amarras do cativeiro.

Vale destacar alguns resultados obtidos sobre as três freguesias, rural e urbana, da Zona da Mata. Comparando o batismo nas freguesias rurais e urbana, observei alguns pontos em comum, por exemplo, pais e mães de crianças negras de diferentes condições jurídicas escolhiam padrinhos e madrinhas livres como protetores de seus filhos(as). Contudo, a presença de homens foi muito comum em todos os grupos sociais. Na paróquia urbana, Nossa Senhora das Neves, eles estiveram presentes em 97% das cerimônias de crianças escravas e livres; 99% das forras e 100% das ingênuas. Com relação às mulheres, apesar de sua marcante ausência, a presença delas variou de quase 30% a 55% – 29,2% das escravas, 39,4% das forras e 55,4% das livres. Crianças dos quatro grupos sociais tiveram madrinhas devocionais – santas –; entre as que receberam esse tipo de proteção estavam 16,1% das livres, 26% das forras, 28,1% das escravas e 59,1% das ingênuas.

Mesmo com essa iniciativa de indicarem a santa como madrinha, muitas crianças não tiveram uma protetora, a exemplo dos bebês escravos que em 42,7% dos casos elas estiveram ausentes, seguidos dos forros (34,6%) e dos livres (28,5%), porém poucos ingênuos foram encontrados nessa situação (apenas 6,6%).

Padrinhos escravos foram encontrados na paróquia de Santa Rita (freguesia rural), cujos batismos são da segunda metade do século XIX, e na de Nossa Senhora das Neves, mas não em Livramento. Nas duas primeiras freguesias, eles batizaram bebês da mesma condição jurídica e não escravos, porém, os homens escravos foram mais representativos, tanto na capital (24,1% contra 8,7% de mulheres) quanto em Santa Rita, na qual eles estiveram em mais de 20% de cerimônias batismais contra 18,8% das mulheres. Mas, tanto homens como mulheres de condição escrava, batizavam crianças vinculadas ao universo da escravidão, ou seja, as escravas, forras e ingênuas e, mais raramente, as de condição livre.

Com relação aos escravizados africanos, observei que em Livramento os batizados aconteceram coletivamente e tinham, em geral, apenas o padrinho. Já na capital, os arranjos eram mais complexos, com escravos e forros participando da cerimônia de estrangeiros recém-chegados.

Os assentos batismais das freguesias rurais (Nossa Senhora do Livramento e Santa Rita) e urbana (Nossa Senhora das Neves) mostram que pessoas negras livres e escravas buscaram estabelecer alianças sociais e espirituais com homens e mulheres livres, considerando que a formação de redes sociais com tais indivíduos possibilitaria um primeiro "ensaio" na sociedade livre. Para os livres seria um alargamento dos laços sociais e de solidariedade que poderiam ter importância ao longo de suas vidas.

A presença de padrinhos e madrinhas de condição escrava foi menos expressiva; eles batizaram geralmente as pessoas que tinham a sua condição, raramente apadrinhando as crianças livres, mesmo tendo em comum a cor da pele.

Ainda a respeito dos escravos, é importante destacar que senhores e seus parentes batizaram pouquíssimas crianças; os adultos preferiam os indivíduos livres, quase nunca seus donos. Esses resultados mostram a preferência em não aceitar relações espirituais com seus donos. O mesmo se observou com os negros libertos, pois mesmo tendo maior predisposição a se vincularem aos ex-proprietários, eles elaboraram maneiras de afirmar alguma autonomia, por exemplo, adotaram como "nome de família" eventos do catolicismo que se referissem às celebrações do catolicismo e/ou de nomes de santos e de santas como "Encarnação", "Conceição", "Paixão", "Espírito Santo", "do Rosário", "Maria da Conceição", "Jesus", "das Mercês", "das Neves" e outros.

Uma conclusão a propósito dos dois sacramentos católicos estudados nas três freguesias da Paraíba, se, de um lado, o batismo foi amplamente difundido nos diferentes grupos sociais, de outro, o mesmo não ocorreu com matrimônio, visto que esse se difundiu de forma mais significativa no interior da população negra livre; nas três freguesias, a maioria das famílias eram as ditas legítimas. No caso da população escrava e forra, as crianças, geralmente, tinham apenas os nomes de suas mães declarados no assento batismal, mostrando que na Paraíba, como nas outras partes do império brasileiro, o casamento de escravos foi raro. Acrescenta-se que, nesse território, como Gorender e outros historiadores chamaram a atenção, a segunda metade do século XIX se configurou como um momento de intensas mudanças, a exemplo do próprio tráfico interprovincial, que resultou no envio de um grande número de homens para as lavouras cafeeiras.

Apesar do cenário sombrio do Oitocentos, a pesquisa mostrou que as mães escravas, a maior parte mulheres solteiras, estabeleceram vínculos com diferentes grupos sociais e algumas tiveram êxito em sua luta contra o sistema escravista, a exemplo de Gertrudes, Baldoína, Simplícia, Luiza e Juliana, na conquista de sua própria liberdade ou na de seus filhos/filhas e de seus netos/netas.

Mesmo as pessoas negras livres ou libertas, a despeito dos preconceitos e discriminações da época, conseguiram se tornar proprietários, como ocorreu com o casal Francisco Gangá ("africano") e Cosma Maria da Conceição, que deixou registrado em testamento doze casas na capital. Não esquecendo de outras histórias destacadas nesse trabalho, de mulheres e homens negros que se colocaram individualmente contra o sistema e conseguiram, com suas ações de resistência cotidianas, além de fragilizar, ao longo do tempo, a instituição escravista, exercer influência nas reformas políticas e sociais materializadas, como as leis abolicionistas (1871 e 1885) e o fim do trabalho escravo em 1888.

Por fim, acredito que embora o estudo do passado não seja um "guia seguro para predizer o futuro", ele pode nos preparar, "expandindo nossa experiência, fazendo com que possamos aumentar nossas habilidades, nossa energia – e se tudo for bem, nossa sabedoria" (Gaddis, 2003, p.26). Assim, a história pode embasar nossas discussões do presente, como vem ocorrendo no Brasil contemporâneo, e espera-se que novas relações sociais sejam construídas, surgindo uma sociedade em que a igualdade seja a tônica das relações sociais e "raciais".

Destaco, por fim, que a educação[1] é um dos caminhos para se construir uma sociedade em que o respeito estejas fortemente presente, que todos possam conviver com as diferenças étnico--raciais, e que as histórias das pessoas negras (escravas, libertas e livres) sirvam tanto para modificar o imaginário da sociedade brasileira quanto para afirmar identidades de mulheres e homens negros da contemporaneidade.

---

1 No ano de 2003, foi promulgada a Lei 10.639, na qual se inseriu a história e cultura afro-brasileira e africana, como temáticas obrigatórias nos currículos escolares, na educação básica. Nas Diretrizes Curriculares Nacionais (2004) para a implantação de tal lei, destaca-se que "é preciso valorizar a história e cultura [da população negra], buscando reparar danos, que se repetem há cinco séculos, à sua identidade e a seus direitos. A relevância do estudo de temas decorrentes da história [...] não se restringe à população negra, ao contrário, diz respeito a todos os brasileiros, uma vez que devem educar--se enquanto cidadãos atuantes no seio de uma sociedade multicultural e pluriétnica, capazes de construir uma nação democrática".

Referências

Arquivos, fontes e bibliografia

ARQUIVO ECLESIÁSTICO DA PARAÍBA (AEPB)
Fontes manuscritas

Paróquia de Nossa Senhora das Neves – Capital (1586)
Livros de Batismo – 1833-1888
Livros de Casamento – 1862-1888
Livros de Óbito – 1869-1881

Paróquia de Nossa Senhora do Livramento (1814)
Livros de Batismo – 1814-84
Livros de Casamento – 1814-1888
Livros de Óbitos – 1814-1888

Paróquia de Santa Rita (1840)
Livros de Batismo – 1840-71
Livros de Casamento – 1846-88
Livros de Óbitos – 1841-87

ESCRITURA de Permuta, de Antonio Barbosa de Aranha Fonseca, em 14 de fevereiro de 1873.

ARQUIVO HISTÓRICO DA PARAÍBA (AHPB)

CORRESPONDÊNCIA do chefe de polícia aos delegados e subdelegados (1861-2).
CORRESPONDÊNCIA ao governo da província (1860-1).
CORRESPONDÊNCIA do chefe de polícia aos delegados e subdelegados (1863-4).
CORRESPONDÊNCIA entre autoridades policiais, 1863-8, AHPB.
LISTA nominativa de escravos para serem libertos, Cajazeiras, 1883-4.
LISTA nominativa de escravos libertos pelo Fundo de Emancipação, Cajazeiras.
PROJETO aprovado pela Assembleia Legislativa da Paraíba, referente à Irmandade Nossa Senhora Mãe dos Homens pardos livres e libertos, 1874.
SECRETARIA de Polícia da Parahyba (1861).
RELATÓRIO do provedor da Santa Casa da Misericórdia, Francisco de Assis Pereira Rocha, 1858.

ARQUIVO DA SANTA CASA DA MISERICÓRDIA (ASCM)
Fonte manuscrita
LIVRO de Sepultamento, 1872-75.

ARQUIVO DO TRIBUNAL DE JUSTIÇA DA PARAÍBA (ATJPB)
Fonte manuscrita
APELAÇÃO cível à penhora da escrava Gertrudes, 1828-42.

Inventários

JOSEFA d'Albuquerque Maranhão, 1855, ATJPB.
JOAQUIM Gomes da Silveira (coronel), 1869, ATJPB.
JOAQUIM Mello Azedo, 1869, ATJPB.
PORFÍRIA Cabral de Mello, 1872, ATJPB.
SEQuELA dos bens deixados pelo finado Joaquim de Mello Azedo, 1870, ATJPB.

Testamentos – manuscritos e impressos

Impressos
André Vidal de Negreiros, 1678. In: MACHADO, Maximiano. *História da Província da Paraíba.* João Pessoa: Universitária/UFPB, 1977, v. I. Edição fac-similar de 1912, p.313-22.
Bento Luís da Gama Maya (tenente-coronel). In: RAMOS, Adauto. *Tenente-Coronel Bento Luís da Gama Maya.* João Pessoa, 2002. Plaquete.

Manuscritos
Francisco Gangá e Cosma Maria, (1844), Livro de Notas, IHGP.
Joaquim Gomes da Silveira (coronel), 1866, ATJPB.
Quitéria Pereira de Souza (1842), Livro de Notas, IHGP.

ARQUIVO DO INSTITUTO HISTÓRICO E GEOGRÁFICO DA PARAÍBA (IHGP)
Fontes, impressas, manuscritas e microfilmadas

Fontes impressas
LIVRO do Tombo do Mosteiro de São Bento, feito segundo orientações do padre pregador geral Frei João de Santa Clara, dom abade, que governou o Mosteiro de 1714 a 1718.
RETUMBA, Francisco S. da S. Memória sobre o melhoramento do que precisa a Província da Parahyba. *RIHGP.* Parahyba: Imprensa Oficial, 1913.
ROHAN, Henrique B. Chorographia da província da Parahyba do Norte. *RIHGP.* Parahyba: Imprensa Oficial, 1911.
JARDIM, Vicente G. Monographia da Cidade da Parahyba do Norte. *RIHGP*, v. 3, ano III, p.83-111, 1911.
PROCESSO: O presidente Pedro Chaves: tentativa de morte. *RIHGP*, v. 4, ano IV, p.287-343, 1912.

Fontes manuscritas
LIVRO de Notas do tabelião público Joaquim Rodrigues Segismundo, 1841-6.
LIVRO de Notas do tabelião público José Jerônimo Rodrigues Chaves, 1856-61.

Fontes microfilmadas
Jornais da Paraíba do século XIX.

O TEMPO, Parahyba do Norte – 1865.
JORNAL da Parahyba – 1870 e 1874.
ARAUTO Parahybano – 1888.

FUNDAÇÃO CASA JOSÉ AMÉRICO DE ALMEIDA/FCJAA – João Pessoa/PB
Fontes impressas
Jornais da Paraíba do século XIX.
DIÁRIO da Parahyba, 1885.
JORNAL da Parahyba, 1874 e 1884.
PUBLICADOR (O), 1862.
O TEMPO, 1865.

ARQUIVO DO NÚCLEO DE DOCUMENTAÇÃO E INFORMAÇÃO HISTÓRICA – NDIHR/UFPB
Microfilmes
Jornais da Paraíba do século XIX.
ARGOS Parahybano, Parahyba do Norte – 1888.
A OPINIÃO – 1877.
O SOLÍCITO – 1867.
O TEMPO, Parahyba do Norte – 1865.
A VERDADE, Cidade de Areia – 1888.

INSTITUTO HISTÓRICO E GEOGRÁFICO BRASILEIRO – IHGB
Fontes manuscritas
CADERNOS – Lata 328 – Doc. 28-I.
RELATÓRIO da viagem que fez aos sertões da capitania da Parahyba do Norte, governador e capitão-general Luiz da Motta Feo (1804-05).
MAPA demonstrativo das comarcas, municípios, freguesias da província da Paraíba, seguido do catálogo de seus governadores e presidentes, 1841.

Fontes impressas
REVISTA do Instituto Histórico e Geográfico Brasileiro – *RIHGB*.
CASTRO, Joaquim José da Silva. Chronica do Mosteiro de Nossa Senhora do Mont-Serrat da Parahyba do Norte. *RIHGB*, 27(28), 1864, p.119-47.
MARTIUS, Karl P. von. Como se deve escrever a história do Brasil? *RIHGB*, 24, 1845, p.119-47.

OLIVEIRA, Antonio Rodrigues Velloso de. A igreja do Brasil ou informação para servir de base à decisão dos bispados, projectada no ano de 1819, com estatística da população do Brasil considerada em todas as suas diferentes classes, na conformidade dos mapas das respectivas províncias e números de habitantes. *RIHGB*, 32, 1866, Tomo XXIX, p.158-91.

PEREIRA, Joaquim José. Memória sobre a extrema fome e triste situação em que se achava o sertão do rio Apody da capitania do Rio Grande do Norte da comarca da Paraíba, de Pernambuco, onde se descrevem os meios de ocorrer a estes males futuros. *RIHGB*. 1857, Tomo XX, p.175-83.

ARQUIVO NACIONAL/RJ
Fontes manuscritas

IJJ9-225 – 1852-56: DIVISÕES judiciária, civil e eclesiástica com o cômputo da população livre e escrava (1859), v.10, p.417.

IJJ9-225 – 1852-6 – MAPA dos colégios eleitorais da província da Paraíba, no Ministério do Reino, p.355, v.10.

IJJ9-571-A-1860 – MINISTÉRIO do Império. Requerimento do Chefe de Polícia Dr. Manoel Clementino Carneiro da Cunha, 1860.

IJJ9-225 – 1852-6 – SÉRIE INTERIOR: Negócios da Província e Estado – Mapa das igrejas, capelas, ordens terceiras e confrarias existentes nas freguesias da Paraíba, 1855.

IJJ9-224 – 1845-51 – SÉRIE INTERIOR: Negócios da Província e Estado.

IJJ9-225 – 1852-6 – CONTADORIA da província da Paraíba sobre a indústria de pesca –Livramento, na povoação de Lucena, 1855, p.446.

IJJ9-225 – 1852-56 – CONTADORIA da província da Paraíba: sobre a indústria de pesca – Mamanguape, 1855, p.447.

IJJ9-225 – 1852-56 – DEMONSTRAÇÃO do estado de pescaria em pequena escala no distrito da subdelegacia de polícia da Cidade da Parahyba do Norte, freguesia de Nossa Senhora das Neves, 1855, p.449.

ARQUIVO ULTRAMARINO DE PORTUGAL – em CD-ROM

REQUERIMENTO do juiz e irmãos da Irmandade de Nossa Senhora Mãe dos Homens dos Pardos Cativos da cidade da Paraíba, enviado ao rei Dom José I, solicitando esmolas para o término da construção da capela para nela depositarem a imagem da mesma Senhora. Em AHU_ACL_CU_014, Cx. 24, D, de 9 de novembro de 1767. (CD).

BIBLIOTECA NACIONAL-RJ
a) Divisão de manuscritos
MAPA geral dos fogos, filhos, filhas, clérigos, pardos forros, pretos forros, agregados, escravos, capelas, almas, freguesias, curatos e vigários, com declaração do que pertence a cada termo total de cada comarca extraído no estudo em que se achavam no ano 1762 para 1763, sendo governador e capitão general da sobredita capitania Luiz Diogo Lobo da Silva.

QUADRO demonstrativo da divisão civil, judiciária da província da Parahyba do Norte com cômputo da população livre e escrava designada por condições e do movimento dos nascimentos e óbitos do ano de 1857, bem como do gênero de indústrias porque mais se distingue a população de cada município.

QUADRO dos chefes de polícia efetivos e interinos que tem tido a província da Paraíba. Secretaria de Polícia, 25 de abril de 1888.

b) Divisão de microfilme
Jornais da Paraíba do século XIX.
O DESPERTADOR, 1869.
A IMPRENSA, 1859.
A OPINIÃO, 1877.

OUTRAS FONTES
Impressas
ANUÁRIO Eclesiástico da Arquidiocese Nossa Senhora das Neves, João Pessoa, 2003.
CÓDIGO Criminal do Império do Brasil. Anotado pelo juiz de direito Antonio Luiz Ferreira Tinôco. Rio de Janeiro: Imprensa Industrial, 2003. Edição fac-similar de 1866.
CONSTITUIÇÕES primeiras do arcebispado da Bahia feitas e ordenadas pelo ilustríssimo e reverendíssimo senhor Dom Sebastião Monteiro da Vide, 5º arcebispo do dito Arcebispado, e do Conselho de sua majestade: propostas e aceitas em o Sínodo Diocesano, que o dito senhor celebrou em 12 de junho do ano de 1707. São Paulo: Typografia 2 de dezembro de Antonio de Louzada Antunes, 1853.

DEBRET, Jean Baptiste. *Viagem pitoresca e histórica ao Brasil*. Belo Horizonte: Itatiaia, 1978. (1ª edição: 1834, v.1, 1835, v.2 e 1839, v.3).

HERCKMANS, Elias. *Descrição geral da capitania da Paraíba*. João Pessoa: A União, 1982. (1ª edição: 1869).

Ideia da população da capitania de Pernambuco e das suas anexas, extensão da suas costas, rios e povoações, agricultura, número dos engenhos, contratos e rendimentos reais, aumentos que estes têm tido etc., desde o ano de 1774 em que tomou posse o governador e capitão-general, José César de Menezes. In: JOFFILY, Irineu. *Notas sobre a Paraíba*. Brasília: Thesaurus, 1977, p.318-36. Edição fac-similar de 1892.

KOSTER, Henry. *Viagem pelo Nordeste*. Tradução e notas de Luís da Câmara Cascudo. 2.ed. São Paulo: Nacional, 1942. (1ª edição: 1816).

LUDWIG, Pedro; BRIGGS, Frederico G. *Brazilian Souvenir: a selection of the most peculiar costumes of the Brazil*. Rio de Janeiro: Rivière & Briggs, 1860.

MALHEIRO, Perdigão. *A escravidão no Brasil*. Ensaio histórico, jurídico, social. 3.ed. Petrópolis: Vozes; Brasília: INL, 1976. (1ª edição: 1866).

NABUCO, Joaquim. *O abolicionismo*. 5.ed. Petrópolis: Vozes, 1988.

_____. *A escravidão*. Recife: Fundaj, 1988. Edição compilada de 1869.

PINTO, Irineu. *Datas e notas para a história da Paraíba*. João Pessoa: Universitária/UFPB, 1977, v. I e II. (1ª edição: 1909).

RESUMO histórico dos inquéritos censitários realizados no Brasil. São Paulo: IPE-USP, 1986. (1ª edição: 1920).

REVISTA Turística de Santa Rita, 2003.

RUGENDAS, Johan M. *Viagem pitoresca através do Brasil*. 5.ed. São Paulo: Livraria Martins Editora, 1954. (1ª edição: 1835).

SALVADOR, Frei Vicente do. *História do Brasil*. São Paulo: Melhoramento, 1975. [1627].

SILVA, Joaquim Norberto de S. *Investigações sobre os recenseamentos da população geral do império e de cada província de per si tentados desde os tempos coloniais até hoje*. São Paulo: IPE/USP, 1986. (1ª edição: 1866)

TAVARES, João de Lyra. *Apontamentos para a história territorial da Parahyba*. Mossoró: Coleção Mossoroense, 1989, v. I e II. Edição fac-similar de 1911.

Obras de referência

BLUTEAU, D. R. *Vocabulário portuguez e latino*. Coimbra, 1712. Rio de Janeiro: UFRJ, 2000. (Edição em CD-ROM, fac-similar de 1712).

CATÁLOGO do Museu Afro-Brasil. São Paulo: Ipsis Gráfica e Editora, 2006.

FLORES, Moacyr. *Dicionário de História do Brasil*. Porto Alegre: EDIPUCRS, 1996.

OLIVEIRA, Elza Régis de; MENEZES, Mozart Vergetti de; LIMA, Maria da Vitória B. *Catálogo de documentos avulso manuscritos existentes no Arquivo Histórico Ultramarino de Lisboa*. João Pessoa: Universitária/ UFPB, 2002.

SALGADO, Graça (Coord.). *Fiscais e meirinhos*: a administração no Brasil Colonial. Rio de Janeiro: Nova Fronteira, 1985.

SILVA, Antonio Moraes da. *Grande Dicionário de Língua Portuguesa*. Lisboa: Confluência. 1945, v. 5.

VAINFAS, Ronaldo (Org.). *Dicionário do Brasil colonial (1500-1808)*. Rio de Janeiro, Objetiva, 2000.

_____. *Dicionário do Brasil Imperial (1822-1889)*. Rio de Janeiro, Objetiva, 2000.

Fontes na internet

MACEDO, Joaquim Manuel. *As vítimas-algozes*. Disponível em: <http://www.dominiopublico.gov.br>. Acesso em: 19 jan. 2007. (1ª edição: 1869).

MAPA Estatístico da população livre e escrava da província da Paraíba (1852). Disponível em: <http://www.brazil.crl.edu />. Acesso em: 12 jun. 2006.

ORDENAÇÕES Filipinas (1603). Disponível em: <http://www.uc.pt/ ihti/proj/filipinas/ordenacoes.htm>. Acesso em: 12 mar. 2006.

PORTAL www.arquidiocesefeiradesantana.com.br. Acesso em: 7 mar. 2006.

RECENSEAMENTO de 1872. Disponível em: <http://biblioteca.ibge. gov.br/visualizacao/monografias/visualiza_colecao_digital.php>. Acesso em: 10 fev. 2007.

RELATÓRIOS de presidente de província da Paraíba (RPPP) Disponível em: <http://www.brazil.crl.edu/>. Acesso em: 17 fev. 2006.

Bibliografia
Livros e capítulos de livros

ABREU Martha; SOIHET, Rachel (Orgs.). *Ensino de história*: conceitos, temáticas e metodologia. Rio de Janeiro: Casa da Palavra, 2003.
ALANIZ, Anna Gicella G. *Ingênuos e libertos*: estratégias de sobrevivência familiar em épocas de transição 1871-1895. Campinas: Ed. Unicamp, 1997.
ALENCASTRO, Luis Felipe. *O trato dos viventes*: formação do Brasil no Atlântico Sul. São Paulo: Companhia das Letras, 2000.
ALMEIDA, Ana Mendes de. *Mães, esposas, concubinas e prostitutas*. Seropédica (RJ): Ed. UFRRJ, 1996.
ALMEIDA, Horácio. *História da Paraíba*. João Pessoa: Universitária/ UFPB, 1978.
ALMEIDA, José Américo de. *A Paraíba e seus problemas*. 3.ed. João Pessoa: A União, 1980.
ANDRADE, Gilberto Osório de. *O rio Paraíba do Norte*. João Pessoa: Conselho Estadual de Cultura/SEC, 1997. Edição fac-similar de 1957.
ANDREWS, George R. *Negros e brancos em São Paulo, 1888-1988*. Trad. Magda Lopes. Bauru: Edusc, 1998.
ANTIGO Engenho Paul. A restauração do Banguê. João Pessoa: Gráfica JB, 2005.
AZEVEDO, Célia M. *Onda negra, medo branco*. O negro no imaginário das elites – século XIX. Rio de Janeiro: Paz e Terra, 1987.
BAQUAQUA, Mahommah Gardo. *Biografia e narrativa do ex-escravo afro--brasileiro*. Trad. Robert Krueger. Brasília: Ed. UNB, 1997.
BARREIRO, José Carlos. *Imaginário e viajantes no Brasil do século XIX*. Cultura e cotidiano, tradição e resistência. São Paulo: Ed. UNESP, 2002.
BASTIDE, Roger; FERNANDES, Florestan. *Brancos e negros em São Paulo*. 2.ed. revista e ampliada. São Paulo: Nacional, 1959.

BELLINI, Ligia. Por amor e por interesse: as relações senhor-escravo em cartas de alforria. In: REIS, João José. *Escravidão & invenção da liberdade*. Estudos sobre o Negro no Brasil. São Paulo: Brasiliense, 1988, p.73-86.

BLACKBURN, Robin. *A queda do escravismo colonial:* 1776-1848. Trad. Maria Beatriz Medina. Rio de Janeiro: Record, 2002.

BORGES, Maria Eliza L. *História & fotografia*. Belo Horizonte: Autêntica, 2003.

BOXER, Charles. *A idade de ouro do Brasil*. Dores de crescimento de uma sociedade colonial. 3.ed. Trad. Nair de Lacerda. Rio de Janeiro: Nova Fronteira, 2000.

BRANDÃO, Tanya M. *A elite colonial:* família e poder. Teresina: Fundação Cultural Monsenhor Chaves, 1995.

BURGUIÈRE, André. A demografia. In: LE GOFF, Jacques; NORA, Pierre. *História*. Novas Abordagens. Trad. Henrique Mesquita. Rio de Janeiro: F. Alves, 1995, p.59-82.

BURKE, Peter. *História e teoria social*. Trad. Klaus B. Gerhardt e Roneide V. Majer. São Paulo: Ed. UNESP, 2002.

CARDOSO, Ciro F.; BRIGNOLI, Héctor P. História demográfica. In: CARDOSO, Ciro F.; BRIGNOLI, Héctor P. *Os métodos da história*. Trad. João Maia. 2.ed. Rio de Janeiro: Graal, 1981, p.107-203.

_____ (Org.). *Escravidão e abolição no Brasil:* novas perspectivas. Rio de Janeiro: J. Zahar, 1988.

CARNEIRO, Maria Luiza Tucci. *Preconceito racial*. Portugal e Brasil-Colônia. 2.ed. São Paulo: Brasiliense, 1988.

CARREIRA, Antonio. *As companhias pombalinas de navegação, comércio e tráfico de escravos entre a costa africana e o nordeste brasileiro*. Lisboa: Centro de Estudos da Guiné portuguesa/Centro de Estudos de Antropologia Cultural, 1969.

CARVALHO, José Murilo de. *A construção da ordem:* a elite política imperial. 2.ed. Rio de Janeiro: Ed. UFRJ; Relume Dumará, 1996.

CARVALHO, Marcus. *Liberdade*. Rotinas e rupturas do escravismo. Recife, 1822-50. Recife: Universitária/UFPE, 2002.

CERTEAU, Michel de. *A invenção do cotidiano*: 1. Artes de fazer. Trad. Ephraim Ferreira Alves. 2.ed. Petrópolis: Vozes, 1994.

_____. *A escrita da história*. 2. ed. Rio de Janeiro: Forense Universitária, 2002.

CHALHOUB, S. *Visões da liberdade*. Uma história das últimas décadas da escravidão na Corte. São Paulo: Companhia das Letras, 1990.

CONRAD, Robert. *Os últimos anos da escravidão no Brasil*. Trad. Fernando de Castro Ferro. Rio de Janeiro: Civilização Brasileira, 1978.

_____. *Tumbeiros*. Trad. Elvira Serápicos. São Paulo: Brasiliense, 1985.

COSTA, Emília Viotti da. *Da senzala à colônia*. 3.ed. São Paulo: Ed. UNESP, 1998.

_____. *Da monarquia à república*. 7.ed. São Paulo: Ed. UNESP, 1999.

_____. *Coroas de glória, lágrimas de sangue*. A rebelião dos escravos de Demerara em 1823. Trad. Anna Olga de Barros Barreto. São Paulo: Companhia das Letras, 1998.

COSTA, Manoel do Nascimento. Frutos da memória e da vivência: o grande sacrifício do boi na nação nagô e outras tradições dos xangôs do Recife. In: MOURA, Carlos Eugênio M. (Org.). *As senhoras do pássaro da noite*: escritos sobre a religião dos Orixás. São Paulo: Edusp; Axis Mundi, 1999, p.167-87.

COUTO, Jorge. *A construção do Brasil*. Ameríndios, portugueses e africanos, do início do povoamento a finais de Quinhentos. Lisboa: Cosmos, 1998.

_____. A venda dos escravos do colégio dos jesuítas do Recife (1760-1770). In: SILVA, Maria Beatriz N. *Brasil*: colonização e escravidão. Rio de Janeiro: Nova Fronteira, 2000, p.195-210.

CUNHA, Manuela Carneiro da. *Negros, estrangeiros*. Os escravos libertos e sua volta à África. São Paulo: Brasiliense, 1985.

D'ADESKY, Jacques. *Pluralismo étnico e multiculturalismo*: racismo e antirracismo no Brasil. Rio de Janeiro: Pallas, 2001.

DAUMARD, Adeline; BALHANA, Altiva; GRAF, Márcia. *História social do Brasil*: teoria e metodologia. Curitiba: Ed. UFPR, 1984.

DAVIS, David B. *O problema da escravidão na cultura ocidental*. Trad. Wanda C. Brant. Rio de Janeiro: Civilização Brasileira, 2001.

DESAN, Suzanne. Massas, comunidade e ritual. In: HUNT, L. *A nova história cultural*. Trad. Jefferson Luiz Camargo. São Paulo: Martins Fontes, 1992, p.63-96.

DIAS, Margarida M. *Intrépida ab origine*. O Instituto Histórico e Geográfico Paraibano e a produção da história local. João Pessoa: Almeida Gráfica, 1996.

DIAS, Maria Odila Leite da Silva. *Quotidiano e poder em São Paulo no século XIX*. São Paulo: Brasiliense, 1984.

DU BOIS, William E. B. *As almas da gente negra*. Trad., introd. e notas de Heloisa T. Gomes. Rio de Janeiro: Lacerda Editorial, 1999.

EISENBERG, Peter. *Modernização sem mudança*. A indústria açucareira em Pernambuco, 1840-1910. Rio de Janeiro: Paz e Terra; Campinas: Ed. Unicamp, 1977.

_____. *Homens esquecidos*: escravos e trabalhadores livres no Brasil – séc. XVIII e XIX. Campinas: Ed. Unicamp, 1989.

FIABINI, Adelmir. *Mato, palhoça e pilão*: o quilombo, da escravidão às comunidades remanescentes (1532-2004). São Paulo: Expressão Popular, 2005.

FARIA, Sheila de Castro. História da família e demografia histórica. In: CARDOSO, Ciro; VAINFAS, Ronaldo (Orgs.). *Domínios da história*: ensaios de teoria e metodologia. Rio de Janeiro: Campus, 1997, p.241-58.

_____. *A colônia em movimento*: fortuna e família no cotidiano colonial. Rio de Janeiro: Nova Fronteira, 1998.

_____. Sinhás pretas: acumulação de pecúlio e transmissão de bens de mulheres forras no sudeste escravista (sécs. XVIII-XIX). In: SILVA, Francisco C. T. et al. (Orgs.). *Escritos sobre história e educação*: homenagem a Maria Yedda Leite Linhares. Rio de Janeiro: Mauad/FAPERJ, 2001, p.289-329.

FERNANDES, Florestan. *A integração do negro na sociedade de classes*. 3.ed. São Paulo: Ática, 1978.

FERNANDES, Irene. *Comércio e subordinação*. A Associação Comercial da Paraíba no processo histórico regional. João Pessoa: Universitária/UFPB, 1999.

FLORENTINO, Manolo. *Em costas negras*: uma história do tráfico atlântico de escravos entre a África e o Rio de Janeiro, séculos XVIII e XIX. São Paulo: Companhia das Letras, 1997.

_____; GÓES, José R. *A paz nas senzalas*. Famílias escravas e tráfico atlântico, RJ, 1790-1850. Rio de Janeiro: Civilização Brasileira, 1997.

FRAGOSO, João; BICALHO, Maria Fernanda; GOUVÊA, Maria de Fátima (Orgs.). *O antigo regime nos trópicos*: a dinâmica imperial portuguesa (séculos XVI-XVIII). Rio de Janeiro: Civilização Brasileira, 2001.

FRANCO, Maria Sylvia de C. *Homens livres na sociedade escravista*. 2.ed. São Paulo: Kairós, 1983.

FRANKLIN, John Hope; MOSS JR., Alfred A. *Da escravidão à liberdade*: a história do negro norte-americano. Trad. Élcio Gomes de Cerqueira. Rio de Janeiro: Nórdica, 1989.

FREITAS, Décio. *O escravismo brasileiro*. 2.ed. Porto Alegre: Mercado Aberto, 1982.

FREYRE, Gilberto. *Casa-grande & senzala*: formação da família brasileira sob o regime de economia patriarcal. Rio de Janeiro: Nova Aguilar, 2002.

_____. *Sobrados e mocambos*: decadência do patriarcado rural e desenvolvimento urbano. Rio de Janeiro: Nova Aguilar, 2002.

GADDIS, John L. *Paisagens da história*: como os historiadores mapeiam o passado. Trad. Marisa Rocha Motta. Rio de Janeiro: Campus, 2003.

GALLIZA, Diana S. *O declínio da escravidão na Paraíba, 1850-88*. João Pessoa: Universitária/UFPB, 1979.

_____. *Modernização sem desenvolvimento na Paraíba, 1890-1930*. João Pessoa: Ideia, 1993.

GEBARA, Ademir. *O mercado de trabalho livre no Brasil*. São Paulo: Brasiliense, 1986.

GENOVESE, Eugene D. The treatment of slaves in different countries: problem in the applications of the comparative method. In: FONER, Laura; GENOVESE, Eugene D. (ed.). *Slavery in the new world*: a reader in comparative history. New Jersey: Prentice-Hall, 1969, p.202-10.

_____. Os sistemas escravistas americanos na perspectiva mundial. In: _____. *O mundo dos senhores de escravos*. Dois ensaios de interpretação. Trad. Laís Falleiros. Rio de Janeiro: Paz e Terra, 1979, p.15-128.

_____. *Da rebelião à revolução*. As revoltas de escravos negros na América. Trad. Carlos Eugênio M. Moura. São Paulo: Global, 1983.

_____. *A terra prometida*: o mundo que os escravos criaram. Trad. Maria Inês Rolim e Donaldsom M. Garschagen. Rio de Janeiro: Paz e Terra; Brasília, CNPq, 1988.

GINZBURG, Carlo. *O queijo e os vermes*. O cotidiano e as ideias de um moleiro perseguido pela Inquisição. São Paulo: Companhia das Letras, 1987.

GÓES, José. Cordeiros de Deus: tráfico, demografia e política no destino dos escravos. In: PAMPLONA, Marco (Org.). *Escravidão, exclusão e cidadania*. Rio de Janeiro: Access, 2001, p.19-47.

GOLDSCHMIDT, Eliane. Matrimônio e escravidão em São Paulo colonial: dificuldades e solidariedades. In: SILVA, Maria Beatriz Nizza da (Org.). *Brasil*: colonização e escravidão. Rio de Janeiro: Nova Fronteira, 2000, p.59-72.

_____. *Casamentos mistos*: liberdade e escravidão em São Paulo colonial. São Paulo: Annablume; Fapesp, 2004.

GOMES, Flávio dos S. *Histórias de quilombolas*. Mocambos e comunidades de senzala no Rio de Janeiro – século XIX. Rio de Janeiro: Arquivo Nacional, 1995.

_____. História, protesto e cultura no Brasil escravista. In: SOUSA, Jorge P. (Org.). *Escravidão*: ofícios e liberdade. Rio de Janeiro: APERJ, 1998, p.65-97.

_____. *Experiências atlânticas*. Ensaios e pesquisas sobre a escravidão e a pós-emancipação no Brasil. Passo Fundo: Ed. UPF, 2003.

GOMES, Nilma L. Gilberto Freyre e a nova história: uma aproximação possível. In: GOMES, Nilma L.; SCHWARCZ, Lilia K. (Orgs.). *Antropologia e história*. Debate em região de fronteira. Belo Horizonte: Autêntica, 2000, p.149-71.

GONÇALVES, Regina Célia. Guerra e açúcar: a formação da elite política na capitania da Paraíba (séculos XVI e XVII). In: OLIVEIRA, Carla Mary S.; MEDEIROS, Ricardo P. (Orgs.). *Novos olhares sobre as capitanias do norte do Estado do Brasil*. João Pessoa: Universitária/ UFPB, 2007, p.23-67.

GORENDER, Jacob. *O escravismo colonial*. 4.ed. São Paulo: Ática, 1992.

_____. *A escravidão reabilitada*. São Paulo: Ática, 1990.

_____. *Brasil em preto & branco*. O passado escravista que não passou. São Paulo: Ed. Senac/SP, 2000.

GOULART, José Alípio. *Da palmatória ao patíbulo* (Castigos de escravos no Brasil). Rio de Janeiro: Conquista, 1971.

_____. *Da fuga ao suicídio* (Aspectos da rebeldia dos escravos no Brasil). Rio de Janeiro: Conquista, 1972.

GOULART, Maurício. *Escravidão africana no Brasil*: das origens à extinção do tráfico. 3.ed. São Paulo: Alfa-ômega, 1975.

GRAHAM, Richard. A família escrava no Brasil colonial. In: _____.
Escravidão, reforma e imperialismo. São Paulo: Perspectiva, 1979, p.41-57.

_____. Clientelismo e política no Brasil do século XIX. Trad. Celina Brandt. Rio de Janeiro: Ed. UFRJ, 1997.

GRAHAM, Sandra. Proteção e obediência: criadas e seus patrões no Rio de Janeiro, 1860-1910. Trad. Viviana Bosi. São Paulo: Companhia das Letras, 1992.

_____. Caetana diz não: histórias de mulheres da sociedade escravista brasileira. Trad. Pedro Maia Soares. São Paulo: Companhia das Letras, 2005.

GRINBERG, Keila. Liberata, a lei da ambiguidade. As ações de liberdade da Corte de Apelação do Rio de Janeiro no século XIX. Rio de Janeiro: Relume Dumará, 1994.

GUDEMAN, Stephen; SCHWARTZ, Stuart. Purgando o pecado original: compadrio e batismo de escravos na Bahia no século XVIII. In: REIS, João José (Org.). Escravidão & invenção da liberdade. Estudos sobre o negro no Brasil. São Paulo: Brasiliense, 1988, p.33-59.

GUIMARÃES, Elione S. Múltiplos viveres de afrodescendentes na escravidão e no pós-emancipação: família, trabalho, terra e conflito (Juiz de Fora-MG, 1828-1928). São Paulo: Annablume; Juiz de Fora: Ed. Funalfa, 2006.

GUTMAN, Herbert G. The birtpanga of a World. In: _____. The black family in slavery and freedom, 1750-1925. New York: Random House, 1976, p.3-44.

HANCHARD, Michael G. Orfeu e o poder. Movimento negro no Rio e São Paulo. Trad. Vera Ribeiro. Rio de Janeiro: Ed: UERJ, 2001.

HASENBALG, Carlos. Discriminações e desigualdades raciais no Brasil. Rio de Janeiro: Graal, 1979.

HERMAN, Arthur. A ideia de decadência na história ocidental. Trad. Cynthia Azevedo e Paulo Soares. Rio de Janeiro: Record, 1999.

HOONAERT, Eduardo et al. História da igreja no Brasil: ensaio de interpretação a partir do povo. Petrópolis: Paulinas, 1992, v. I e II.

JAMES, C. L. R. Os jacobinos negros: Toussaint L'Ouverture e a revolução de São Domingos. Trad. Afonso Teixeira Filho. São Paulo: Boitempo, 2000.

JOFFILY, Irineu. Notas sobre da Paraíba. Brasília: Thesaurus, 1977. Fac--similar de 1892.

JOHNSON, Paul. *O livro de ouro dos Papas*: a vida e a obra dos principais líderes da Igreja. Trad. Cristiana Serra. Rio de Janeiro: Ediouro, 2003.

KARASCH, Mary. *A vida dos escravos no Rio de Janeiro (1808-1850)*. Trad. Pedro M. Soares. São Paulo: Companhia das Letras, 2000.

HAKKERT, Ralph. *Fontes de dados demográficos*. Belo Horizonte: ABEP, 1996.

KLEIN, Herbert S. *A escravidão africana*. América Latina e Caribe. São Paulo: Brasiliense, 1987.

LARA, Silvia Hunold. *Campos da violência*: escravos e senhores na capitania do Rio de Janeiro, 1750-1808. Rio de Janeiro: Paz e Terra, 1988.

_____. Conectando historiografia: a escravidão africana e o antigo regime na américa portuguesa. In: BICALHO, Maria Fernanda; FERLINI, Vera Lúcia (Orgs.). *Modos de governar*: ideias políticas no império português século XVI-XIX. São Paulo: Alameda, 2005, p.21-38.

LEITÃO, Deusdedit. *Bacharéis paraibanos pela faculdade de Olinda (1832--1853)*. João Pessoa: A União, s.d.

LEBRUN, François. As reformas: devoções comunitárias e piedade pessoal. In: CHARTIER, Roger (Org.) *História da vida privada*. Da Renascença ao século das Luzes. São Paulo: Companhia das Letras, 1991, v. 3, p.71-111.

LEVI, Giovani. Sobre a micro-história. In: BURKE, Peter (Org.). *A escrita da história*: novas perspectivas. Trad. Magda Lopes. São Paulo: Ed. UNESP, 1992, p.133-61.

LEWIN, Linda. *Política e parentela na Paraíba*. Um estudo de caso da oligarquia de base familiar. Trad. André Villalobos. Rio de Janeiro: Record, 1993.

LIENHARD, Martin. *O mar e o mato*. Histórias de escravidão (Congo, Angola, Brasil, Caribe). Salvador: EDUFBA/CEAO, 1998.

LIMA, Ivana. *Cores, marcas e falas*: sentidos da mestiçagem no Império do Brasil. Rio de Janeiro: Arquivo Nacional, 2003.

LIMA, Luciano Mendonça. Uma porta estreita para a liberdade: as ações cíveis e alguns aspectos do cotidiano escravo na Campina Grande do século XIX. *A Paraíba no Império e na República*: estudos de social e cultural. João Pessoa: Ideia, 2003, p.47-78.

LIRA, Bertrand. *Fotografia na Paraíba*: um inventário dos fotógrafos através do retrato (1850 a 1950). João Pessoa: Universitária/UFPB, 1997.

LOPES, Edmundo. *A escravatura*. Subsídios para a sua história. Lisboa: Divisão de Publicações e Bibliotecas/Agência Geral das Colônias, 1944.

LOPES, Nei. *Bantos, Malês e Identidade Negra*. Rio de Janeiro: Forense Universitária, 1988.

LOVEJOY, Paul. *A escravidão na África*. Uma história de suas transformações. Trad. Regina Bhering e Luiz Chaves. Rio de Janeiro: Civilização Brasileira, 2002.

MACHADO, Maximiano L. *História da Província da Paraíba*. João Pessoa: Universitária/UFPB, 1977, v. I e II. Edição fac-similar de 1912.

MAESTRI, Mário. *O escravo gaúcho*: resistência e trabalho. São Paulo: Brasiliense, 1984.

_____. Apresentação de Brasil, Maria do Carmo. *Fronteira Negra*: dominação, violência e resistência negra em Mato Grosso, 1718-1888. Passo Fundo: Ed. UPF, 2002.

MAGALHÃES, Basílio de. *Expansão geográfica do Brasil colonial*. São Paulo: Nacional; Brasília: INL, 1978.

MAIO, Marcos C. A questão racial no pensamento de Guerreiro Ramos. In: MAIO, Marcos C.; SANTOS, Roberto V. (Orgs.). *Raça, ciência e sociedade*. Rio de Janeiro: FIOCRUZ/CCBB, 1996, p.179-93.

MARCÍLIO, Maria Luiza. Os registros paroquiais de São Paulo. In: _____. *A cidade de São Paulo*: povoamento e população, 1750--1850. São Paulo: Pioneira/Edusp, 1973, p.61-76.

_____ (Org.). *População e sociedade*: evolução das sociedades pré--industriais. Petrópolis: Vozes, 1983.

MARIZ, Celso. *Evolução econômica da Paraíba*. João Pessoa: A União, 1939.

_____. *Memória da Assembleia Legislativa*. João Pessoa: A União, 1987.

MARQUESE, Rafael B. Paternalismo e governo dos escravos nas sociedades escravistas oitocentistas – Brasil, Cuba e Estados Unidos. In: FLORENTINO, Manolo; MACHADO, Cacilda (Orgs.). *Ensaios sobre a escravidão* (I). Belo Horizonte: Ed. UFMG, 2003, p.121-41.

MARTINS, Eduardo. *Cardoso Vieira e o Bossuet da Jacoca*: nota para um perfil biográfico. João Pessoa: Secretaria da Educação e Cultura, 1979.

MATTOS, Hebe M. História social. In: CARDOSO, Ciro; VAINFAS, Ronaldo (Orgs.). *Domínios da história*: ensaios de teoria e metodologia. Rio de Janeiro: Campus, 1997, p.45-59.

_____. *Das cores do silêncio*: os significados da liberdade no Sudeste escravista, Brasil, século XIX. Rio de Janeiro: Nova Fronteira, 1998.

_____. *Escravidão e cidadania no Brasil monárquico*. Rio de Janeiro: J. Zahar, 2000.

_____. A escravidão moderna nos quadros do império português: o antigo regime em perspectiva atlântica. In: FRAGOSO, João; BICALHO, Maria Fernanda; GOUVÊA, Maria de Fátima (Orgs.). *O antigo regime nos trópicos*: a dinâmica imperial portuguesa (séculos XVI-XVIII). Rio de Janeiro: Civilização Brasileira, 2001, p.141-62.

MATTOS, Ilmar R. de. *Tempo Saquarema*. A formação do Estado Imperial. São Paulo: Hucitec, 1990.

MATTOSO, Kátia de Q. *Bahia, século XIX*. Uma província do Império. Rio de Janeiro: Nova Fronteira, 1992.

_____. *Ser escravo no Brasil*. Trad. James Amado. 2.ed. São Paulo: Brasiliense, 1988a.

_____. *Família e sociedade na Bahia do século XIX*. Trad. James Amado. São Paulo: Corrupio; Brasília: CNPq, 1988b.

_____. A carta de alforria como fonte complementar para o estudo da rentabilidade da mão de obra escrava urbana (1819-1888). In: MATTOSO, Kátia de Q. *Da revolução dos alfaiates à riqueza dos baianos no século XIX*: itinerário de uma historiadora. Salvador: Corrupio, 2004, p.179-202.

MAUAD, Ana Maria. Imagem e autoimagem do segundo reinado. In: ALENCASTRO, Luiz Filipe (Org.). *História da vida privada no Brasil*: Império. São Paulo: Companhia das Letras, 1997, v. 2, p.181-231.

MEDEIROS, Coriolano de. O movimento da abolição do Nordeste. In: SILVA, Leonardo D. *A abolição em Pernambuco*. Recife: FUNDAJ, 1988, p.39-55. Edição fac-similar de 1925.

_____. *Tambiá da minha infância*. João Pessoa: Conselho Estadual de Cultura/SEC, 1994, p.1-110.

_____. *Sampaio*. João Pessoa: Conselho Estadual de Cultura/SEC, 1994, p.111-99.

MEDEIROS, Maria do Céu; SÁ, Ariane Norma M. *O trabalho na Paraíba*. Das origens à transição para o trabalho livre. João Pessoa: Universitária/UFPB, 1999.

MEGALE, Nilza B. *Invocações da Virgem Maria no Brasil*: história, iconografia e folclore. 6.ed. Rio de Janeiro: Vozes, 2001.

MELO, Evaldo Cabral de. *O norte agrário e o Império*: 1871-1889. Rio de Janeiro: Nova Fronteira; Brasília: INL, 1984.

_____. O norte, o sul e a proibição do tráfico interprovincial de escravos. In: SILVA, Leonardo D. *Estudos sobre a escravidão negra*. Recife: FUNDAJ; Ed. Massangana, 1988, v.1, p.497-517.

MELLO, José Octavio de A. *A escravidão na Paraíba*. Historiografia e história: preconceito e racismo numa produção cultural. João Pessoa: A União, 1988.

MELLO, Mário Lacerda de. *Paisagens do nordeste em Pernambuco e Paraíba*. Rio de Janeiro: Companhia Nacional de Geografia, 1958.

MELLO, Virgínia; ALBUQUERQUE, Marcos; SILVA, Rita de Cássia. *História da Ordem Terceira do Carmo da Paraíba*. João Pessoa: A União, 2005.

MILLER, Joseph. A economia política do tráfico angolano de escravo no século XVIII. In: PANTOJA, Selma; SARAIVA, José F. (Orgs.). *Angola e Brasil nas rotas do Atlântico sul*. Rio de Janeiro: Bertrand Brasil, 1999, p.11-67.

MIRA, João M. Lima. *A evangelização do negro no período colonial brasileiro*. Rio de Janeiro: Loyola, 1983.

MONTEIRO, Hamilton de Mattos. *Nordeste insurgente (1850-1890)*. 2.ed. São Paulo: Brasiliense, 1981.

MOURA, Carlos Eugênio M. *A travessia da Calunga Grande*: três séculos de imagens sobre o negro no Brasil (1637-1899). São Paulo: Edusp, 2000.

MOURA, Clóvis. *Rebeliões de senzala*: quilombos, insurreições e guerrilhas. 3.ed. São Paulo: L. E. Ciências Humanas, 1981.

_____. *A sociologia do negro brasileiro*. São Paulo: Ática, 1988.

_____ (Org.). *Os quilombos na dinâmica social do Brasil*. Maceió: Ed. UFAL, 2001.

MOURA, Denise A. S. *Saindo das sombras*. Homens livres no declínio do escravismo. Campinas: Área de Publicação CMU, Unicamp, 1998.

MUNANGA, Kabengele. *Rediscutindo a mestiçagem no Brasil*: identidade nacional *versus* identidade negra. Petrópolis: Vozes, 1999.

NASCIMENTO, Abdias do. *O genocídio do negro brasileiro*. Rio de Janeiro: Paz e Terra, 1978.

NASCIMENTO, Elisa L. (Org.). *90 anos – Memória viva*. Rio de Janeiro: IPEAFFRO, 2004.

NEVES, Guilherme P. *E receberá mercê*: a mesa da consciência e ordens e o clero secular no Brasil – 1808-1828. Rio de Janeiro: Arquivo Nacional, 1997.

OLIVEIRA, Elza Régis de. *A Paraíba na crise do século XVIII*: subordinação e autonomia (1755-1799). Fortaleza: BNB/ETENE, 1985.

OLIVEIRA, Maria Inês C. *O liberto*: o seu mundo e os outros. Salvador, 1790-1890. Salvador: Corrupio, 1988.

PAIVA, Eduardo França. *Escravos e libertos nas Minas Gerais do século XVIII*: estratégias de resistência através dos testamentos. São Paulo: Annablume, 1995.

_____. *Escravidão e universo cultural na colônia*. Minas Gerais, 1716--1789. Belo Horizonte: Ed. UFMG, 2001.

PARENTE, Temis G. *O avesso do silêncio*: vivências cotidianas das mulheres no século XIX. Goiânia: Ed. da UFG, 2005.

PENA, Eduardo S. *Pajens da casa imperial*: jurisconsultos, escravidão e a Lei de 1871. Campinas: Unicamp, 2001.

PINTO, Luís. *O negro na Bahia*. 2.ed. São Paulo: Martins; Brasília: INL, 1976.

PORTO, Waldice. *Paraíba em preto e branco*. João Pessoa: A União, 1976.

PRADO JÚNIOR, Caio. *Formação do Brasil contemporâneo*. 10.ed. São Paulo: Brasiliense, 1970.

PRADO, J. F. Almeida. *Pernambuco e a capitanias do Norte do Brasil (1530--1630)*. São Paulo: Nacional, 1939, t. 1.

_____. *O Brasil e o colonialismo europeu*. São Paulo: Nacional, 1956.

QUEIRÓZ, Suely R. R. *Escravidão negra em São Paulo*: um estudo das tensões provocadas pelo escravismo no século XIX. Rio de Janeiro: José Olympio, 1977.

_____. Escravidão negra em debate. In: FREITAS, Marcos C. (Org.). *Historiografia brasileira em perspectiva*. 4.ed. São Paulo: Contexto, 2001, p.103-17.

RAMOS, Adauto. *Os Mello Azedo da Paraíba*. João Pessoa. Plaquete, 2004.

_____. *Engenho Gargaú*: roteiro para sua história. João Pessoa. Plaquete, 2005a.

_____. *Isto é uma vergonha!* João Pessoa. Plaquete, 2005b.

REIS, Isabel Cristina F. *História de vida familiar e afetiva de escravo na Bahia do século XIX*. Salvador: Centro de Estudos Baianos, 2001.

REIS, João José. *Rebelião escrava no Brasil*: a história do levante dos malês em 1835. São Paulo: Brasiliense, 1986.

_____; SILVA, Eduardo. *Negociação e conflito*. São Paulo: Companhia das Letras, 1989.

REIS, José Carlos. *Escola dos Annales*. A inovação em história. São Paulo: Paz e Terra, 2000.

_____. *As identidades do Brasil*: de Varnhagen a FHC. 6.ed. Rio de Janeiro: Ed. FGV, 2003.

RELATÓRIO *de Desenvolvimento Humano*: racismo, pobreza e violência. PNUD, Brasil, 2005.

REVEL, Jacques. Microanálise e construção do social. In: _____. *Jogo de escalas*: a experiência da microanálise. Rio de Janeiro: Ed. FGV, 1998, p.15-38.

RIBEIRO, Emilson; RIBEIRO, Emir. *História da Paraíba em quadrinhos*. João Pessoa: Velta Edições, 2003.

RIBEIRO JÚNIOR, José. *Colonização e monopólio no nordeste brasileiro*: a Companhia Geral de Pernambuco e Paraíba, 1759/1780. 2.ed. São Paulo: Hucitec, 2004.

RITUAL de Exorcismo e outras súplicas. São Paulo: Paulus, 2005. Tradução portuguesa para o Brasil da edição típica. Apresentação de Dom Manoel João Francisco, Bispo de Chapecó, Presidente da Comissão Episcopal Pastoral para a liturgia, da CNBB.

ROCHA, Solange P. Antigas personagens, novas histórias: memórias e histórias de mulheres escravizadas na Paraíba oitocentista. *Brasil*. Presidência da República. Secretaria Especial de Políticas para as Mulheres, 2006, p.172-98.

RODRIGUES, Jaime. *O infame comércio*: propostas e experiências no final do tráfico de africanos para o Brasil (1800-1850). Campinas: Unicamp/Cecult, 2000.

RODRIGUEZ, Walfredo. *Roteiro sentimental de uma cidade*. 2.ed. João Pessoa: Conselho Estadual de Cultura/A União, 1994. Edição fac--similar de 1962.

RUBERT, Arlindo. *Historia de la Iglesia em Brasil*. Madrid: Editorial Mapfre, 1992.

RUSSELL-WOOD, John. *Escravos e libertos no Brasil colonial*. Trad. Maria Beatriz Medina. Rio de Janeiro: Civilização Brasileira, 2005.

SÁ, Ariane N.; MARIANO, Serioja (Orgs.). *Histórias da Paraíba*: autores e análises sobre o século XIX. João Pessoa: Universitária/ UFPB, 2003.

SÁ, Ariane N. *Escravos, livres e insurgentes Parahyba (1850-1888)*. João Pessoa: Universitária/UFPB, 2005.

SAMARA, Eni. *As mulheres, o poder e a família*. São Paulo – século XIX. São Paulo: Marco Zero, 1989.

SAMPAIO, Antonio C. J. A produção de liberdade: padrões gerais de manumissões no Rio de Janeiro colonial, 1650-1750. In: FLORENTINO, Manolo. *Tráfico, cativeiro e liberdade*. Rio de Janeiro, século XVII-XIX. Rio de Janeiro: Civilização Brasileira, 2005, p.287-331.

SANTANA, Martha F. *Nordeste, açúcar e poder*. Um estudo da oligarquia açucareira na Paraíba. João Pessoa: Universitária/UFPB/CNPq, 1990.

SANTIAGO, Idalina Maria F. L. O jogo de gênero e sexualidade nos terreiros de umbanda X jurema. In: RABAY, Glória; MELO, Heleina. *Gênero, raça e etnia*. João Pessoa: Universitária/UFPB, 2003, p.19-46.

SANTOS, Corcino. A Bahia no comércio português da Costa da Mina e a concorrência estrangeira. In: SILVA, Maria Beatriz Nizza. *Brasil*: colonização e escravidão. Rio de Janeiro: Nova Fronteira, 2000, p.221-38.

SANTOS, Hélio. *A busca de um caminho para o Brasil*. A trilha do círculo vicioso. São Paulo: Ed. Senac-SP, 2001.

SANTOS, Eduardo dos. *Religiões de Angola*. Lisboa: Junta de Investigação Ultramar, 1969.

SCHWARTZ, Stuart. *Segredos internos*: engenhos e escravos na sociedade colonial 1550-1835. Trad. Laura T. Motta. São Paulo: Companhia das Letras, 1988.

_____. *Escravos, roceiros e rebeldes*. Trad. Jussara Simões. Bauru: Edusc, 2001.

SEIXAS, Wilson Nóbrega. *Viagem através da província da Paraíba*. João Pessoa: A União, 1985.

_____. *Santa Casa da Misericórdia da Paraíba*. João Pessoa: Gráfica Santa Marta, 1987.

SHARPE, Jim. A história vista de baixo. In: BURKE, P. *A escrita da história*: novas perspectivas. Trad. Magda Lopes. São Paulo: Ed. UNESP, 1992, p.39-62.

SILVA, Alberto da Costa. *A enxada e a lança*. A África antes dos portugueses. Rio de Janeiro: Nova Fronteira; São Paulo: Ed. EDUSP, 1992.

_____. *Um rio chamado Atlântico*: a África no Brasil e o Brasil na África. Rio de Janeiro: Nova Fronteira: Ed. UFRJ, 2003.

_____. Escravo igual a negro. In: _____. *A manilha e o libambo*: a África e a escravidão de 1500 a 1700. Rio de Janeiro: Nova Fronteira, 2002, p.848-82.

SILVA, Jorge da. *Direitos civis e relações raciais no Brasil*. Rio de Janeiro: Luam, 1994.

SILVA, Maria Beatriz Nizza. *História da família no Brasil colonial*. Rio de Janeiro: Nova Fronteira, 1998.

_____. *Brasil*: colonização e escravidão. Rio de Janeiro: Nova Fronteira, 2000.

SLENES, Robert W. *Na senzala, uma flor*: as esperanças e recordações na formação da família escrava – Brasil sudeste, século XIX. Rio de Janeiro: Nova Fronteira, 1999.

_____. Senhores e subalternos no Oeste Paulista. In: ALENCASTRO, Luiz Felipe de (Org.). *História da vida privada no Brasil*: cotidiano e vida privada na américa portuguesa. São Paulo: Companhia das Letras, v. 2, 1997, p.233-90.

SOARES, Mariza C. *Devotos da cor*. Identidade étnica, religiosidade e escravidão no Rio de Janeiro, século XVIII. Rio de Janeiro: Civilização Brasileira, 2000.

SOUZA, Laura de Mello e. *Norma e conflito*. Belo Horizonte: Ed. UFMG, 1999.

SOUZA, Marina de Mello e. *Reis negros no Brasil escravista*. Histórias da festa da coroação de rei Congo. Belo Horizonte: Ed. UFMG, 2002.

STEIN, Stanley. *Vassouras*: um município brasileiro do café, 1850-1900. Trad. Vera B. Wrobel. Rio de Janeiro: Nova Fronteira, 1985.

TAVARES, Eurivaldo. *Itinerário da Paraíba católica*. João Pessoa: Grafset, 1985.

TAVARES, João de Lyra. *A Parahyba*. Imprensa Oficial, 1909.

TAVARES, Luis Henrique D. *Comércio proibido de escravos*. São Paulo: Ática, 1988.

THOMPSON, Edward P. *A miséria da teoria:* ou um planetário de erros. Uma crítica ao pensamento de Althusser. Rio de Janeiro: J. Zahar, 1981.

_____. Patrícios e plebeus. *Costumes em comum:* estudos sobre a cultura popular tradicional. Trad. Rosaura Eichemberg. São Paulo: Companhia das Letras, 1998, p.25-85.

_____. A economia moral da multidão inglesa no século XVIII. *Costumes em comum:* estudos sobre a cultura popular tradicional. Trad. Rosaura Eichemberg. São Paulo: Companhia das Letras, 1998, p.150-202.

THORNTON, John. *A África e os africanos na formação do mundo atlântico, 1400-1800.* Trad. Marisa Mota. Rio de Janeiro: Elsevier, 2004.

VAINFAS, Ronaldo. Jesuítas, escravidão colonial e família escrava: a especificidade do nordeste seiscentista. In: SILVA, Francisco C. T.; MATTOS, Hebe M.; FRAGOSO, João (Orgs.). *Escritos sobre a história e educação* – homenagem a Maria Yedda Leite Linhares. Rio de Janeiro: Mauad; FAPERJ, 2001, p.211-223.

_____. *Os protagonistas anônimos da história:* micro-história. Rio de Janeiro: Campus, 2002.

VERGER, Pierre. *Os libertos.* Sete caminhos na liberdade de escravos da Bahia no século XIX. Salvador: Corrupio, 1992.

VOLPATO, Luiza Rios Ricci. *Cativos do sertão e escravidão em Cuiabá, em 1850-1888.* São Paulo: Marco Zero; Cuiabá: Editora da UFMT, 1993.

XAVIER, Ângela B.; HESPANHA, Antonio M. Redes clientelares. In: MATTOSO, José (Org.). *História de Portugal.* Lisboa: Estampa, v. 4, 1998, p.381-93.

XAVIER, Regina L. *A conquista da liberdade.* Libertos em Campinas na segunda metade do século XIX. Campinas: Área de Publicação, Centro de Memória, 1996.

WEHLING, Arno; WEHLING, Maria J. *Formação do Brasil colonial.* 4.ed. Rio de Janeiro: Nova Fronteira, 2005.

WISSENBACH, Maria Cristina C. *Sonhos africanos, vivências ladinas:* escravos e forros em São Paulo (1850-1880). São Paulo: Hucitec, 1998.

_____. Da escravidão à liberdade: dimensões de uma privacidade possível. In: SEVCENKO, Nicolau (Org.). *História da vida privada no Brasil.* República: da *Belle Époque* à era do rádio. São Paulo: Companhia das Letras, 1998, v. 3, p.49-130.

Periódicos – Números especiais

CLIO. Revista de Pesquisa Histórica da UFPE. Recife, n.11, 1988.
ESTUDOS DE HISTÓRIA. Revista do Departamento de História da UNESP, Franca, v.9, n.2, 2002. Escravidão Africana.
LPH. Revista de história. UFOP, Mariana, v.3, n.1, 1992. Dossiê Escravidão.
POPULAÇÃO E FAMÍLIA. São Paulo. CEDHAL/USP; Humanitas, v.1, n.1, jan./jun.,1998.
REVISTA BRASILEIRA DE HISTÓRIA. São Paulo, ANPUH/Marco Zero, v.8, n.16, mar./ago., 1988. Dossiê Escravidão.
REVISTA CCHLA, João Pessoa, ano 3, 1995, p.142-51. Número especial: 300 anos sem Zumbi dos Palmares.
ESTUDOS ECONÔMICOS, São Paulo, v.17, n.2, maio/ago. 1987. Número especial.
REVISTA USP. São Paulo, n.28, 1995/96. Dossiê Povo Negro – 300 anos.
TEMPO. Revista do Departamento de História da UFF. Rio de Janeiro, v.3, n.6, dez., 1998. Dossiê Escravidão e África Negra.

Artigos em periódicos, anais de eventos acadêmicos, publicações temáticas e outros

ABREU, Martha; MATTOS, Hebe. Etnia e identidades: resistências, abolição e cidadania. *Tempo*. Rio de Janeiro, v.3, n. 6, p.29-35, dez. 1998.
ANDRADE, Rômulo. A família escrava na perspectiva da micro-história (em torno de um inventário e um testamento oitocentista, 1872-76). *Locus*: Revista de História. Juiz de Fora, v.2, n.1, p.99-121, 1996.
BARICKMAN, Bart. As cores do escravismo: escravistas "pretos", "pardos" e "cabras" no Recôncavo Baiano, 1835. *População e família*. São Paulo: CEDHAL, v.2, n.2, p.7-59, 1999.
BOSCHI, Caio. Administração e administradores no Brasil pombalino: os governadores da capitania de Minas Gerais. Rio de Janeiro. *Tempo*, n.13, p.77-109, jul. 2002.

BOTELHO, Tarcísio. Família e escravarias: demografia escrava no norte de Minas Gerais no século XIX. *População e Família*. São Paulo: CE-DHAL/USP; Humanitas, v.1, n.1, p.211-34, jan./jun. 1998.

_____. Batismo e compadrio de escravos: Montes Claros (MG), século XIX. *Locus*: Revista de História. Juiz de Fora, v.3, n.1, p.108-115, 1997.

BURKE, Peter. Gilberto Freyre e a nova história. *Tempo social*. Revista de Sociologia, USP, v.9, n.2, p.1-12, out. 1997.

CALAINHO, Daniela B. Jambacousses e gangazambes: feiticeiros negros em Portugal. *Afro-Ásia*, n.25-6, p.141-76, 2001.

CARVALHO, Álvaro de. Notas sobre Manoel Pedro. *Revista da Academia Paraibana de Letras*, ano II, n.4, p.89-95, out. 1948.

CARVALHO, Juliano L. Capelas rurais da várzea do Paraíba: a construção de séries como metodologia para a História da Arquitetura. *Pergaminho*: Revista eletrônica de História da Universidade Federal da Paraíba, ano 1, n. zero, p.31-51, out. 2005.

CAVIGNAC, Julie. Festas e penitências no Sertão. *Vivência*. CCHLA/UFRN, v.13, p.39-54, 1999.

CUNHA, Ascendino C. A fuga de Estevam José Carneiro da Cunha: episódio da Revolução de 1817 na Parahyba do Norte. *RIHGP*, v.6, p.57-64, 1928.

ELTIS, David; BEHRENDT, Stephen; RICHARDSON; David. A participação dos países da Europa e das Américas no tráfico transatlântico de escravos: novas evidências. *Afro-Ásia*. n.24, p.9-50, 2000.

FARIA, Sheila de Castro. Mulheres forras: riqueza e estigma social. *Tempo*. Rio de Janeiro, n.9, p.65-92, jul. 2000.

FONSECA, Ivonildes da S. Identificações e estereótipos étnicos: manifestações e relações na Paraíba. *Revista CCHLA*. João Pessoa, ano 3, p.142-51, nov. 1995.

GORENDER, Jacob. A escravidão reabilitada. *LPH*. Revista de História da UFOP. Mariana (MG), v.3, n.1, p.245-66, 1992.

FERREIRA, Lúcia de Fátima G. Escravidão e criminalidade na Paraíba. *Revista CCHLA*. UFPB. Ano III, n.3, p.59-77, nov. 1995.

GUTIÉRREZ, Horácio. Crioulos e africanos no Paraná, 1798-1830. *Revista Brasileira de História*, São Paulo, ANPUH/Marco Zero, v.8, n.16, p.161-88, mar./ago. 1988.

HOFFNAGEL, Marc J. O homem livre, marginalização e manifestações políticas: o homem livre pobre na sociedade paraibana. *Ciência histórica*. Revista do Departamento de História, UFPB. Ano 3, número especial, p.41-56, out. 1990.

_____. 30 anos de história: considerações sobre a produção historiográfica a respeito da escravidão no Programa de Pós-graduação em História da UFPE. *Clio*. Revista de Pesquisa Histórica. UFPE. n.22, p.237-47, 2004.

KJERFVE, Tânia Maria; BRÜGGER, Sílvia. Compadrio: relação social e libertação espiritual em sociedades escravistas (Campos, 1754-1766). *Estudos Afro-Asiáticos*, n.20, p.223-38, jun. 1991.

KLEIN, Herbert S. Os homens livres de cor na sociedade escravista brasileira. *Dados*. IUPERJ, Rio de Janeiro, n.17, p.3-27, 1978.

LARA, Silvia Hunold. (Apresentação). Biografia de Mahommah G. Baquaqua. *Revista Brasileira de História*. São Paulo, ANPUH/Marco Zero, v.8, n.16, p.269-84, mar./ago. 1988.

_____. A escravidão no Brasil: um balanço historiográfico. *LPH*. Revista de História da UFOP. Mariana (MG), v.3, n.1, p.215-44, 1992.

_____. Blowin'in the Wind. E. P. Thompson e a experiência negra no Brasil. *Projeto História*. São Paulo, n.12, p.43-56, out. 1995.

LIMA, A. G. Mesquitela. O mito da inferioridade das raças. *Etnologia*. Revista do Departamento de Antropologia da Faculdade de Ciências Sociais e Humanas da UNL. Lisboa, n.3-4, p.13-22, maio/out. 1995. Dossiê Racismo e Xenofobia.

LIMA, Lana Lage da Gama; VENÂNCIO, Renato P. Alforria de crianças escravas no Rio de Janeiro do século XIX. *Revista Resgate*. Campinas, n.2, p.26-34, 1991.

LIMA, Luciano Mendonça. Sombras em movimento: os escravos e o Quebra-Quilos em Campina Grande. *Afro-Ásia*, n.31, p.163-96, 2004.

LIMA, Maria da Vitória B. Festa negra: registro de cultura de matriz africana na Parahyba do Norte (século XIX). *Anais do XII Encontro Estadual de Professores de História*, 2006. (Anais em CD).

LUNA, Francisco V.; COSTA, Iraci del Nero. A presença do elemento forro no conjunto de proprietários de escravos. *Ciência e Cultura*. São Paulo, SBPC, 32 (7), p.836-41, 1980.

LOVEJOY, Paul. Identidades e a miragem da etnicidade: a jornada de Mahommah Gardo Baquaqua para as Américas. *Afro-Ásia*, 27, Salvador, p.9-39, 2002.

MACHADO, Maria Helena P. T. Em torno da autonomia escrava: uma nova direção para a história social da escravidão. *Revista Brasileira de História*. São Paulo, v.8, n.16, p.143-60, 1988.

MAESTRI, Mário. O ganhador, o alforriado, o bacalhau. Breves considerações sobre o caráter subordinado da escravidão urbana e sobre outros problemas teóricos da historiografia do escravismo brasileiro. *Veritas*. Porto Alegre, v.35, n.140, p.695-705, 1990.

MEDEIROS, Maria do Céu. Relação de trabalho: a mão de obra indígena na Paraíba (Período Colonial). *Ciência histórica*. Revista do Departamento de História, UFPB. Ano III, n.3, p.3-15, out. 1990.

MAHONY, Mary Ann. "Instrumentos necessários": escravidão e posse de escravos no Sul da Bahia no século XIX. *Afro-Ásia*, n.25-6, p.95--139, 2001.

MARTINS, Eduardo. *Elyseu Elias Cézar*: notícia biográfica. João Pessoa: mimeo, 1975. (Discurso de posse no Instituto Histórico e Geográfico da Paraíba, em 22 de novembro de 1975).

MELLO, Humberto. Datas e notas para a história do negro na Paraíba. *RIHGP*, n.25, p.113-22, dez. 1991.

MESQUITA, Érika. Clóvis Moura e a sociologia da práxis. *Estudos Afro--Asiáticos*, Ano 25, n.3, p.557-77, 2003.

METCALF, Alida. A vida familiar dos escravos em São Paulo no século XVIII: o caso de Santana de Parnaíba. *Estudos Econômicos*. São Paulo, v.17, n.2, p.229-43, 1987.

MOTT, Luiz. Brancos, pardos, pretos e índios em Sergipe: 1825-1830. *Anais de história*. Assis (SP), ano VI, p.139-84, 1974.

MOTTA, José Flávio. Família escrava: uma incursão pela historiografia. *História*: questões e debates, Curitiba, v.9, n.16, p.104-59, jun. 1988.

_____. A família escrava na historiografia brasileira: os últimos 25 anos. In: SAMARA, Eni. *Historiografia brasileira em debate*: olhares, recortes e tendências. São Paulo: Humanitas, p.235-54, 2002.

OLIVEIRA, Elza Régis. A política pombalina como tentativa de reforço da dominação colônia: a Companhia de Comércio de Pernambuco e

Paraíba. *Ciência histórica*. Revista do Departamento de História, UFPB. Ano 3, número especial, p.17-30, out. 1990.

OLIVEIRA, Maria Inês Côrtes de. Viver e morrer no meio dos seus. *Revista USP*, São Paulo, n.1, p.174-93, mar./maio 1995/1996.

_____. Quem eram os "negros da Guiné"? A origem dos africanos na Bahia. *Afro-Ásia*. n.19/20, p.37-73, 1997.

QUEIRÓZ, Suely R. R. Rebeldia escrava e historiografia. *Estudos econômicos*. São Paulo, n.17, p.7-35, 1987. Número especial.

REIS, João José. Identidade e diversidade étnica nas irmandades no tempo da escravidão. *Tempo*. Revista do Departamento de História da UFF. Rio de Janeiro, v.2, n.3, p.7-33, jun. 1997.

RIOS, Ana Maria Lugão. Família e compadrio entre escravos das fazendas de café: Paraíba do Sul, 1871-1888. *Cadernos do ICHF* (Universidade Federal Fluminense), n.23, p.104-28, ago. 1990.

ROCHA, Solange Pereira da. Travessias atlânticas: rotas do tráfico e a presença africana na Paraíba colônia. *Portuguese Studies Review*, n.14, p.279-305, 2006.

RUSSEL-WOOD, John. Centro e periferia no mundo luso-brasileiro, 1500-1808. *Revista Brasileira de História*. São Paulo: Humanitas, v.18, n.36, p.187-249, 1998.

SAMPAIO, Antonio C. J. A família e a agricultura mercantil de alimentos: Magé, 1850-1872. *População e família*. São Paulo: CEDHAL/USP; Humanitas, v.1, n.1, p.119-41, jan./jun. 1998.

SANTOS, Jocélio T. dos. De pardos disfarçados a brancos poucos claros: classificações raciais no Brasil dos séculos XVIII-XIX. *Afro-Ásia*, 32, p.115-37, 2005.

SCHWARTZMAN, Simon. A sociologia de Guerreiro Ramos. *Revista de administração pública*, 17, p.30-34, abr./jun. 1983.

SILVA, Maciel H. As múltiplas identidades femininas e o uso do espaço urbano do Recife no século XIX. *História & perspectivas*. Universidade Federal de Uberlândia, n.25/26, p.167-92, 2001.

SILVEIRA, Rosa Maria Godoy. As relações da província com o Governo Central: a reiteração da subordinação. *Ciência histórica*. Revista do Departamento de História, UFPB. Ano III, n.3, p.57-73, out. 1990.

_____. Recuperar a memória, fazer história. *Debates regionais*. João Pessoa: Almeida Gráfica e Editorial, p.11-9, 1996.

_____. A Paraíba durante o Império. *Anais do ciclo de debates do IHGP sobre a Paraíba na participação dos 500 anos de Brasil*. João Pessoa: Secretaria de Educação e Cultura do Estado, 2000.

_____. *Tessitura omniforme*. Texto não publicado. Digitado. 2007.

SLENES, Robert. O que Rui Barbosa não queimou: novas fontes para o estudo da escravidão no século XIX. *Estudos econômicos*, 13:1, p.117-49, jan./abr. 1983.

_____. Escravos, cartórios e desburocratização: o que Rui Barbosa não queimou será destruído agora? *Revista brasileira de história*. São Paulo, ANPUH/Marco Zero, v.5, n.10, p.166-96, mar./ago. 1985.

_____. Malungu, ngoma vem!: África coberta e descoberta no Brasil. *Revista USP*. São Paulo, n.12, p.48-67, dez./fev. 1991.

_____; FARIA, Sheila. Família escrava. *Tempo*, Rio de Janeiro: Sette Letras, v.3, n.6, p.37-47, dez. 1998.

SOARES, Mariza. Descobrindo a Guiné no Brasil colonial. *RIHGB*. Rio de Janeiro, 161, n.407, p.71-94, abr/jun. 2000.

TRINDADE, Liana. Representações míticas e história. SAMARA, Eni de Mesquita (Org.). *Racismo e racistas*: trajetórias do pensamento racista no Brasil. São Paulo: Humanitas/FFLCH/USP, p.45-61, 2001.

TUPY, Ismênia. Demografia histórica e família escrava no Brasil: o estágio atual da questão. *População e família*. São Paulo, v.3, n.3, p.227-48, 2000.

VENÂNCIO, Renato. Compadrio e rede familiar entre forras de Vila Rica, 1713-1804. *Anais da V Jornada Setecentista*. Curitiba, nov. 2003. Disponível em:<http://www.humanas.ufpr.br/departamentos/dehis/cedope/atas/re_venancio.pdf.>. Acesso em: 24 maio 2004.

_____. A madrinha ausente: condição feminina no Rio de Janeiro, 1750-1800. *Brasil, história econômica e demográfica*. São Paulo: Fipe/USP, p.95-102, 1986.

VERSIANI, Flávio; VERGOLINO, José. Escravos e estrutura da riqueza no Agreste Pernambucano, 1770-1887. *RIAHGP*. Recife, n.59, p.207-30, 2002.

VIDAL, Ademar. Três séculos de escravidão na Parahyba. *Estudos Afro-Brasileiros*. Recife: Massangana, p.105-52, 1988. Edição fac-similar de 1934.

Teses, dissertações e monografias

ALVES, Naiara F. B. *Irmãos de cor e de fé*: irmandades negras na Parahyba do século XIX. 2006. Dissertação (Mestrado em História) – Universidade Federal da Paraíba.

ANDRADE, Rômulo. *Limites impostos pela escravidão à comunidade escrava e seus vínculos de parentesco*: Zona da Mata de Minas Gerais, século dezenove. A subjetividade do escravo perante a coisificação social própria do escravismo. 1995. Tese (Doutorado em História) – Universidade de São Paulo.

BARRETO, Maria Cristina. *Imagens da cidade:* a ideia de progresso na fotografia da Cidade da Parahyba (1870-1930). 1996. Dissertação (Mestrado em Sociologia) – Universidade Federal da Paraíba.

CHAGAS, Waldeci F. *As singularidades da modernização na Cidade da Parahyba, nas décadas de 1910 a 1930*. 2004. Tese (Doutorado em História) – Universidade Federal de Pernambuco.

COSTA, Dora Isabel da. *Posse de escravos e produção no agreste paraibano*: um estudo sobre Bananeiras, 1830-88. 1992. Dissertação (Mestrado em História) – Universidade Estadual de Campinas.

FERREIRA, Lúcia de Fátima G. *Estrutura de poder e seca na Paraíba (1877--1922)*. 1982. Dissertação (Mestrado em História) – Universidade Federal de Pernambuco.

FERREIRA, Roberto G. *Na pia batismal*. Família e compadrio entre escravos na freguesia de São José do Rio de Janeiro, primeira metade do século XIX. 2000. Dissertação (Mestrado em História) – Universidade Federal Fluminense.

GONÇALVES, Regina C. *Guerras e açúcares*. Política e economia na capitania da Paraíba (1585-1630). 2003. Tese (Doutorado em História) – Universidade de São Paulo. (Publicado pela Editora da Edusc, 2007).

KJERFVE, Tania Maria G. N. *Família e escravidão no Brasil colonial* – Campos, século XVIII. 1995. Dissertação (Mestrado em História) – Universidade Federal Fluminense.

LIMA, Luciano Mendonça. *Derramando susto*: os escravos e o Quebra--Quilos em Campina Grande. 2001. Dissertação (Mestrado em História) – Universidade Estadual de Campinas. (Publicado pela Editora da UFCG, 2007).

_____. *Cativos da "Rainha da Borborema"*: uma história social da escravidão em Campina Grande. Recife, 2008. Tese (Doutorado em História) – Universidade Federal de Pernambuco.

LIMA, Maria da Vitória B. *Crime e castigo*. A criminalidade escrava na Paraíba (1850-1888). 2002. Dissertação (Mestrado em História) – Universidade Federal de Pernambuco, 2002.

MAIA, Moacir Rodrigo Castro. *Quem tem padrinho não morre pagão*: as relações de compadrio e apadrinhamento de escravos numa vila colonial (Mariana, 1715-1750). 2006. Dissertação (Mestrado em História) – Universidade Federal Fluminense.

MARTINS, Carla G. *Antigo engenho Una*: requalificação do conjunto edificado. 2005. Monografia de Graduação (Graduação em Arquitetura) – Universidade Federal da Paraíba, 2005.

MEDEIROS, Ricardo P. *O descobrimento dos outros*: povos indígenas do sertão nordestino no período colonial. Recife, 2000. Tese (Doutorado em História) – Universidade Federal de Pernambuco.

NASCIMENTO FILHO, Carmelo R. *A fronteira móvel*: homens livres pobres e a produção do espaço na Mata Sul da Paraíba (1799-1881). 2006. Dissertação (Mestrado em Geografia) – Universidade Federal da Paraíba.

RIOS, Ana Maria Lugão. *Família e transição*. Famílias negras em Paraíba do Sul, 1872-1920. 1990. Dissertação (Mestrado em História) – Universidade Federal Fluminense.

VIEIRA, Risomar da Silva. *Estado grave*: condições de vida e saúde na Parahyba Imperial. 2000. Dissertação (Mestrado em História) – Universidade Federal de Pernambuco.

ROCHA, Cristiany. *Histórias de famílias escravas em Campinas ao longo do século XIX*. 1999. Dissertação (Mestrado em História) – Universidade Estadual de Campinas.

ROCHA, Solange P. *Na trilha do feminino*: condições de vida das mulheres escravizadas na província da Paraíba, 1828-1888. 2001. Dissertação (Mestrado em História) – Universidade Federal de Pernambuco.

ROSA, Maria Nilza B. *Usos, costumes e encantamento*: a cultura popular na obra de Ademar Vidal. 2006. v. II. Tese (Doutorado em Letras) – Universidade Federal da Paraíba.

SÁ, Lenilde Duarte. *Parahyba*: uma cidade entre miasmas e micróbios. O serviço de higiene pública, 1895 a 1918. 1999. Tese (Doutorado em Enfermagem) – Universidade de São Paulo.

SANTA CRUZ, Fábio Santiago. *Irmãs e rivais*: resistências paraibanas à influência do Recife (1870-89). 2002. Dissertação (Mestrado em História) – Universidade de Brasília.

VASCONCELLOS, Márcia C. R. *Nas benções de Nossa Senhora do Rosário*: relações familiares entre escravos em Mambucaba, Angra dos Reis, 1830 a 1881. 2001. Dissertação (Mestrado em História) – Universidade Federal Fluminense.

VIANA, Larissa. *O idioma da mestiçagem*: religiosidade e "identidade parda" na América Portuguesa. 2004. Tese (Doutorado em História) – Universidade Federal Fluminense.

VIANNA, Marly. *A estrutura de distribuição de terras no município de Campina Grande, 1840-1905*. 1985. Dissertação (Mestrado em Economia Rural) – Universidade Federal da Paraíba.

SOBRE O LIVRO

Formato: 14 x 21 cm
Mancha: 23,0 x 39,0 paicas
Tipologia: Iowan Old Style BT 10/14
Papel: Offset 75 g/m² (miolo)
Cartão Supremo 250 g/m² (capa)
1ª edição: 2009

Edição de Texto
Thaís Totino Richter (Preparação de Original)
Cássia Pires e Jean Xavier (Revisão)
Oitava Rima Prod. Editorial (Atualização Ortográfica)

Editoração Eletrônica
Eduardo Seiji Seki
Oitava Rima Prod. Editorial

Impressão e acabamento
✑psi7 | book7